智能网联汽车维护与诊断

主　　编　　邓康一
副主编　　史忠方　　周志巍
参　　编　　崔士弘（企业）　　潘君才（协会）
　　　　　　李逸飞　　孙旭东　　蔡倩倩

北京理工大学出版社
BEIJING INSTITUTE OF TECHNOLOGY PRESS

内 容 简 介

全书共设置了 5 个模块 11 个任务。5 个模块分别是维护与保养智能网联汽车、维护与诊断智能网联汽车环境感知系统、维护与诊断智能网联汽车网络与通信系统、维护与诊断智能网联汽车控制与执行系统、智能网联汽车综合测试与故障诊断。11 个任务分别是智能网联汽车维护保养、智能网联汽车维护设备操作使用、智能网联汽车环境感知系统组装、智能网联汽车环境感知系统标定、智能网联汽车环境感知系统检测与维修、智能网联汽车网络与通信系统测试、智能网联汽车网络与通信系统检测与维修、智能网联汽车控制与执行系统测试、智能网联汽车控制与执行系统检测与维修、车辆自动驾驶系统应用实训平台路径规划与避障功能测试、车辆自动驾驶系统应用实训平台路径规划功能故障诊断。

图书在版编目（CIP）数据

智能网联汽车维护与诊断 / 邓康一主编. -- 北京：
北京理工大学出版社，2025. 1.
ISBN 978-7-5763-4758-6

Ⅰ. U463.67

中国国家版本馆 CIP 数据核字第 2025CL6551 号

责任编辑: 陈莉华   **文案编辑:** 李海燕
责任校对: 周瑞红   **责任印制:** 李志强

出版发行 / 北京理工大学出版社有限责任公司
社　　址 / 北京市丰台区四合庄路 6 号
邮　　编 / 100070
电　　话 / (010) 68914026（教材售后服务热线）
　　　　　　 (010) 63726648（课件资源服务热线）
网　　址 / http://www.bitpress.com.cn

版 印 次 / 2025 年 1 月第 1 版第 1 次印刷
印　　刷 / 河北盛世彩捷印刷有限公司
开　　本 / 787 mm×1092 mm　1/16
印　　张 / 12.25
字　　数 / 285 千字
定　　价 / 69.80 元

前　言

　　智能网联汽车是人工智能、移动互联网、新一代信息技术交通能源系统等技术的综合性应用平台，是城市智能交通系统的重要环节。智能网联汽车搭载先进的车载传感器、控制器、执行器等装置，融合现代通信与网络技术，实现了车与X（人、车、路、云端等）智能信息交换、共享，具备复杂环境感知、智能决策、协同控制等功能。其中涉及的环境感知技术、智能决策技术、控制执行技术、通信技术等，是实现汽车"安全、高效、舒适、节能"行驶，并最终实现替代人来行驶的必要条件。为了保证这些技术的安全有效应用，保证智能网联汽车安全驾驶，保障车辆的安全性能，必须提高汽车维护保养、故障诊断、检测维修质量。智能网联汽车对维护和诊断技术提出了迫切要求，因此智能网联汽车维护与诊断技术作为智能网联汽车技术领域的关键部分发挥着越来越重要的作用。

　　本教材以习近平新时代中国特色社会主义思想为指导，贯彻落实党的二十大精神，遵循OBE（Outcome Based Education）教育理念，以智能网联汽车专业培养目标、毕业要求的达成为重要目标，通过解决实际工程问题能力和职业能力双重能力的培养，为进一步深化智能网联汽车人才培养模式改革、探索新的产教融合模式进行了先行尝试。本书的知识体系以智能网联汽车技术为主线，基于智能网联汽车的产业、企业、岗位、人才、技术技能要求进行分析，结合智能网联汽车售后服务领域的维护保养、检测维修及生产制造领域的装配与返修等工作场景和岗位要求，依据教材课程对于专业建设培养目标和毕业要求的支撑，充分考虑职业教育的特点，按模块任务式进行了设计。全书共设置了5个模块11个任务。5个模块分别是维护与保养智能网联汽车、维护与诊断智能网联汽车环境感知系统、维护与诊断智能网联汽车网络与通信系统、维护与诊断智能网联汽车控制与执行系统、智能网联汽车综合测试与故障诊断。11个任务分别为智能网联汽车维护保养、智能网联汽车维护设备操作使用、智能网联汽车环境感知系统组装、智能网联汽车环境感知系统标定、智能网联汽车环境感知系统检测与维修、智能网联汽车网络与通信系统测试、智能网联汽车网络与通信系统检测与维修、智能网联汽车控制与执行系统测试、智能网联汽车控制与执行系统检测与维修、车辆自动驾驶系统应用实训平台路径规划与避障功能测试、车辆自动驾驶系统应用实训平台路径规划功能故障诊断。

在智能网联汽车教学实训平台的基础上，本书对智能网联汽车环境感知系统、控制与执行系统、网络与通信系统的组装、测试、标定、检测与维修及综合故障诊断等具体工作任务实现了实践实训，并配合教学保障条件提供任务工单、习题、实操视频等课程参考资源。

本书可作为汽车智能技术、智能网联汽车技术、汽车电子技术、新能源汽车技术、汽车检测与维修技术、智能网联汽车工程技术等专业的维护与诊断技术相关课程教材，也可以作为汽车制造企业、汽车技术研发企业和汽车修理企业等技术人员的参考用书。

全书由上海交通职业技术学院邓康一担任主编，上海市物联网行业协会史忠方、上海交通职业技术学院周志巍担任副主编，参与编写的还有上海交通职业技术学院李逸飞、孙旭东、蔡倩倩，天翼交通科技有限公司崔士弘，上海市物联网行业协会潘君才。在编写过程中，得到了上海市物联网行业协会、天翼交通科技有限公司、玉龙县职业高级中学的大力支持，力求把教材打造成校企合作示范型教材。在此对这些单位表示衷心的感谢。邓康一负责全书的组织和统稿。在编写过程中引用了相关文献和资料，特向其作者表示诚挚的谢意。由于编者水平和能力有限，书中难免会出现一些错误，敬请广大师生谅解和批评！

编　者

目　录

模块一　维护与保养智能网联汽车 ···························· 1

　　任务一　智能网联汽车维护保养 ···························· 2
　　任务二　智能网联汽车维护设备操作使用 ···················· 13

模块二　维护与诊断智能网联汽车环境感知系统 ················ 27

　　任务一　智能网联汽车环境感知系统组装 ···················· 28
　　任务二　智能网联汽车环境感知系统标定 ···················· 58
　　任务三　智能网联汽车环境感知系统检测与维修 ·············· 72

模块三　维护与诊断智能网联汽车网络与通信系统 ·············· 99

　　任务一　智能网联汽车网络与通信系统测试 ·················· 100
　　任务二　智能网联汽车网络与通信系统检测与维修 ············ 110

模块四　维护与诊断智能网联汽车控制与执行系统 ·············· 120

　　任务一　智能网联汽车控制与执行系统测试 ·················· 121
　　任务二　智能网联汽车控制与执行系统检测与维修 ············ 141

模块五　智能网联汽车综合测试与故障诊断 ···················· 150

　　任务一　车辆自动驾驶系统应用实训平台路径规划与避障功能测试 ···· 151
　　任务二　车辆自动驾驶系统应用实训平台路径规划功能故障诊断 ···· 174

参考文献 ·· 188

模块一

维护与保养智能网联汽车

 任务一　智能网联汽车维护保养

 任务目标

　　基于 OBE 教育理念，结合智能网联汽车技术专业毕业要求与任务特点，建立任务目标支撑毕业要求和培养规格的对应关系，确定任务目标如下：

　　1）目标 O1：了解智能网联汽车维护保养作业内容与要求；

　　2）目标 O2：能够结合实训车辆完成环境感知系统、线控底盘系统、计算平台的维护保养作业；

　　3）目标 O3：能够结合实训车辆维护作业过程中的检查结果，正确完成相关问题的处理措施判断。

　　任务目标及毕业要求支撑对照表如表 1-1 所示。

表 1-1　任务目标及毕业要求支撑对照表

毕业要求	二级指标点	任务目标
1. 工程知识	毕业要求 1-2：能针对确定的、实用的对象进行求解	目标 O1 目标 O2 目标 O3
2. 问题分析	毕业要求 2-1：能运用适用于所属学科或专业领域的分析工具，识别与判断广义工程问题的关键环节	目标 O2 目标 O3
8. 职业规范	毕业要求 8-3：理解工程师对公众的安全、健康和福祉，以及环境保护的社会责任，能够在工程实践中自觉履行责任	目标 O2 目标 O3

　　任务目标与培养规格对照表如表 1-2 所示。

表 1-2　任务目标与培养规格对照表

培养规格	规格要求	任务目标
素养	（1）通过技能实训、考核评价，培养质量意识、安全意识、规范操作意识； （2）通过对智能网联汽车的维护保养作业实训，培养学生严谨的工作态度和精益求精的工匠精神； （3）通过查询、检索、总结，培养学生自主学习的能力和创新精神	目标 O1
能力	（1）能够结合实训车辆完成环境感知系统、线控底盘系统、计算平台的维护保养作业； （2）能够结合实训车辆维护作业过程中的检查结果，正确完成相关问题的处理措施判断	目标 O2 目标 O3

培养规格	规格要求	任务目标
知识	（1）理解智能网联汽车维护保养作业安全操作要求； （2）掌握智能网联汽车维护保养作业内容	目标 O1 目标 O2 目标 O3

任务描述

在明媚的阳光下，我国某高科技产业园区内，无人驾驶车辆在悠然行驶，与周围绿意盎然的植被和现代建筑和谐共生。然而，一辆车的异常状况引起了工作人员的关注，它的行驶速度明显放缓，不再如往常般稳定遵循设定路线。经检查，原因在于电池电量不足。同时，信息显示屏提示传感器信号输出存在故障，这可能影响车辆在行驶过程中的安全性。

为保障车辆正常运行，园区管理层迅速启动应急预案，安排专业技术团队进行维护保养。团队成员首先为无人驾驶车辆更换电池，确保其具备充足能量完成任务。随后，对传感器进行详细检查，发现故障源于传感器表面积累过多灰尘，影响信号输出。团队成员清理了传感器表面灰尘，并对其进行调试，确保传感器正常工作。

在完成维护保养后，无人驾驶车辆重新投入任务运行。经过一段时间的观察，车辆行驶速度恢复正常，且能够精确遵循预设路线。此次事件为园区无人驾驶车辆的运营和管理敲响警钟。园区管理层认识到，在推广无人驾驶车辆的同时，必须加强车辆维护保养，确保车辆在运行过程中始终保持优良性能。

任务实施

1）任务准备。

（1）PC 机 Intel(R)Core(TM)i5CPU 及以上，内存 8G 以上，硬盘 500G 以上（带以太网接口）；

（2）车辆自动驾驶系统应用实训平台 XHV-B0；

（3）自动驾驶教学实训平台操作手册；

（4）AMcap；

（5）控制器局域网（Controller Area Network，CAN）总线分析仪套件；

（6）CANTestV2.5；

（7）PandarView2；

（8）惯导地面站软件 IBCAHRS。

2）步骤与现象。

步骤一：环境感知系统检查与维护

（1）检查与维护车载摄像头。

首先，对摄像头进行外观状态的检查。重点关注摄像头组件的完整性，外观涂层无划痕、无裂纹、无破损，探头的清洁度，标签的清晰程度等方面。

其次，确认摄像头的安装位置是否准确，安装角度是否符合要求，固定底座是否稳定。

最后，通过 AMcap 软件，检查摄像头功能是否正常工作，如有异常，应及时进行维修或更换，并将相关检查结果与处理措施在表 1-3 中进行勾选或记录。

表 1-3　检查结果与处理措施

检查项	检查结果（根据实际情况在"□"内打"√"或填写）	处理措施
外观检查	□完整　□破损　□变形　□裂纹　□划痕　□污物　□其他	□维修　□更换
安装状态	□安装位置准确　□安装角度符合要求　□固定底座稳定	□维修　□更换
功能检查	□正常　□异常	□维修　□更换 □更新软件

（2）检查与维护车载毫米波雷达。

首先，检查毫米波雷达的外观状态。检查毫米波雷达组件是否完整，外观涂层是否有划痕、裂纹、破损，探头是否脏污，标签是否清晰等。

其次，检查毫米波雷达安装位置是否正确，安装件是否完整，角度调节是否符合标准，固定底座是否稳固。

最后，通过 CAN 总线分析仪和 CANTestV2.5 软件，检查毫米波雷达功能是否正常工作，如有异常，应及时进行维修或更换。将相关检查结果与处理措施在表 1-4 中进行勾选或记录。

表 1-4　检查结果与处理措施

检查项	检查结果（根据实际情况在"□"内打"√"或填写）	处理措施
外观检查	□完整　□破损　□变形　□裂纹　□划痕　□污物□　其他	□维修　□更换 □清洁
安装状态	□安装位置准确　□安装角度符合要求　□固定底座稳定	□维修　□更换
功能检查	□正常　□异常	□维修　□更换 □更新软件

（3）检查与维护车载激光雷达。

首先，检查激光雷达的外壳是否有破损、进水等现象，检查激光雷达的散热槽是否堵塞。检查激光雷达的外壳光罩，确保表面无污渍、水滴等影响光线传播的物质，并使用专用的清洁液和软布清洁。

其次，检查激光雷达及其组件安装位置是否正确，安装件是否完整，角度调节是否符合标准，固定底座是否稳固。如果发现连接部件松动或损坏，应及时维修或更换。

最后，通过 PandarView2 软件，检查激光雷达点云功能是否正常工作，如有异常，应及时进行维修或更换。将相关检查结果与处理措施在表 1-5 中进行勾选或记录。

表 1-5　检查结果与处理措施

检查项	检查结果（根据实际情况在"□"内打"√"或填写）	处理措施
外观检查	□完整　□破损　□变形　□裂纹　□划痕　□污物　□其他	□维修　□更换 □清洁
安装状态	□安装位置准确　□安装角度符合要求　□固定底座稳定	□维修　□更换
功能检查	□正常　□异常	□维修　□更换 □更新软件

（4）检查与维护超声波雷达。

首先，对外观进行检查。检查雷达表面是否有明显的损坏或磨损，例如裂纹、凹痕或污垢等。如果发现任何损坏或污垢，应及时进行清理或更换。

其次，检查超声波雷达及其组件安装位置是否正确，安装件是否完整，角度调节是否符合标准，固定底座是否稳固。如果发现连接部件松动或损坏，应及时维修或更换。

最后，通过 CAN 总线分析仪和 CANTestV2.5 软件，测试其各个通道是否正常工作。使用测试设备模拟物体距离，检查超声波雷达是否能准确检测并输出距离信息。如果发现超声波雷达工作不正常，应及时进行维修或更换。将相关检查结果与处理措施在表 1-6 中进行勾选或记录。

表 1-6　检查结果与处理措施

检查项	检查结果（根据实际情况在"□"内打"√"或填写）	处理措施
外观检查	□完整　□破损　□变形　□裂纹　□划痕　□污物　□其他	□维修　□更换 □清洁
安装状态	□安装位置准确　□安装角度符合要求　□固定底座稳定	□维修　□更换
功能检查	□正常　□异常	□维修　□更换 □更新软件

（5）检查与维护组合导航系统。

首先，检查组合导航表面是否有明显的损坏或磨损，例如裂纹、凹痕或污垢等。如果发现任何损坏或污垢，应及时进行清理或更换。

其次，检查组合导航及其组件安装位置是否符合标准，连接部件是否稳固，天线是否无遮挡。如果发现连接部件松动或损坏，应及时维修或更换。

最后，通过惯导地面站软件 IBCAHRS，定期对组合导航系统中的传感器进行校准，以保证传感器的输出数据准确可靠。检查组合导航功能是否正常工作，如有异常，应及时进行维修或更换。将相关检查结果与处理措施在表 1-7 中进行勾选或记录。

表 1-7　检查结果与处理措施

检查项	检查结果（根据实际情况在"□"内打"√"或填写）	处理措施
外观检查	□完整　□破损　□变形　□裂纹　□划痕　□污物　□其他	□维修　□更换 □清洁
安装状态	□安装位置符合标准　□连接部件稳固　□天线遮挡	□维修　□更换
功能检查	□正常　□异常	□维修　□更换 □更新软件

步骤二：线控底盘检查与维护

（1）检查与维护线控转向系统。

首先，检查转向电机及控制器外观是否有磕碰、裂痕、破损，是否有杂物、积尘。检查转向电机的螺栓是否连接牢靠。检查转向电机控制器连接线束是否良好，接插件是否连接牢固。检查转向电机及控制器的固定及安装情况。如果发现连接部件松动或损坏，应及时维修或更换。

其次，检查转向横拉杆球头的固定螺母是否牢固。检查转向横拉杆球头的防尘罩有无损坏和安装位置是否正确。检查转向横拉杆球头是否工作正常。如果发现连接部件松动或损坏，应及时维修或更换。

最后，通过线控底盘配置的遥控器，进行左右转向操作，检查功能是否正常工作，如有异常，应及时进行维修或更换。将相关检查结果与处理措施在表1-8中进行勾选或记录。

表1-8　检查结果与处理措施

检查项	检查结果（根据实际情况在"□"内打"√"或填写）	处理措施
转向电机及控制器	□完整　□破损　□磕碰　□裂痕　□污物 □螺栓固定牢靠　□线束连接牢固　□线束老化　□其他	□维修　□更换 □清洁
转向横拉杆球头	□完整　□破损　□磕碰　□螺栓固定牢靠　□其他	□维修　□更换
功能检查	□正常　□异常	□维修　□更换 □更新软件

（2）检查与维护线控驱动系统。

首先，通过将车辆举升，检查驱动电机系统外观有无磕碰、渗漏、损坏或裂纹等现象。检查驱动电机系统所连接的高低压接插件连接是否可靠，线束是否破损、老化、干燥。检查驱动电机系统的安装与固定情况，是否松动。

其次，通过线控底盘配置的遥控器，进行前进、后退、变速、制动等操作，检查功能是否正常，检查驱动电机运行是否平稳，是否有振动或噪声，如有异常，应及时进行维修或更换。

最后，用CAN总线分析仪和CANTestV2.5软件读取报文信息，分析是否存在故障，如有异常，应及时进行维修或更换。将相关检查结果与处理措施在表1-9中进行勾选或记录。

表1-9　检查结果与处理措施

检查项	检查结果（根据实际情况"□"内打"√"或填写）	处理措施
外观检查	□完整　□破损　□磕碰　□渗漏　□裂纹　□污物 □螺栓固定牢靠　□线束连接牢固　□线束老化　□其他	□维修　□更换 □清洁
功能检查	□正常　□异常　□振动　□噪声　□其他	□维修　□更换
故障读取	□正常　□异常	□维修　□更换 □更新软件

（3）检查与维护线控底盘电气系统。

首先，通过线控底盘配置的遥控器，进行左右转向、前进、后退、制动等操作，检查左右转向灯、示廓灯功能是否正常。拨动遥控器喇叭控制拨杆，检查功能是否正常。如有异常，应及时进行维修或更换。

其次，关闭线控底盘启动开关，车辆处于断电状态，使用配备的充电器进行充电操作，参考线控底盘产品手册说明，判断充电系统是否正常。如有异常，应及时进行维修或更换。将相关检查结果与处理措施在表 1-10 中进行勾选或记录。

表 1-10　检查结果与处理措施

检查项	检查结果（根据实际情况在"□"内打"√"或填写）	处理措施
转向灯检查	□正常　□异常	□维修　□更换
示廓灯检查	□正常　□异常	□维修　□更换
喇叭检查	□正常　□异常	□维修　□更换
充电系统检查	□正常　□异常	□维修　□更换

步骤三：计算平台检查与维护

检查与维护域控制器。

首先，检查域控制器外壳是否有破损、变形等情况，确保域控制器处于良好的物理状态。检查所有连接线、接口是否牢固，避免因松动导致的信号丢失或故障。如有异常，应及时进行维修或更换。

其次，查看散热是否正常工作，确保域控制器在工作过程中不会因过热而影响性能。确认电源线连接正常，电源电压稳定，以免电源不稳定导致的设备损坏。如有异常，应及时进行维修或更换。

最后，进入实训平台上位机控制界面，查看域控制器的系统版本是否为最新版本，确保系统自带的软件、算法等为最优状态。检查故障日志、程序是否存在故障、漏洞、错误等提示信息，如有需及时修复以保证域控制器的正常运行。如有异常，应及时进行维修或更换。将相关检查结果与处理措施在表 1-11 中进行勾选或记录。

表 1-11　检查结果与处理措施

检查项	检查结果（根据实际情况在"□"内打"√"或填写）	处理措施
外观检查	□完整　□破损　□变形　□裂纹　□污物 □螺栓固定牢靠　□线束连接牢固　□线束老化　□其他	□维修　□更换 □清洁
功能检查	□散热正常　□散热异常　□电源电压符合标准　□其他	□维修　□更换
故障读取	□正常　□异常	□维修　□更换 □更新软件

考核评价

根据任务实施过程，结合素养态度、能力培养、知识掌握的效果，使用如表 1-12 所示

的培养规格评价表，由教师对学生进行评分。

表 1-12　培养规格评价表

评价类别	评价内容	分值	得分
素养	（1）通过技能实训、考核评价，培养质量意识、安全意识、规范操作意识； （2）通过对智能网联汽车的维护保养作业实训，培养学生严谨的工作态度和精益求精的工匠精神； （3）通过查询、检索、总结，培养学生自主学习的能力和创新精神	30	
能力	（1）能够结合实训车辆完成环境感知系统、线控底盘系统、计算平台的维护保养作业； （2）能够结合实训车维护作业过程中的检查结果，正确完成相关问题的处理措施判断	30	
知识	（1）了解智能网联汽车维护保养作业安全操作要求； （2）掌握智能网联汽车维护保养作业内容	40	
总分			
评语			

考核评价根据任务要求设置评价项目，以项目内容的完成度作为考核评分点进行评分，项目评分包含配分、分值和得分，教师可以根据学生的项目内容完成情况进行评分。

考核评价中任务目标达成度由子目标组成，评价项目支撑任务目标。教师根据任务目标评价学生的任务完成情况。任务考核评价表如表 1-13 所示。

表 1-13　任务考核评价表

实训项目	智能网联汽车维护保养						
评价项目	项目内容	项目评分			任务目标达成度		
		配分	分值	得分	目标 O1	目标 O2	目标 O3
环境感知系统检查与维护	车载摄像头外观检查结果正确，处理措施合理	50	2				
	车载摄像头安装状态检查结果正确，处理措施合理		4				
	车载摄像头功能检查结果正确，处理措施合理		4				
	毫米波雷达外观检查结果正确，处理措施合理		2				
	毫米波雷达安装状态检查结果正确，处理措施合理		4				
	毫米波雷达功能检查结果正确，处理措施合理		4				

实训项目	智能网联汽车维护保养						
评价项目	项目内容	项目评分			任务目标达成度		
		配分	分值	得分	目标 O1	目标 O2	目标 O3
	激光雷达外观检查结果正确，处理措施合理		2				
	激光雷达安装状态检查结果正确，处理措施合理		4				
	激光雷达功能检查结果正确，处理措施合理		4				
	超声波雷达外观检查结果正确，处理措施合理		2				
	超声波雷达安装状态检查结果正确，处理措施合理		4				
	超声波雷达功能检查结果正确，处理措施合理		4				
	组合导航外观检查结果正确，处理措施合理		2				
	组合导航安装状态检查结果正确，处理措施合理		4				
	组合导航功能检查结果正确，处理措施合理		4				
线控底盘检查与维护	线控转向系统转向电机及控制器检查结果正确，处理措施合理	40	4				
	线控转向系统转向横拉杆球头检查结果正确，处理措施合理		4				
	线控转向系统功能检查结果正确，处理措施合理		4				
	线控驱动系统外观检查结果正确，处理措施合理		4				
	线控驱动系统安装状态检查结果正确，处理措施合理		4				
	线控驱动系统功能检查结果正确，处理措施合理		4				
	线控底盘转向灯检查结果正确，处理措施合理		4				
	线控底盘示廓灯检查结果正确，处理措施合理		4				
	线控底盘喇叭检查结果正确，处理措施合理		4				
	线控底盘充电系统检查结果正确，处理措施合理		4				

实训项目	智能网联汽车维护保养						
评价项目	项目内容	项目评分			任务目标达成度		
		配分	分值	得分	目标 O1	目标 O2	目标 O3
计算平台检查与维护	域控制器外观检查结果正确，处理措施合理	10	2				
	域控制器功能检查结果正确，处理措施合理		2				
	域控制器故障读取结果正确，处理措施合理		6				
综合评价							

注：

① 项目评分请按每项分值打分，填入"得分"栏。

② 任务目标达成度根据任务完成情况进行评价，对照任务目标是否达成进行勾选，达成则打上"√"，不达成则打上"×"。

③ 任务目标达成度中"NC"表示本行评价内容与对应任务目标无关。

根据任务目标达成度的评价结果，结合任务实施过程、项目评分结果，教师使用如表 1-14 所示的任务持续改进表进行改进。

表 1-14 任务持续改进表

评价项目	上一轮改进措施	本轮改进内容	本轮改进效果	下一轮改进措施
环境感知系统检查与维护				
线控底盘检查与维护				
计算平台检查与维护				

知识分析

1）智能网联汽车维护保养的重要性。

确保车辆安全：智能网联汽车集成了大量的高科技设备，如雷达、摄像头、传感器等。这些设备在长时间使用过程中，可能会出现故障，影响车辆安全。定期进行维护保养，可以及时发现并排除安全隐患。

延长零部件寿命：智能网联汽车的各项零部件在高温、高压、高湿等恶劣环境下工作，容易磨损。通过定期保养，可以确保零部件工作在最佳状态，延长使用寿命。

保持车辆性能：智能网联汽车搭载了先进的电子控制系统，如发动机管理系统、底盘控制系统等。定期保养可以确保这些系统高效运行，保持车辆良好的性能。

节省能源和减少排放：维护保养可以确保车辆的各项设备工作正常，从而降低油耗、减少排放，有利于环境保护和节能减排。

2）智能汽车的日常维护作业要求。

（1）在电气维修过程中，对所修部件的构造、控制电路、性能、修理方法及安全要求须有充分了解。实训时，务必遵循工艺要求操作，并正确穿戴相应防护装备，包括工作服、工作鞋和手套等。严禁赤脚或穿着拖鞋、高跟鞋和裙子进行作业，长发者需佩戴工作帽。

（2）在进行车辆电工作业时，注意保持车辆漆面光泽无伤痕，装饰地毯及座位时，需使用保护垫布和座位套，确保清洁。在装有微机控制系统的汽车上作业时，除非必要，切勿触动电子控制部分及其接头和开关，以防意外损坏内部电子元件。

（3）当需连接或断开电子系统与某一单元之间的电气配线进行作业时，必须将点火开关关闭，并拔掉蓄电池负极接插件，以防控制器元件受损。在蓄电池充电作业时，要保持室内通风良好，电池液晶温度不得超过 45 ℃，检查时应佩戴防护眼镜。

（4）在进行空调维修作业时，应选择通风良好的地点，缓慢排出制冷剂以防止油一起冲出，并避免与明火及灼热金属接触，否则制冷剂可能分解为有毒气体对人体造成伤害。在添加和处理制冷剂时，应戴上防护眼镜，以防制冷剂溅入眼内或皮肤。

（5）搬运制冷剂钢瓶时，要严防震动、撞击，避免暴晒，并应存放在安全通风、干燥的库房内。切勿使用高压水枪冲洗发动机舱，以免线路短路。对于与尖锐边缘磨碰的线束部分，应使用胶带缠绕以防止损坏。安装固定零件时，务必确保线束不被夹住或破坏，安装时应保证插接头接插牢固。

（6）在进行检修时，若温度超过 80 ℃（如焊接作业），应先拆下对温度敏感的零件［如继电器和电子控制单元（Electronic Control Unit，ECU）］后再进行检修。

（7）在车辆底部对蓄电池进行补充充电时，选择适合的充电模式，严格控制充电时间，并确保充电环境通风优良。确保蓄电池极桩与导线夹子之间的连接稳固，如果在行驶过程中发现发电机定子松脱，可能会产生过电压，可能导致车辆电脑或其他用电设备损坏。在操作过程中，通常应先拆除蓄电池负极电缆接头（搭铁），再卸下正极接头。正负极电缆接头安装时，切勿颠倒。在连接正、负极接头之前，务必确保所有高耗电元件处于非工作状态。如发现火花，表明可能存在短路或有大功率设备工作，应采取相应措施进行纠正。

（8）在遵循熔断器容量选择的原则时，需以其保护设备的总容量为依据。更换保险丝的过程中，必须严格按照保险丝盒标注的额定电流值进行，禁止使用电流超过额定电流的保险丝。若在无备用保险丝的情况下遇到紧急情况，可以选择更换对驾驶和安全无影响的其他设备上的保险丝作为替代。若无法找到相同电流负荷的保险丝，可以选择电流额定值低于原保险丝的替代品。

（9）在安装备用部件或附件时，应优先考虑利用空余的熔断器。若需在已有熔断保护的元件上进行接线，需充分考虑线路电容量的增加，以防线路因电容量过大而受损或引发燃烧。

（10）在充电回路中，务必保证电子部件的绝缘性能优良，防止电弧及高压线圈的插接导致过高电压，以免对含有电子元件的设备造成损害。同时，禁止将电子元件置于超过 80℃的环境中。在连接或断开电子设备时，必须确保电源已关闭，以防设备受损。此外，应强化静电防护措施，避免对电子设备产生损害。

（11）电线接头的应用与线束维修时，需要使用专用钳子将圆柱形接头紧密嵌入，以确

保机械连接的稳定性。采用内壁涂覆胶水的热缩管以确保密封效果。利用配备专用喷管的热风机使热缩管收缩，实现优良的密封性能。

思考与练习

1. 判断题

（1）毫米波雷达外壳破损，如果可以正常工作，则可以继续使用。 　　　（　　）

（2）惯性导航天线安装在车体坐标轴线上，避免进水。 　　　（　　）

（3）超声波雷达表面的油漆涂层过厚会遮蔽雷达信号，导致信号错误。 　　　（　　）

2. 不定项选择题

（1）智能汽车维护过程中常用的安全装备有（　　　）。

  A. 保护手套　　　　B. 安全鞋　　　　C. 洗手液　　　　D. 工作服

（2）激光雷达滤光片如果被油渍污染，正确的做法是（　　　）。

  A. 用干净的抹布擦干净　　　　　　B. 用清水清洗

  C. 用油污去除剂清洗　　　　　　　D. 用手擦干净

（3）超声波雷达已经被广泛应用在现代汽车中，外观检查需要注意（　　　），避免雷达脱落。

  A. 卡口松紧度　　　B. 雷达角度　　　C. 雷达距离　　　D. 雷达高度

3. 思考题

（1）查阅资料，和团队成员讨论在进行智能汽车的高压电气部件维护作业时需要做的安全防护有哪些？

（2）查阅资料，和团队成员讨论当实训车辆出现了传感器信号故障提示时，需要使用哪些检测设备排查出故障？

 任务二　智能网联汽车维护设备操作使用

任务目标

基于 OBE 教育理念，结合智能网联汽车技术专业毕业要求与任务特点，建立任务目标支撑毕业要求和培养规格的对应关系，确定任务目标如下：

1）目标 O1：了解数字式万用表、示波器、CAN 分析仪等常用工具和模拟软件的使用原理和方法，并理解其局限性；

2）目标 O2：能够正确使用智能网联汽车维护设备、工具或软件，对智能网联汽车进行检测与维修。

任务目标及毕业要求支撑对照表如表 1-15 所示。

表 1-15　任务目标及毕业要求支撑对照表

毕业要求	二级指标点	任务目标
1. 工程知识	毕业要求 1-2：能针对确定的、实用的对象进行求解	目标 O1 目标 O2
2. 问题分析	毕业要求 2-1：能运用适用于所属学科或专业领域的分析工具，识别与判断广义工程问题的关键环节	目标 O2
5. 使用现代工具	毕业要求 5-3：能针对具体的对象，选择与使用满足特定需求的现代工具，模拟和预测专业问题，并能分析其局限性	目标 O2

任务目标与培养规格对照表如表 1-16 所示。

表 1-16　任务目标与培养规格对照表

培养规格	规格要求	任务目标
素养	（1）通过技能实训、考核评价，培养质量意识、安全意识、规范操作意识； （2）通过学习，培养学生严谨的工作态度和精益求精的工匠精神； （3）通过查询、检索、总结，培养学生自主学习的能力和创新精神	目标 O2
能力	（1）能够正确使用数字万用表、示波器、CAN 总线分析仪等检测工具对智能网联汽车进行检测； （2）能够正确读取和分析检测工具及仪器设备的数据	目标 O1 目标 O2
知识	（1）掌握智能网联汽车常见检测工具的功能； （2）掌握智能网联汽车检测工具的常见操作方法	目标 O1 目标 O2

任务描述

汽车维修车间内，阳光透过窗格洒在各类汽车检测设备上，营造出一种别具一格的景象。一位身着工作服、头戴安全帽的维修技师正聚精会神地运用示波器检测一辆老爷车的电气系统。示波器屏幕上，电信号的波形随着技师的调整而起伏变化，宛如在诉说着车辆的"心跳"节奏。

另一侧，一位技师手持 CAN 总线分析仪，对一辆豪华轿车进行车载网络诊断。他轻触分析仪上的几个按钮，屏幕上立刻呈现出大量数据与波形。借助这些信息，他能够准确判断 CAN 总线的工作状态。

车间一角，一位技师巧妙地操作着万用表，正在测量一辆运动型汽车的发动机线路。指针的微小偏移都牵动着他的神经。每一个细微的读数变化，都可能揭示出潜在的故障点。

在这个充满活力的空间里，各类检测仪器成为维修技师们最可靠的伙伴。它们不仅提升了维修效率，更为关键的是，使维修工作变得更加精确和可靠。

作为一名专业的技术人员，你会使用这些常见的检测设备吗？

任务实施

1）任务准备。

（1）PC 机 Intel（R）Core（TM）i5CPU 及以上，内存 8G 以上，硬盘 500G 以上（带以太网接口）；

（2）车辆自动驾驶系统应用实训平台 XHV-B0；

（3）自动驾驶教学实训平台操作手册。

2）步骤与现象。

步骤一：数字式万用表操作使用

（1）测量电阻。

如图 1-1 所示，使用数字式万用表测量 15A 保险丝电阻，请将操作过程在表 1-17 中进行填写或勾选。

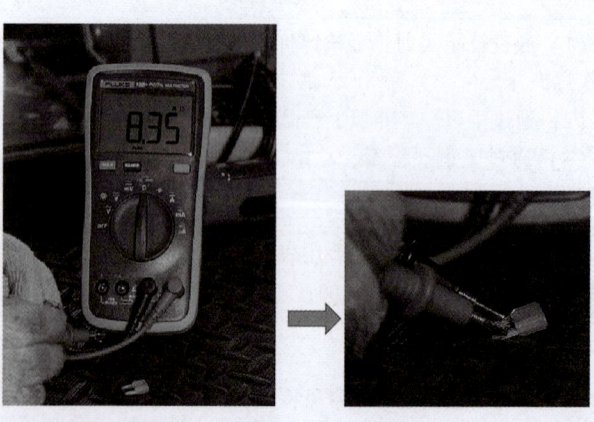

图 1-1　测量 15A 保险丝电阻

表1-17 操作过程

操作项	结果（根据实际情况在"□"内打"√"或填写）	接入方式
红表笔	□COM 孔　□V/Ω 孔　□交直流 mA/μA 孔　□交直流 A 孔	□串联　□并联
黑表笔	□COM 孔　□V/Ω 孔　□交直流 mA/μA 孔　□交直流 A 孔	□串联　□并联
量程开关		
电阻值		

（2）测量电压。

如图1-2所示，使用数字式万用表测量低压电路电压，请将操作过程在表1-18中进行填写或勾选。

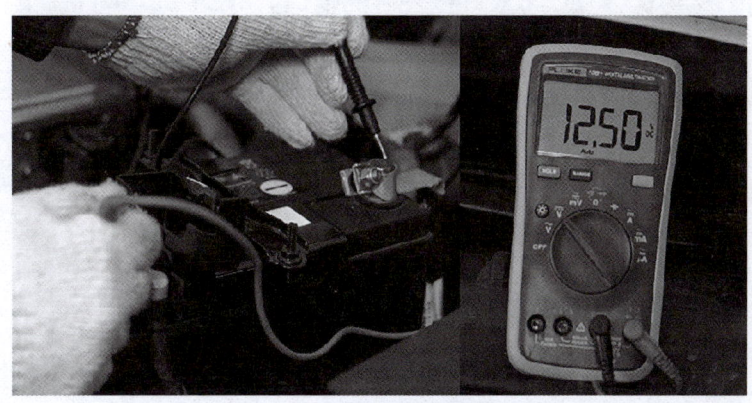

图1-2 测量低压电路电压

表1-18 操作过程

操作项	结果（根据实际情况在"□"内打"√"或填写）	接入方式
红表笔	□COM 孔　□V/Ω 孔　□交直流 mA/μA 孔　□交直流 A 孔	□串联　□并联
黑表笔	□COM 孔　□V/Ω 孔　□交直流 mA/μA 孔　□交直流 A 孔	□串联　□并联
量程开关		
电压值		

（3）测量电流。

使用数字式万用表测量低压电路电流，请将操作过程在表1-19中进行填写或勾选。

表1-19 操作过程

操作项	结果（根据实际情况在"□"内打"√"或填写）	接入方式
红表笔	□COM 孔　□V/Ω 孔　□交直流 mA/μA 孔　□交直流 A 孔	□串联　□并联
黑表笔	□COM 孔　□V/Ω 孔　□交直流 mA/μA 孔　□交直流 A 孔	□串联　□并联
量程开关		
电流值		

步骤二：数字式示波器操作使用

测量汽车通信信号/总线信号。

如图 1-3 所示，使用数字示波器测量车辆 CAN 总线信号，请将操作过程在表 1-20 中进行填写或勾选。

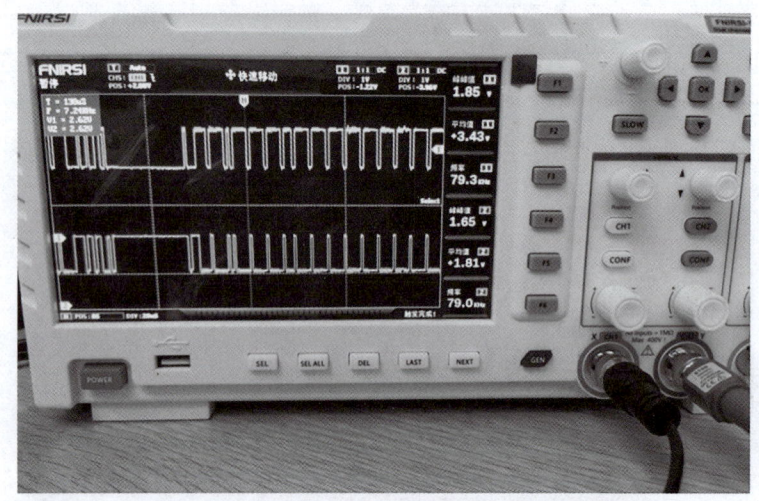

图 1-3　数字示波器测量车辆 CAN 总线信号

表 1-20　测量总线信号波形

示波器设置	结果（根据实际情况在"□"内打"√"或填写）
通道 1	□CAN-H　□CAN-L
通道 2	□CAN-H　□CAN-L
通道 GEN	□CAN-H　□CAN-L
挡位选择	□1X　□10X
触发模式	□自动　□单次　□常规
耦合方式	□AC　□DC
垂直灵敏度	
时基	
通道 1 测量数值	峰值（　　V）；平均值（　　V）；频率（　　kHz）
通道 2 测量数值	峰值（　　V）；平均值（　　V）；频率（　　kHz）

步骤三：CAN 总线分析仪操作使用

采集汽车 CAN 总线报文。

如图 1-4 所示，使用 CAN 分析仪采集车辆 CAN 总线报文信息，请将操作过程在表 1-21 中进行填写或勾选。

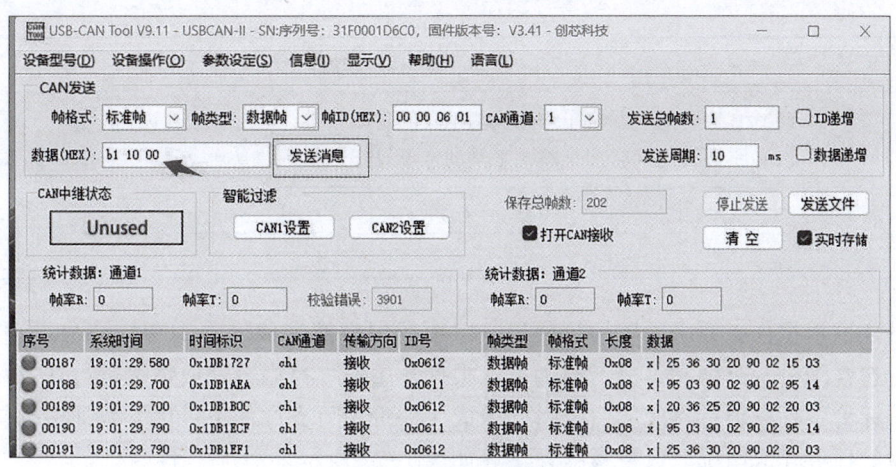

图 1-4　使用 CAN 分析仪采集车辆 CAN 总线报文信息

表 1-21　采集车辆 CAN 总线报文

CAN 分析仪设置	结果（根据实际情况在"□"内打"√"或填写）
CAN 分析仪软件	□USB_CAN TOOL　□CANTest
通道号设置	□通道 1　□通道 2
工作模式	□正常工作　□监听　□自发自收
波特率	□125 Kbit/s　□500 Kbit/s　□1 000 Kbit/s
CAN 发送"帧格式"	□标准帧　□扩展帧
CAN 发送"帧类型"	□数据帧　□远程帧

考核评价

根据任务实施过程，结合素养态度、能力培养、知识掌握的效果，使用如表 1-22 所示的培养规格评价表，由教师对学生进行评分。

表 1-22　培养规格评价表

评价类别	评价内容	分值	得分
素养	（1）通过技能实训、考核评价，培养质量意识、安全意识、规范操作意识； （2）通过学习，培养学生严谨的工作态度和精益求精的工匠精神； （3）通过查询、检索、总结，培养学生自主学习的能力和创新精神	30	
能力	（1）能够正确使用数字万用表、示波器、CAN 总线分析仪等检测工具对智能网联汽车进行检测； （2）能够正确读取及分析检测工具及仪器设备的数据	30	

续表

评价类别	评价内容	分值	得分
知识	（1）掌握智能网联汽车常见检测工具的功能； （2）掌握智能网联汽车检测工具的常见操作方法	40	
总分			
评语			

考核评价根据任务要求设置评价项目，以项目内容的完成度作为考核评分点进行评分，项目评分包含配分、分值和得分，教师可以根据学生的项目内容完成情况进行评分。

考核评价中任务目标达成度由子目标组成，评价项目支撑任务目标。教师根据任务目标评价学生的任务完成情况。任务考核评价表如表1-23所示。

表1-23　任务考核评价表

实训项目	智能网联汽车维护设备操作使用						
评价项目	项目内容	项目评分			任务目标达成度		
		配分	分值	得分	目标01	目标02	目标03
数字式万用表操作使用	电阻测量红表笔接孔正确	42	2				
	电阻测量红表笔接入方式正确		2				
	电阻测量黑表笔接孔正确		2				
	电阻测量黑表笔接入方式正确		2				
	电阻测量量程设置正确		4				
	电阻测量测量结果合理		2				
	电压测量红表笔接孔正确		2				
	电压测量红表笔接入方式正确		2				
	电压测量黑表笔接孔正确		2				
	电压测量黑表笔接入方式正确		2				
	电压测量量程设置正确		4				
	电压测量测量结果合理		2				
	电流测量红表笔接孔正确		2				
	电流测量红表笔接入方式正确		2				
	电流测量黑表笔接孔正确		2				
	电流测量黑表笔接入方式正确		2				
	电流测量量程设置正确		4				
	电流测量测量结果合理		2				

续表

实训项目	智能网联汽车维护保养						
评价项目	项目内容	项目评分			任务目标达成度		
		配分	分值	得分	目标O1	目标O2	目标O3
数字式示波器操作使用	示波器设置通道1设置合理	34	2				
	示波器设置通道2设置合理		2				
	示波器设置通道GEN设置合理		2				
	示波器设置挡位选择正确		4				
	示波器设置触发模式设置合理		4				
	示波器设置耦合方式设置正确		4				
	示波器设置垂直灵敏度设置合理		4				
	示波器设置时基设置合理		4				
	示波器设置通道1测量数值结果合理		4				
	示波器设置通道2测量数值结果合理		4				
CAN总线分析仪操作使用	CAN分析仪软件选择合理	24	4				
	通道号设置正确		4				
	工作模式正确		4				
	波特率设置正确		4				
	CAN发送"帧格式"设置正确		4				
	CAN发送"帧类型"设置正确		4				
综合评价							

注:
① 项目评分请按每项分值打分,填入"得分"栏。
② 任务目标达成度根据任务完成情况进行评价,对照任务目标是否达成进行勾选,达成则打上"√",不达成则打上"×"。
③ 任务目标达成度中"NC"表示本行评价内容与对应任务目标无关。

根据任务目标达成度的评价结果,结合任务实施过程、项目评分结果,教师使用如表1-24所示的任务持续改进表进行改进。

表1-24　任务持续改进表

评价项目	上一轮改进措施	本轮改进内容	本轮改进效果	下一轮改进措施
数字式万用表操作使用				
数字式示波器操作使用				
CAN总线分析仪操作使用				

知识分析

1) 数字式万用表操作使用。

数字万用表可分为通用数字万用表和汽车专用万用表两类，如图1-5所示。作为汽车的基本检测仪器，数字万用表应满足CATⅢ安全级别的要求。通用数字万用表和汽车专用万用表均具备以下检测功能：交流/直流（AC/DC）电压、电流、电阻、频率（Hz）、温度（TEMP）、二极管、连通性、电容、绝缘测试（低压）。

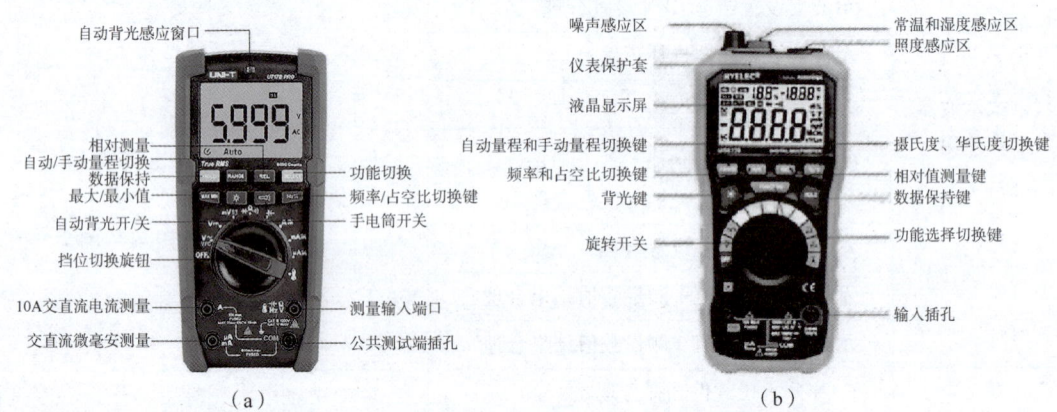

图1-5　数字万用表

(a) 通用数字万用表；(b) 汽车专用万用表

相较于通用数字万用表，汽车专用万用表在上述功能基础上，额外具备转速（单位r/min）、百分比（占空比，单位%）、脉冲宽度（单位ms）及其他功能（如利用蜂鸣器等进行故障码读取）。接下来，以通用数字万用表为例，介绍基础操作。

（1）开/关操作。

在进行开机操作时，需将电源开关置于开机状态的"ON"位置，此时显示屏将显示数字"1"，表明设备已启动。而在启动状态下，再次操作电源开关将其置于"OFF"位置，显示屏将熄灭，示意设备已关闭。

（2）测量直流电压。

在进行直流电压测量时，根据实际需求，将量程开关调整至合适的DCV（直流电压）挡位。将表笔插入"V/Ω"插孔，并将黑表笔插入"COM"插孔，确保表笔与被测线路并联，此时显示屏将显示测量读数。

（3）测量交流电压。

在进行交流电压测量时，根据实际需求，选择合适的量程开关ACV（交流电压）挡位。将红表笔插入"V/Ω"插孔，黑表笔插入"COM"插孔，并将表笔与被测线路并联，此时显示屏将呈现测量读数。

（4）测量交流电流。

在进行交流电流测量时，根据被测电流的大小选择合适的量程开关。当被测电流小于200 mA时，将红表笔插入"A"插孔；若被测电流大于200 mA，则将红表笔插入"20A"插孔，同时将黑表笔插入"COM"插孔。

（5）测量直流电流。

在进行直流电流测量时，根据被测电流的大小选择合适的量程开关。当被测电流小于 200 mA 时，将红表笔插入 "A" 插孔；若被测电流大于 200 mA，则插入 "20A" 插孔。黑表笔 "COM" 始终保持插入插孔中。在测量前，先设定合适的挡位，然后将万用表串联至被测电路，显示屏将显示相应的测量结果。

（6）测量电阻。

在进行电阻测量时，需将量程开关调整至适当的挡位 "V/Ω"，并插入红表笔至相应插孔，黑表笔则插入 "COM" 插孔。若测量到的电阻值超出所选量程，显示屏将显示 "1"，此时应选择更高的量程。

（7）测量二极管。

在进行二极管测量时，将量程开关置于 "二极管" 挡位，并将红表笔插入 "V/Ω" 插孔，黑表笔插入 "COM" 插孔。此时，红表笔应连接二极管的正极，黑表笔应连接二极管的负极。

（8）测量三极管放大倍数。

数字万用表具备三极管放大倍数测量功能，其测量方式与指针万用表类似。然而，二者在显示方式上存在差异：数字万用表通过显示屏展示测量值，且数值越大，意味着三极管的放大倍数越高。

2）数字示波器操作使用。

在智能网联汽车的车载传感器、控制器、执行器的调试与测试过程中，数字示波器作为一种常用的测量设备，具有重要作用。其主要功能是对连续信号进行分段式采集，将采集到的模拟电压信号转换为数字信号并进行记录。随后，通过显示屏重现这些信号，从而将肉眼难以识别的电子信号转换为可观测的波形图形。

在使用数字示波器时，通常通过调整 X 轴上的时间间隔和 Y 轴上的幅值来观察各种物理参数的变化。数字示波器按键功能如图 1-6 所示。

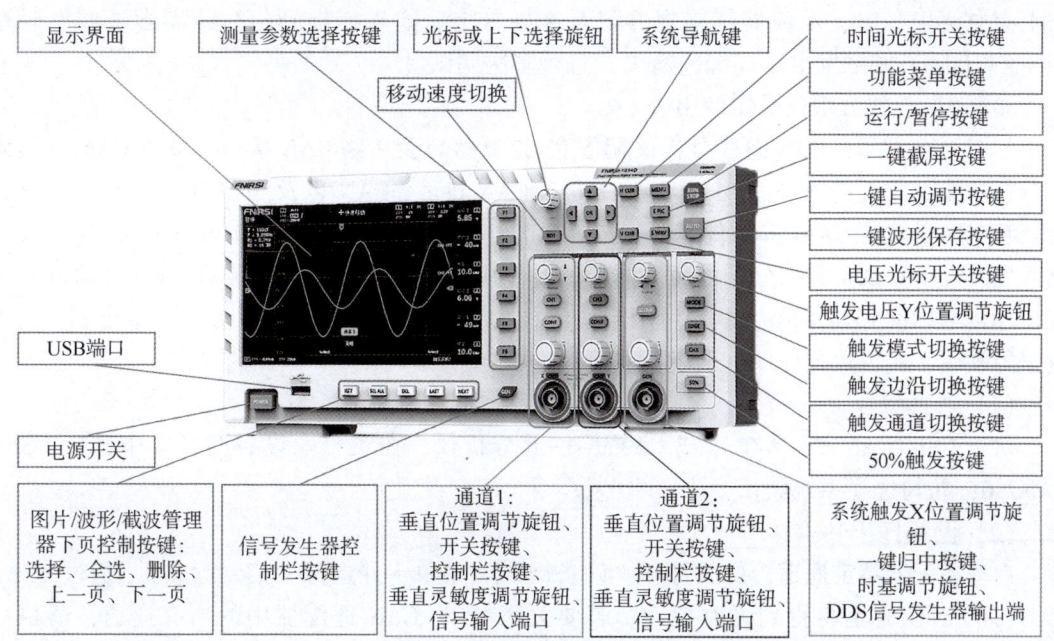

图 1-6　数字示波器按键功能

（1）测量电池或直流电压。

在挡位选择上，电池电压一般不超过 40 V，其他直流电压则需根据实际情况调整。若电压低于 40 V，应选用 1X 挡位；若高于 40 V，则选用 10X 挡位（探头和示波器均需设置为同一挡位）。

首先，将示波器调整为 AUTO 自动触发模式，该模式适用于测试周期性信号，如直流电压。

其次，将示波器探头倍率设置至适当挡位（开机后默认值为 1X 挡位），并将耦合方式调整为 DC 耦合模式。

最后，连接探头，并将探头手柄上的开关拨至相应挡位。确保电池或直流电压有电输出。将探头夹子接到电池负极或直流电负极，探针则接到电池或直流电正极。按下"AUTO"键一次，直流电信号即可显示在示波器上，观察平均值这一参数。

需要注意的是，电池电压或其他直流电压均为直流信号，无曲线波形，仅呈一条上下偏移的直线，且其峰值和频率均为 0。

（2）测量汽车通信信号/总线信号。

汽车通信信号一般不超过 20 V，1X 挡位最高可测试 40 V，因此，选用 1X 挡位对汽车通信信号进行测试已足够（探头与示波器均设置为 1X 挡位）。

首先，将示波器调整为 NORMAL 常规触发模式（开机默认值为 AUTO 触发模式），此模式适用于非周期性数字信号测量，若使用 AUTO 触发模式则无法捕捉非周期信号。将示波器探头倍率设为 1X 挡位（开机后默认值为 1X 挡位）。

其次，将示波器耦合方式设为 AC 耦合模式。插入探头，并将探头手柄开关拨至 1X 挡位。将探头夹子和探针连接至通信线中的两根信号线上，无须区分正负。如有多根信号线，需预先判断或尝试多次以选取其中两根进行试验。确保通信线路上存在通信信号。

最后，将垂直灵敏度调至 50 MV 挡位，时基调至 20 μs。按下"50%"按键。当通信线路上有通信信号时，示波器将捕捉并显示在屏幕上。如未捕捉到信号，需尝试调整时基（1 ms~100 ns）和触发电压（绿色箭头）进行多次调试。

3）CAN 总线分析仪操作使用。

如图 1-7 所示，CAN 总线分析仪配备 USB2.0 接口及 2 路 CAN 接口，具备 CAN 总线协议分析功能。其支持 SAE J1939、DeviceNet、CANopen、iCAN 以及用户自定义高层协议分析，且与周立功的 CANPro 软件兼容。作为标准 CAN 节点，CAN 总线分析仪在 CAN 总线产品开发、设备测试及数据分析方面发挥着重要作用。通过采用接口适配器，PC 可通过 USB 接口连接至标准 CAN 网络，从而应用于现场总线测试实验室、工业控制、智能楼宇、汽车电子等领域，实现数据处理、采集及通信。

（1）选择型号。

对于 USB-CAN-2（A/C）或 CANalyst-Ⅱ分析仪，在菜单"设备型号"中选择 USB-CAN2.0，并勾选（系统默认）。

（2）设备打开/关闭。

启动适配器特定通道，您需打开"设备操作"菜单，并选择"启动设备"。通过 USB-CANTool，所有通道将得到强制启动。若要关闭 USB-CAN 适配器中的所有通道，请执行"设备操作"菜单中的"关闭设备"命令。

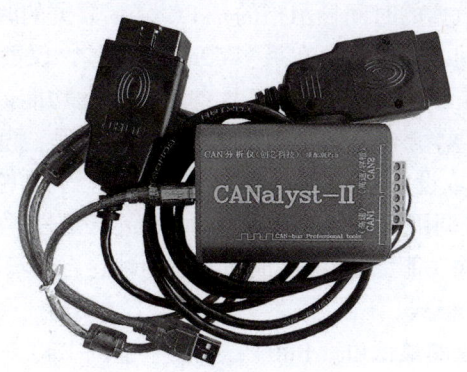

图 1-7 CAN 总线分析仪

（3）CAN 参数配置。

在"设备操作"菜单中，选择"启动设备"，随后将打开"参数确认"对话框。在此对话框中，您需要配置波特率、滤波设置以及工作模式。一般来说，您只需从下拉列表中选择适当的波特率，其他参数可保持默认设置。特别注意，两通道的 CAN 参数需要分别进行配置。

另外，建议您在将 USB-CAN 设备接入总线之前，先完成 CAN 参数的设置。有关参数设置的详细指导，请参考"4. USB-CANTool 调试软件安装与使用说明书.pdf"。

（4）CAN 通道选择。

USB-CAN-2（A/C）具备两个 CAN 通道，其索引号分别为 0 和 1，分别对应 CAN 通道 1 与 CAN 通道 2。在配置 CAN 参数时，请正确选择相应的通道编号。

（5）CAN 波特率设置。

修改成用户需要的值。如果与外部设备通信，则必须设置成和外部 CAN 设备的波特率一致。

（6）设置报文滤波器。

可通过调整滤波参数及报文验收滤波器（ACR）与报文屏蔽滤波器（AMR）的取值，实现对接收到的 CAN 消息的筛选。

（7）工作模式设置。

在各类工作模式中，CAN 模块能够根据不同场景发挥相应功能。正常工作模式下，CAN 模块活跃在 CAN 总线上，具备发送和接收 CAN 报文的能力。在仅监听模式下，CAN 模块同样出现在 CAN 总线上，但处于被动状态，仅能接收报文，不具备发送报文和应答信号的能力。此模式可作为总线监视器使用，因为其不会对 CAN 总线数据通信产生影响。自测（环回）模式则用于适配器自检，使 CAN 模块接收自身发送的报文。在此模式下，CAN 模块的发送路径与接收路径内在连接，能提供"假"应答，无须其他节点提供应答位。需要注意的是，CAN 报文并未实际发送至 CAN 总线。在这种模式下，适配器发出的 CAN 信息能够被自身接收。

（8）发送 CAN 消息。

在数据传输过程中，需对扩展帧与标准帧、远程帧与数据帧、帧 ID、数据长度及数据等信息进行选取。在 CAN 测试软件中，ID 编辑框与数据编辑框应输入十六进制格式数值，且各值之间留有空白。发送时，ID 最多提取前 4 个值，数据最多提取前 8 个值。

请注意：发送与接收数据的时间显示指的是 PC 显示数据的时间，而非实际发送与接收的时间。该时间与实际时间之间可能存在最多 50ms 的误差，仅供参考。

为确保发送数据不丢失，USB-CAN 设备具备自动重发功能。当 USB-CAN 设备未连接 CAN 总线或波特率与 CAN 总线不匹配时，若收不到应答信号，设备将自动重发，直至数据被 CAN 总线其他节点接收或设备掉电重启。每个通道具有约 20 帧的数据缓存能力。若发送失败（自动重发），上位机调用发送函数将返回 0，表示发送失败，直至缓冲区数据正常发送。发送过程具备超时清除功能，4 s 内未成功发送的帧将自动清除，不再重发。

（9）发送和接收的 ID 格式。

直接 ID 号格式：将 ID 的最低位（Bit0）与 ID 字节的 Bit0 对齐。若 ID＝2，则在 ID 编辑框内填入 00000002。此格式直观且便于操作。

（10）自发自收测试。

每条 CAN 通道均具备自测功能。实施测试的过程如下：将设备连接至 PC 的 USB 接口，并运行 USB-CANTool 软件；在软件菜单"设备操作"中选择"启动设备"，接着在"参数确认"对话框中将工作模式调整至"自测（环回）模式"，其余参数保持默认值。单击"发送"按钮执行发送操作，观察能否将发出的 CAN 信息接收回来，这些信息将显示在数据区。单通道自测无法检测出 CAN 收发器的故障，针对双通道 CAN 调试器，建议进行 CAN1 与 CAN2 两通道间的数据收发测试，从而全面检测出 CAN 调试器的故障。

USB-CAN-2（A/C）、CANalyst-Ⅱ等设备具备双通道 CAN 接口，可以将两个通道的 CAN-H、CAN-L 对应连接，实现两通道间的数据收发测试。此类测试更为全面，能直接反映 CAN 收发器的故障，具体操作可参考"5. 插件 1：USB-CAN 总线适配器测试 .pdf"说明文档。

注意事项：

USB-CAN 适配器重启后，若无法接收数据，可尝试重新启动 USB-CANTool 测试软件或恢复出厂设置。

当利用适配器进行外部 CAN 设备调试时，请将 USB-CAN 的 CAN-H、CAN-L 与外部 CAN 设备相应的 CAN-H、CAN-L 连接，其他线路可不接。

思考与练习

1. 判断题
（1）数字示波器可以测量电压信号。　　　　　　　　　　　　　　　　（　　　）
（2）使用万用表测量线路中电流时，需要将万用表并联在被测电路中。（　　　）
（3）CAN 分析仪可以采集串口电路信号。　　　　　　　　　　　　　（　　　）

2. 不定项选择题
（1）使用 CAN 分析仪采集车辆 CAN 总线报文信息时，需要设置（　　　）。
　　A. 波特率　　　　　B. 工作模式　　　　　C. 通道　　　　　D. 数据类型
（2）智能汽车电气检修常用的工具仪器有（　　　）。
　　A. 胎压表　　　　　B. 万用表　　　　　C. 示波器　　　　　D. 诊断仪
（3）汽车专用示波器功能有（　　　）。
　　A. 快速捕捉电路信号并以波形形式显示　　　　　B. 功能测试
　　C. 储存信号波形　　　　　　　　　　　　　　　D. 故障排除前后波形对比

3. 思考题

（1）查阅资料，和团队成员讨论怎么用示波器测无刷电机三相电流的波形？

（2）查阅资料，和团队成员讨论 CAN 分析仪做自发自收的测试方法？

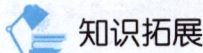 **知识拓展**

精益求精的大国工匠

劳模故事丨全国"最美职工"王学勇：匠心守护民族汽车品牌

全国五一劳动奖章获得者，全国"最美职工"，享受"国务院特殊津贴"……王学勇的身上有着许多闪光的标签。

如图 1-8 所示是全国五一劳动奖章获得者，全国"最美职工"王学勇。

图 1-8 全国五一劳动奖章获得者，全国"最美职工"王学勇

这位奇瑞汽车股份有限公司的高级汽车装调工，扎根一线 19 年，用匠心守护着民族汽车品牌。

"听声音就能精准判断故障点，简直神了！"在奇瑞的车间里，有关王学勇"金耳朵"绝活的"神话"广为流传。

"并没有那么神，就是熟能生巧而已。我对汽车这个行业充满兴趣，真正钻了进去，做得多了，技术也就上来了。"王学勇说。

2003 年 6 月，刚毕业的王学勇进入奇瑞公司总装车间实习。发动机变速箱合装是一项枯燥乏味的工作，但王学勇十分卖力。工作中一旦遇到问题，他加班到深夜也要解决。

"真的是'拼命三郎'，当初正是看中了他这股韧劲，才挑选他进入装调小组。"王学勇的师父、同样也是全国五一劳动奖章获得者的许小飞谈起爱徒，竖起了大拇指。

功不唐捐！经过刻骨钻研，2011 年，王学勇参加全国第三届汽车装调工职业技能竞赛，在 SUV·MPV 组别斩获个人竞赛一等奖，并荣获"技术操作能手"称号。

在总装期间，王学勇先后参与东方之子、瑞虎 3、瑞虎 7 等十多款车型的新品试制，在整车工艺和装配、电路、发动机、变速箱、底盘及内饰返工调整上，练就了一身好技艺。

在参与整车试制项目验证工作中，王学勇主动提出千余项改进建议。将车间新品投产预算人员由 432 人降低到现在的 330 人，直接缩减人工费用 350 万元；生产效率节拍由原来的 163 秒/车提升到 98 秒/车，大幅度降低了单车制造成本，在生产动能和材料方面累计下降 236 万元，减少设备投资 126 万元。

在奇瑞开拓海外市场之初的 2007 年，由于海外员工的技能培训工作没有完善，部分海外 SKD 工厂出现大量有问题的车辆滞留在生产现场，不能及时交付客户，急需总部派人提

供技术支持。

彼时的王学勇，尽管年龄不过20出头，但已是车间里独当一面的技术骨干。面对公司领导的询问，王学勇只问了一句："我什么时候出发？"

在随后的一个月时间里，王学勇在俄罗斯加里宁格勒累计解决600辆车的"疑难杂症"，并圆满完成培训工作。

扎根一线19年，王学勇不仅使自身专业技能突飞猛进，还尽全力把工匠精神传承下去，带出了许多技术骨干。

"对待我们，师父总是倾囊相授，十分用心。"徒弟王存峰在2020年的汽车维修工高级技师考试中败北，后经王学勇三个月的辅导，终于顺利通过补考。

"这项考试通过率很低，本来我已经不抱希望了。是师父一直鼓励我，并每天下班后抽出时间辅导我，才有了后来的成功。"王存峰说。

2013年，王学勇成立"调试线返工小组"，后升级为"技能大师工作室"，多年来，该工作室培养中高级技能人才400余名，其中高级工以上78人，累计申报专利12项。徒弟齐金华荣获"安徽省劳动模范"、郑昆龙荣获"安徽省青年岗位能手"、王浩获得芜湖市五一劳动奖章……

"我希望能和我的工作室团队一起，成为中国最好的汽车产业工人，让中国自主品牌汽车的口碑越来越响！"在王学勇看来，一辈子扎根一个行业，踏踏实实把这一行干好、干精，就是对"工匠精神"的最好诠释。

模块二

维护与诊断智能网联汽车环境感知系统

 任务一　智能网联汽车环境感知系统组装

 任务目标

基于 OBE 教育理念，结合智能网联汽车技术专业毕业要求与任务特点，建立任务目标支撑毕业要求和培养规格的对应关系，确定任务目标如下：

1）目标 O1：能正确理解并执行通用安全规范，识别环境感知传感器装配作业中的安全风险，并采取必要防范措施。

2）目标 O2：能按照产品操作手册，正确安装环境感知传感器相关驱动功能包，并完成功能验证。

3）目标 O3：能按照产品操作手册，完成智能网联汽车环境感知系统的组装与接入 Autoware 配置。

任务目标与毕业要求支撑对照表如表 2-1 所示。

表 2-1　任务目标与毕业要求支撑对照表

毕业要求	二级指标点	任务目标
1. 工程知识	毕业要求 1-2：能针对确定的、实用的对象进行求解	目标 O2 目标 O3
2. 问题分析	毕业要求 2-1：能运用适用于所属学科或专业领域的分析工具，识别与判断广义工程问题的关键环节	目标 O2 目标 O3
5. 使用现代工具	毕业要求 5-3：能针对具体的对象，选择与使用满足特定需求的现代工具，模拟和预测专业问题，并能分析其局限性	目标 O2 目标 O3
8. 职业规范	毕业要求 8-3：理解工程师对公众的安全、健康和福祉，以及环境保护的社会责任，能在工程实践中自觉履行责任	目标 O1

任务目标与培养规格对照表如表 2-2 所示。

表 2-2　任务目标与培养规格对照表

培养规格	规格要求	任务目标
素养	（1）通过学习，培养学生科技报国的家国情怀与使命担当； （2）通过技能实训、考核评价，培养学生动手实践能力，重视培养其质量意识、安全意识、规范操作意识及创新意识	目标 O1
能力	（1）能按照产品操作手册要求，完成智能网联环境感知传感器与电脑主机的连接； （2）能按照产品操作手册，正确安装环境感知传感器相关驱动功能包，并完成功能验证； （3）能按照产品操作手册，完成智能网联汽车环境感知系统的组装与接入 Autoware 配置	目标 O2 目标 O3

培养规格	规格要求	任务目标
知识	（1）掌握环境感知系统传感器组成、原理及功能验证方法； （2）能根据产品操作手册中操作步骤与要求，分析解决在接入 Autoware 配置时遇到的问题	目标 O2 目标 O3

任务描述

智能网联时代，消费者对汽车的主动安全功能越来越关注，奥迪 A8 安装了 4 个环视摄像头、1 个前置摄像头、1 个激光雷达、8 个超声波雷达传感器、1 个前向毫米波雷达和 4 个角毫米波雷达。另外还安装了车速传感器、加速度传感器、转向传感器等，一起构成了智能网联汽车感知系统。

奥迪 A8 智能网联汽车感知系统（见图 2-1）安装了 19 个传感器。传感器非常精密，安装要求严格。如果前置摄像头偏离了 1 cm 或者 1°，摄像头检测到的障碍物图像信息就会偏离车辆轴线 1 500 cm 之多，偏离后的错误信息会导致发生碰撞事故；如果更换挡风玻璃作业后，也需要对前置摄像头传感器进行重新校准。没有校准该传感器，当车辆发生偏离车道线的情况时，就不能及时精准识别车道线，导致车辆偏离预定车道行驶。

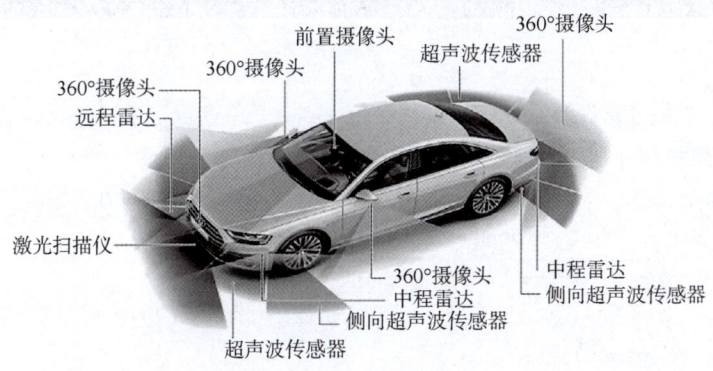

图 2-1 奥迪 A8 智能网联汽车感知系统

智能网联汽车环境感知系统组装任务包含传感器与电脑主机连接检查、驱动功能包安装和适配 Autoware 环境。查询车型配套的产品手册，根据需要组装的传感器及其配置与使用要求，完成智能网联汽车环境感知系统 Autoware 环境的配置与组装。

任务实施

1）实训准备。

（1）PC 机 Intel(R) Core(TM) i5CPU 及以上，内存 8G 以上，硬盘 500G 以上（带以太网接口）；

（2）车辆自动驾驶系统应用实训平台 XHV-B0；

（3）以太网线 1 条；

（4）USB 摄像头；

（5）激光雷达套件；

（6）前向毫米波雷达套件；

（7）角毫米波雷达套件×2；

（8）8 通道超声波雷达套件；

（9）组合导航设备套件；

（10）自动驾驶教学实训平台操作手册。

2）步骤与现象。

配置与使用
摄像头

步骤一：配置与使用摄像头

（1）检查摄像头。

将 USB 摄像头插入计算机 USB 接口。如图 2-2 所示，在终端中输入 lsusb 命令检查摄像头是否正确连接。

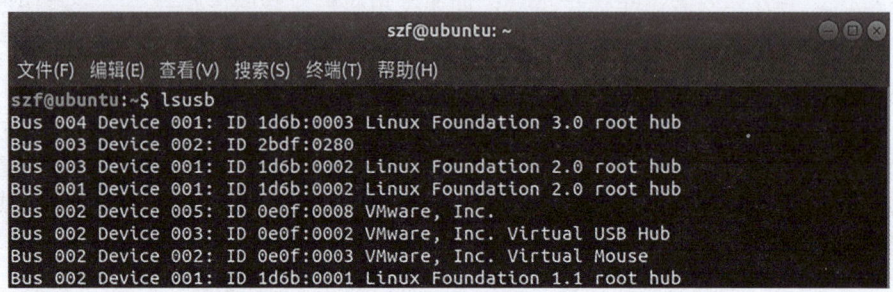

图 2-2　检查摄像头

（2）安装摄像头功能包。

在终端中，执行以下命令安装 uvc camera 功能包。

```
$ sudo apt-get install ros-melodic-uvc-camera
```

接着，输入以下命令安装与 image 相关的功能包。

```
$ sudo apt-get install ros-melodic-image-*
$ sudo apt-get install ros-melodic-rqt-image-view
```

（3）运行 uvc_camera 节点。

如图 2-3 所示，使用 rosrun 命令，启动 uvc_camera 节点。

```
szf@ubuntu:~$ rosrun uvc_camera uvc_camera_node
[ INFO] [1689932190.508312151]: using default calibration URL
[ INFO] [1689932190.511660467]: camera calibration URL: file:///home/szf/.ros/camera_info/camera.yaml
[ INFO] [1689932190.512547846]: Unable to open camera calibration file [/home/szf/.ros/camera_info/camera.yaml]
[ WARN] [1689932190.512735894]: Camera calibration file /home/szf/.ros/camera_info/camera.yaml not found.
opening /dev/video0
pixfmt 0 = 'YUYV' desc = 'YUYV 4:2:2'
  discrete: 640x360:   1/25
  discrete: 1280x720:   1/10
  discrete: 640x480:   1/25 1/25
pixfmt 1 = 'MJPG' desc = 'Motion-JPEG'
  discrete: 640x360:   1/30 1/25
  discrete: 1280x720:   1/30 1/25
  discrete: 640x480:   1/30 1/25 1/30 1/25
  int (Brightness, 0, id = 980900): 1 to 255 (1)
  int (Contrast, 0, id = 980901): 1 to 255 (1)
  int (Saturation, 0, id = 980902): 10 to 200 (1)
  bool (White Balance Temperature, Auto, 0, id = 98090c): 0 to 1 (1)
  int (Gain, 0, id = 980913): 0 to 255 (1)
  int (White Balance Temperature, 16, id = 98091a): 2800 to 6500 (1)
  int (Sharpness, 0, id = 98091b): 1 to 255 (1)
```

图 2-3　启动 uvc_camera 节点

如图 2-4 所示，另起终端，使用 roscd 命令，进入 uvc_camera 文件目录。使用 mkdir 命令，创建 launch 目录，用于存放启动功能包的配置文件。

图 2-4　创建 launch 目录

如图 2-5 所示，在 launch 路径下新建 launch 文件 camera_node.launch。

```
szf@ubuntu:/opt/ros/melodic/share/uvc_camera$ cd launch
szf@ubuntu:/opt/ros/melodic/share/uvc_camera/launch$ sudo gedit camera_node.launch
```

图 2-5　创建工作包配置文件

打开新建的 camera_node.launch 文件，输入如图 2-6 所示的代码，并修改相应的参数为自己的实际数值，完成后保存 launch 文件。

```
<launch>
    <node pkg="topic_tools" type="relay" name="relay_image_raw" args="/image_raw /camera0/image_raw"/>
    <node pkg="uvc_camera" type="uvc_camera_node" name="uvc_camera" output="screen">
    <param name="width" type="int" value="1280" />
    <param name="height" type="int" value="720" />
    <param name="fps" type="int" value="30" />
    <param name="frame" type="string" value="wide_stereo" />
    <param name="auto_focus" type="bool" value="False" />
    <param name="focus_absolute" type="int" value="0" />
    <!-- other supported params: auto_exposure, exposure_absolute, brightness, power_line_frequency -->

    <param name="device" type="string" value="/dev/video0" />
    <param name="camera_info_url" type="string" value="file://$(find uvc_camera)/example.yaml" />
    </node>
</launch>
```

图 2-6　修改 launch 文件

通过 roslaunch 命令运行 launch 文件，启动 uvc_camera。若在 rviz 中能够正常显示 /image_raw 的图像数据，则表明启动成功。

（4）启动 Autoware.ai。

打开新终端，输入如图 2-7 所示的命令，启动 Autoware.ai。

```
1    cd docker/generic
2    sudo ./run.sh -c off
3    roslaunch runtime_manager runtime_manager.launch
```

图 2-7　启动 Autoware.ai

（5）USB 摄像头接入 Autoware.ai 配置。

如图 2-8 所示，在打开的"Runti me Manager"窗口中，切换至"Sensing"页面，选择摄像头的输入类型为 USB Generic。随后单击右下角的"RViz"按钮，进入"RViz"界面。

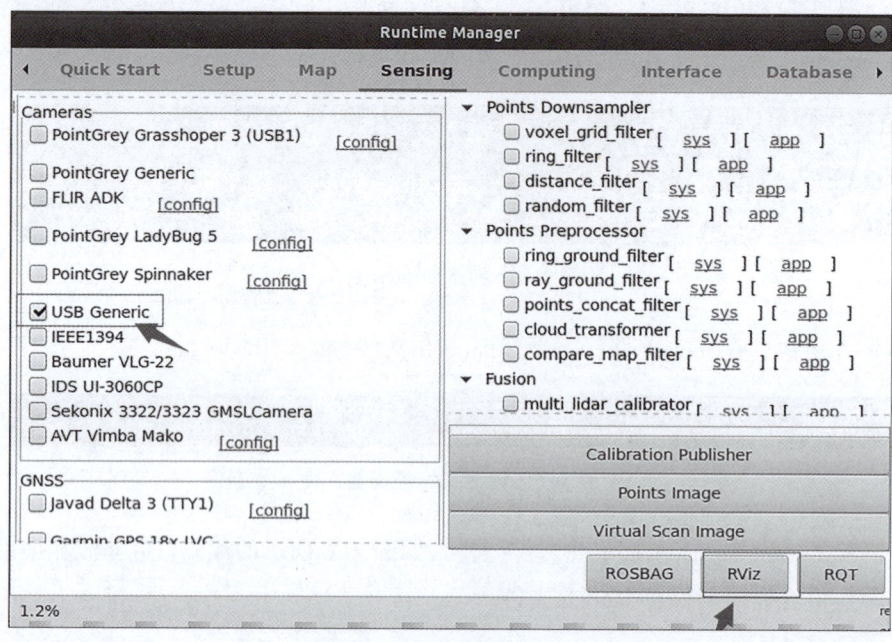

图 2-8　USB 摄像头接入

　　如图 2-9 所示，在"RViz"界面中，单击左下角的"Add"按钮，进入对话框。在菜单中选择"By topic"下的"/image_raw"，接着在下拉菜单中选择"image"，并选择"raw"，最后单击"OK"按钮。如图 2-10 所示，如果成功显示图像，则表明摄像头已成功连接至 Autoware 框架。

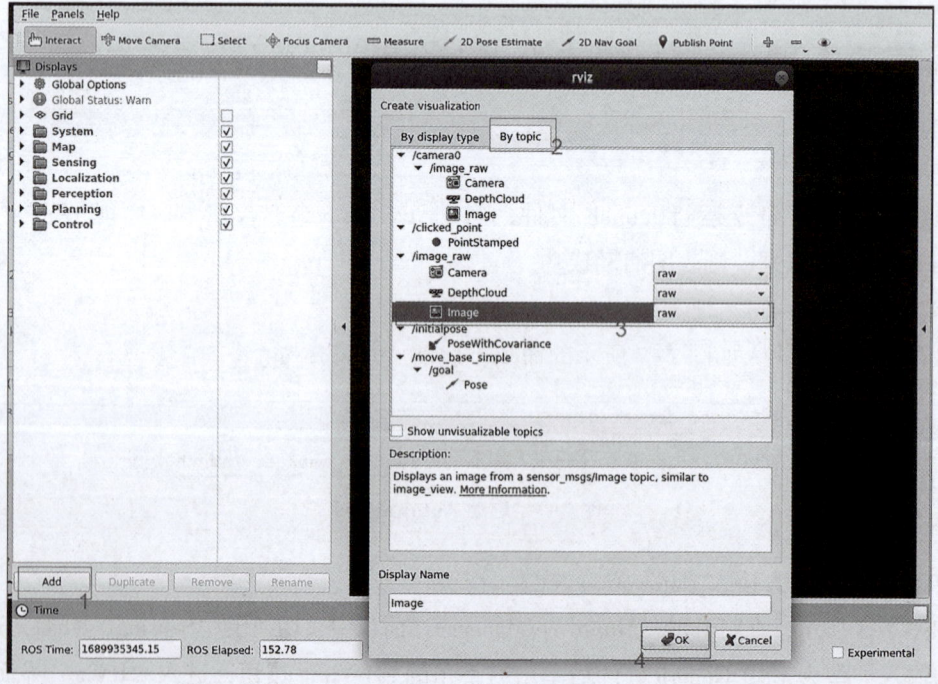

图 2-9　摄像头接入话题设置

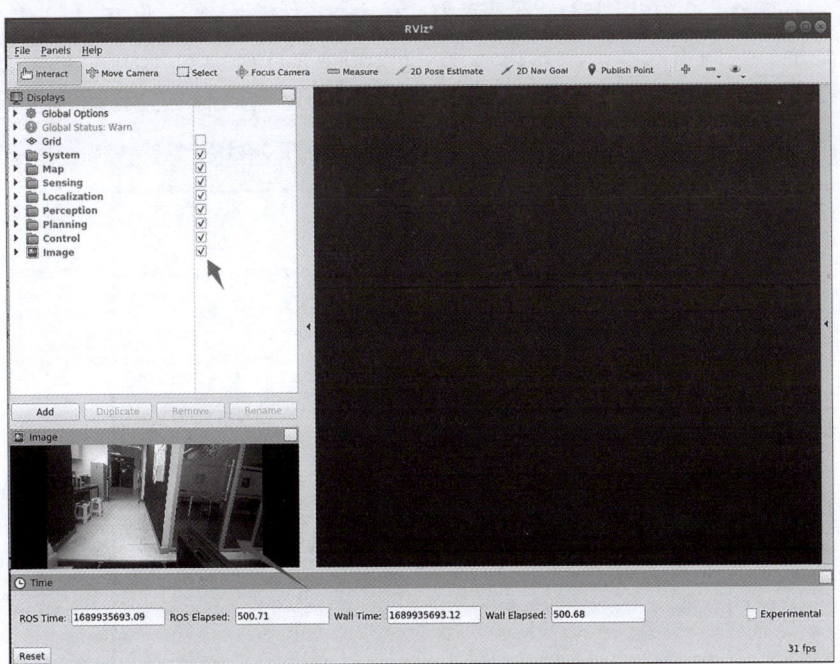

图 2-10　USB 摄像头接入显示

步骤二：配置与使用激光雷达

配置与使用激光雷达

（1）配置禾赛 XT16 激光雷达 IP 地址。

使用网线连接激光雷达与电脑主机。

如图 2-11 所示，在 Ubuntu 操作系统中，进入"设置"菜单，选择"网络"选项。将"有线连接"下的开关按钮设置为"打开"状态，随后单击设置按钮图标，以进入有线网络配置界面。

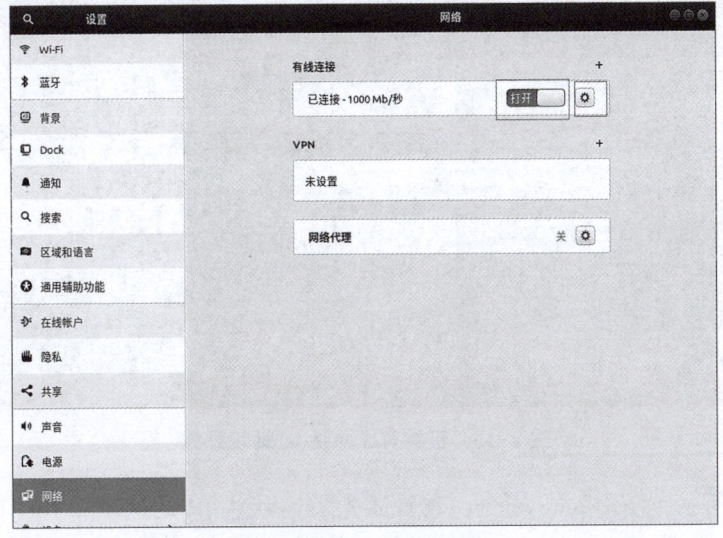

图 2-11　有线网络配置

如图 2-12 所示，在有线网络配置界面中，单击"IPv4"标签，将 IPv4 方式调整为"手动"。在"地址"栏内填入禾赛激光雷达规定的 IP 地址 192.168.1.100，同时在"子网掩码"栏内填入 255.255.255.0。配置完成后，单击"应用"按钮以退出界面。

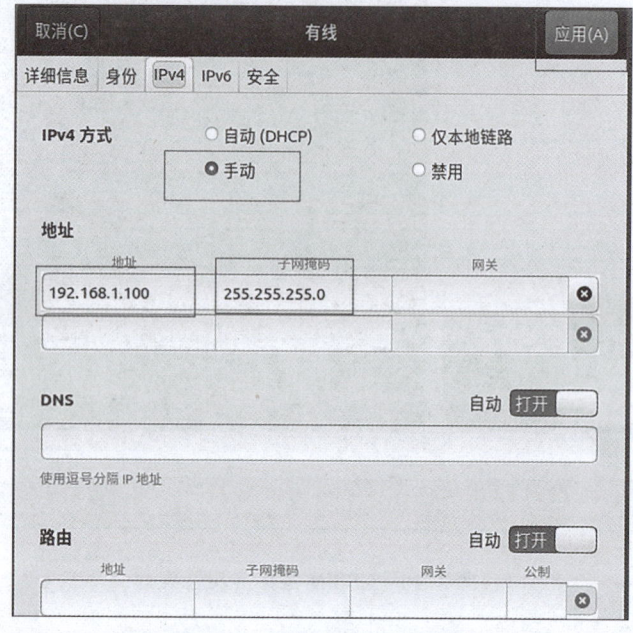

图 2-12　有线网络配置界面

有线网络配置完成后，启动终端，如图 2-13 所示，使用 ifconfig 指令，查看有线网络 IP 地址是否设置成功。

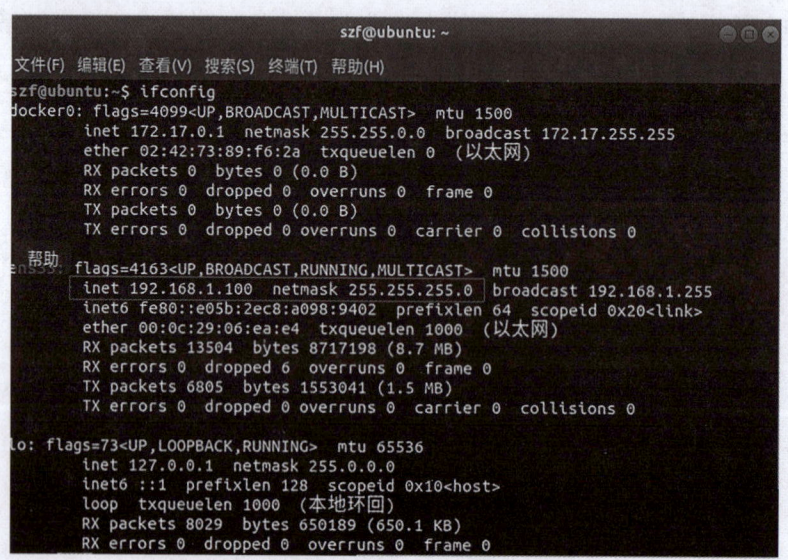

图 2-13　查看有线网络 IP 地址配置

如图 2-14 所示，使用 ping 指令，查看激光雷达默认 IP 地址 192.168.1.201 是否连接成功。

```
szf@ubuntu:~$ ping 192.168.1.201
PING 192.168.1.201 (192.168.1.201) 56(84) bytes of data.
64 bytes from 192.168.1.201: icmp_seq=1 ttl=63 time=14.7 ms
64 bytes from 192.168.1.201: icmp_seq=2 ttl=63 time=16.9 ms
64 bytes from 192.168.1.201: icmp_seq=3 ttl=63 time=12.3 ms
64 bytes from 192.168.1.201: icmp_seq=4 ttl=63 time=9.53 ms
64 bytes from 192.168.1.201: icmp_seq=5 ttl=63 time=11.9 ms
64 bytes from 192.168.1.201: icmp_seq=6 ttl=63 time=3.28 ms
64 bytes from 192.168.1.201: icmp_seq=7 ttl=63 time=3.50 ms
64 bytes from 192.168.1.201: icmp_seq=8 ttl=63 time=4.43 ms
64 bytes from 192.168.1.201: icmp_seq=9 ttl=63 time=2.84 ms
64 bytes from 192.168.1.201: icmp_seq=10 ttl=63 time=3.77 ms
64 bytes from 192.168.1.201: icmp_seq=11 ttl=63 time=3.23 ms
```

图 2-14　查看有线网络 ping

（2）建立激光雷达与虚拟机的连接。

如图 2-15 所示，单击任务栏"虚拟机"选项，在"可移动设备"下选择需要连接的设备，在下级窗口中选择"连接（断开与主机的连接）"。

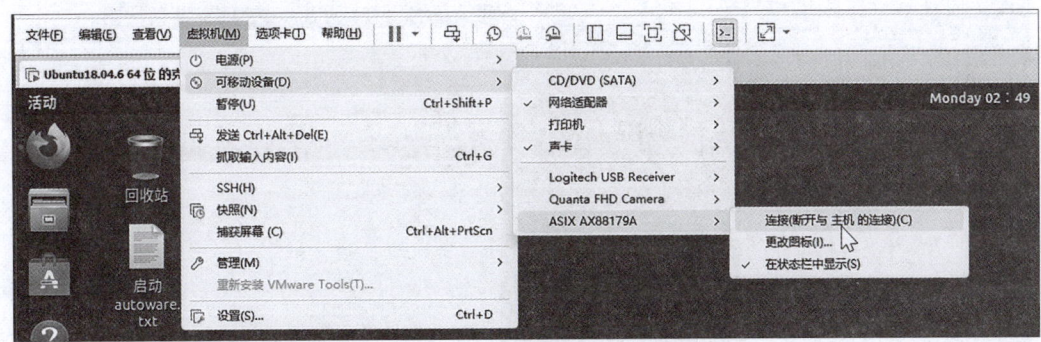

图 2-15　建立激光雷达与虚拟机的连接

（3）安装依赖库。

在终端中，执行以下命令，安装激光雷达依赖库。

```
$ sudo apt install libpcap-dev libyaml-cpp-dev
```

接着，输入以下命令，安装 catkin_tools。

```
$ sudo apt-get update
$ sudo apt-get install python-catkin-tools
```

（4）创建 ros 工作空间。

创建一个名为 hesailidar_ws 的编译工作空间，并在该工作空间内设立一个名为 src 的目录。具体操作命令如下：

```
$ mkdir-p hesailidar_ws/src
$ cd hesailidar_ws/src
```

（5）安装禾赛 XT16 激光雷达驱动。

执行以下命令，下载禾赛激光雷达 ROS 包"HesaiLidar_General_ROS.tar.gz"文件，将其置于 src 目录下，并完成解压。

```
$ git clone https://github.com/HesaiTechnology/HesaiLidar_General
_ROS.git --recursive
```

在终端中输入命令，切换至 hesailidar_ws 文件夹，并进行工作空间的编译。

```
$ cd ..
$ catkin_make-DCMAKE_BUILD_TYPE=Release
```

执行 source 命令，使 devel 目录下的 setup. bash 在当前终端中生效。具体操作如下：

```
$ source devel/setup.bash
```

通过 roslaunch 命令运行 launch 文件，启动 hesai_lida。具体命令如下：

```
$ roslaunch hesai_lidar cloud_nodelet.launch lidar_type：="PandarXT-16"
frame_id：="PandarXT-16"
```

（6）启动激光雷达，在 RViz 中显示点云数据。

终端输入 "rviz" 指令，启动 rviz。如图 2-16 所示，在 "RViz" 界面中，单击左下角 "Add" 按钮，进入对话框，在 "By topic" 菜单 "/hesai/pandar" 下选中 "Pointcloud2"，单击 "OK" 按钮。

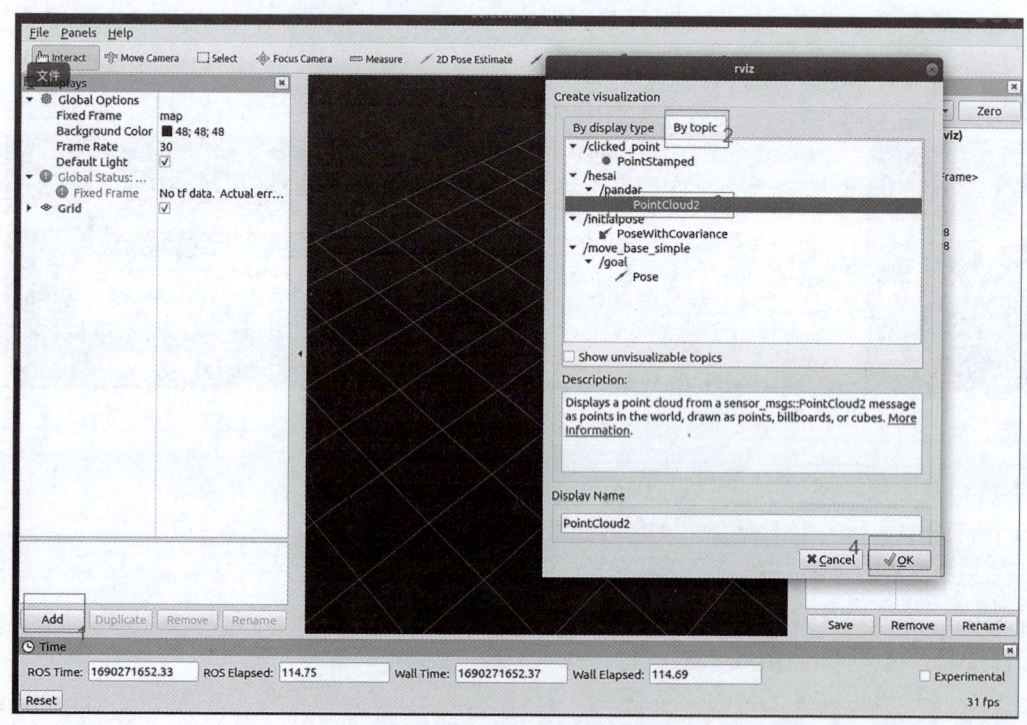

图 2-16　激光雷达接入话题设置

如图 2-17 所示，在 "RViz" 界面的 "Global Options" 下，修改 "Fixed Frame" 后的激光雷达型号，使其与配置的激光雷达产品型号相匹配。若成功显示点云图像，则表明激光雷达已成功连接。

（7）修改 hesai_lidar. launch 文件适配 Autoware 环境。

Autoware 自动驾驶平台默认支持的激光雷达产品型号为 velodyne。需要根据配置的产品型号为 "PandarXT-16" 激光雷达，修改源码配置文件，以实现对 Autoware 自动驾驶平台的兼容适配。

切换到 hesailidar_ws 目录中 src 内 HesaiLidar_General_ROS 路径下的 launch 文件夹中，对 hesai_lidar. launch 文件进行修改，修改后的内容如图 2-18 所示；启动 Autoware 自动驾驶

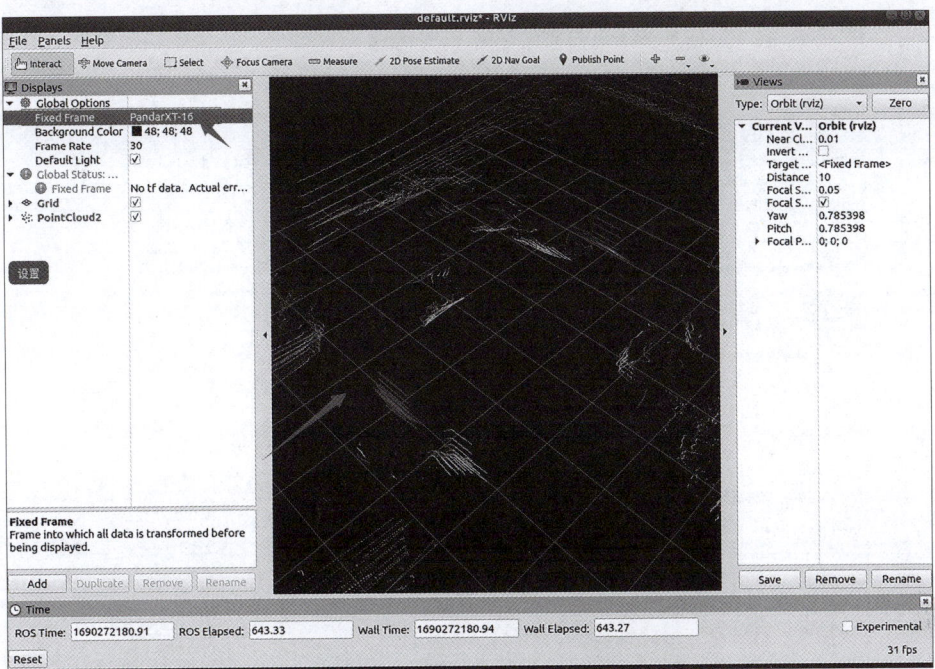

图 2-17　激光雷达接入设置

```
1   <launch>
2       <arg name="pcap_file"   default=""/>
3       <arg name="server_ip" default="192.168.1.201"/>
4       <arg name="lidar_recv_port"   default="2368"/>
5       <arg name="gps_port"   default="10110"/>
6       <arg name="start_angle"   default="0"/>
7       <!--"lidar_type" represents the model of the lidar-->
8       <arg name="lidar_type" default="PandarXT-16"/>
9       <!--"frame_id" represents the id of the point cloud data published to ROS-->
10      <arg name="frame_id" default="velodyne"/>
11      <arg name="pcldata_type" default="0"/>
12      <arg name="publish_type" default="points"/>
13      <arg name="timestamp_type" default="realtime"/>
14      <arg name="data_type" default=""/>
15      <arg name="namespace" default="hesai"/>
16      <arg name="lidar_correction_file"   default="$(find hesai_lidar)/config/Pandar64.csv"/>
17      <arg name="multicast_ip"   default=""/>
18      <arg name="coordinate_correction_flag"   default="false"/>
19      <arg name="fixed_frame"   default=""/>
20      <arg name="target_frame"   default=""/>
21
22  <node pkg="hesai_lidar" name="hesai_lidar" type="hesai_lidar_node" output="screen" >
23      <param name="pcap_file" type="string" value="$(arg pcap_file)"/>
24      <param name="server_ip" type="string" value="$(arg server_ip)"/>
25      <param name="lidar_recv_port"   type="int" value="$(arg lidar_recv_port)"/>
26      <param name="gps_port"   type="int" value="$(arg gps_port)"/>
27      <param name="start_angle"   type="double" value="$(arg start_angle)"/>
28      <param name="lidar_type"   type="string" value="$(arg lidar_type)"/>
29      <param name="frame_id"   type="string" value="$(arg frame_id)"/>
30      <param name="pcldata_type"   type="int" value="$(arg pcldata_type)"/>
31      <param name="publish_type"   type="string" value="$(arg publish_type)"/>
32      <param name="timestamp_type"   type="string" value="$(arg timestamp_type)"/>
33      <param name="data_type"   type="string" value="$(arg data_type)"/>
34      <param name="lidar_correction_file"   type="string" value="$(arg lidar_correction_file)"/>
35      <param name="multicast_ip"   type="string" value="$(arg multicast_ip)"/>
36      <param name="coordinate_correction_flag"   type="bool" value="$(arg coordinate_correction_flag)"/>
37      <param name="fixed_frame"   type="string" value="$(arg fixed_frame)"/>
38      <param name="target_frame"   type="string" value="$(arg target_frame)"/>
39          <remap from="rslidar_points" to="/points_raw" />
40      </node>
41  </launch>
```

图 2-18　改源码配置文件

平台。如图 2-19 所示，在"Runtime Manager"界面中，在"Sensing"标签页中选择"Velodyne VLP-16"，随后单击右下角的"RViz"按钮，进入"RViz"界面。

如图 2-20 所示，在"RViz"界面中，将"Global Options"下，"Fixed Frame"修改为

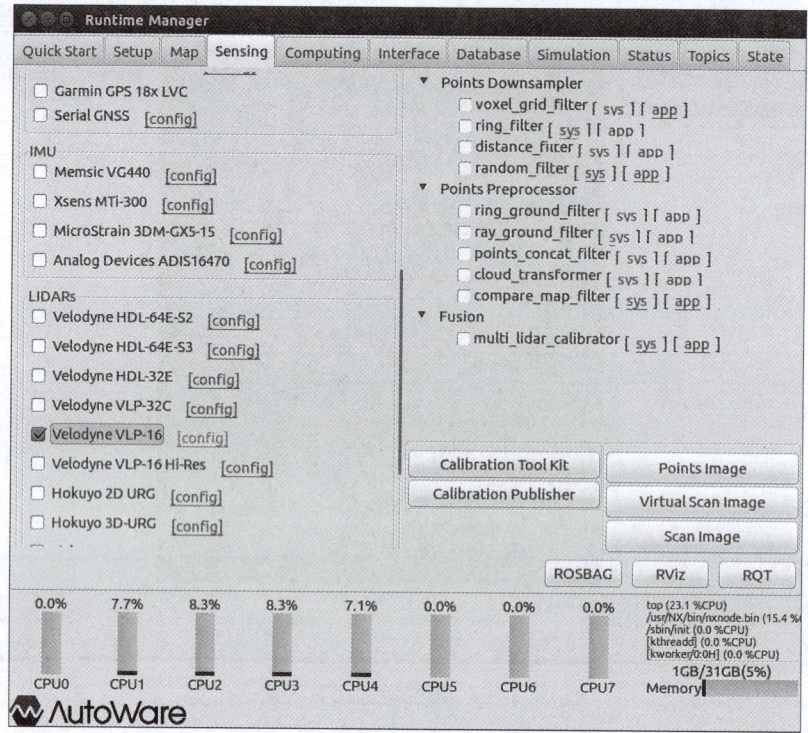

图 2-19　勾选激光雷达接入设置

"velodyne"。单击左下角的"Add"按钮，在"By topic"菜单下，添加"PointCloud2"控件，将其"Topic"设置为"/pointraw"，这样就能看到小车上激光雷达的点云数据了。

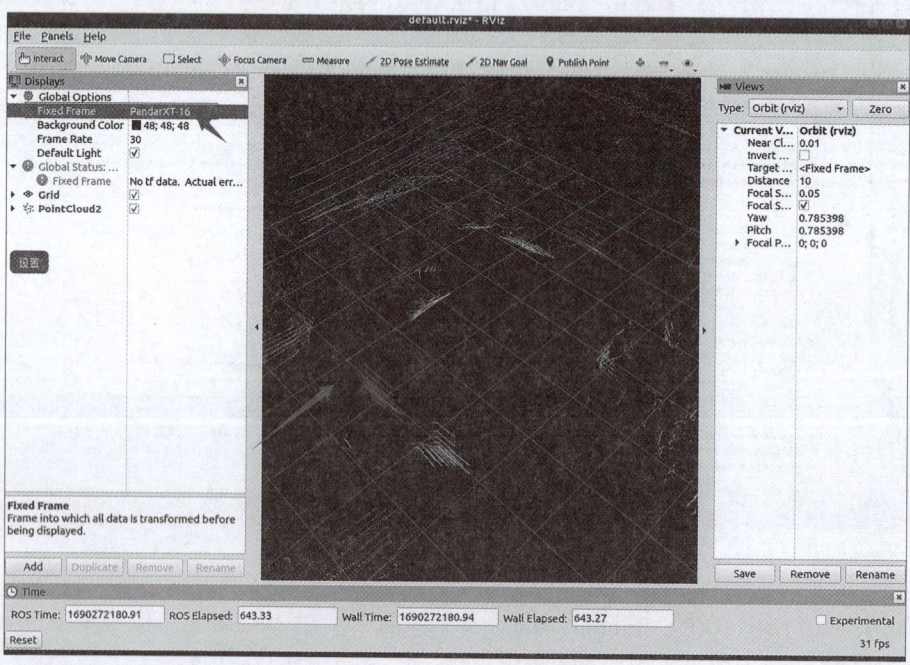

图 2-20　接入话题设置与显示

步骤三：配置与使用毫米波雷达

配置与使用
毫米波雷达

（1）检查毫米波。

如图2-21所示，连接毫米波雷达与CAN总线分析仪，将CAN总线分析仪的USB接口插入计算机USB接口。启动终端，输入lsusb命令，检查USB连接设备的信息。

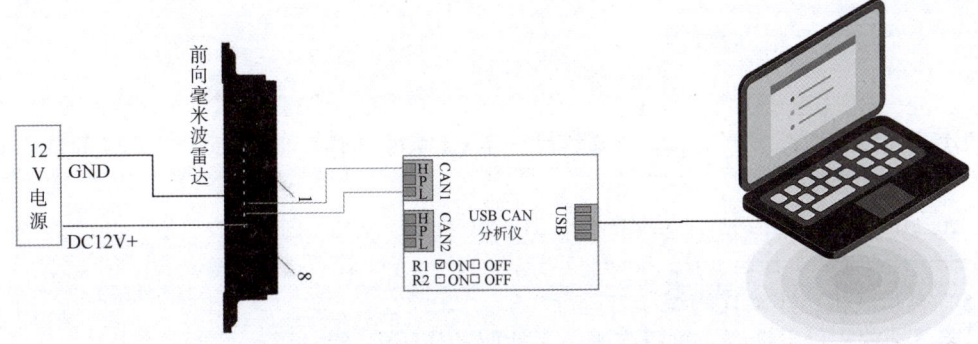

图2-21 毫米波雷达连接USB CAN分析仪

（2）建立雷达与虚拟机的连接。

如图2-22所示，单击任务栏"虚拟机"选项，在"可移动设备"下选择需要连接的设备，在下级窗口中选择"连接（断开与主机的连接）"。

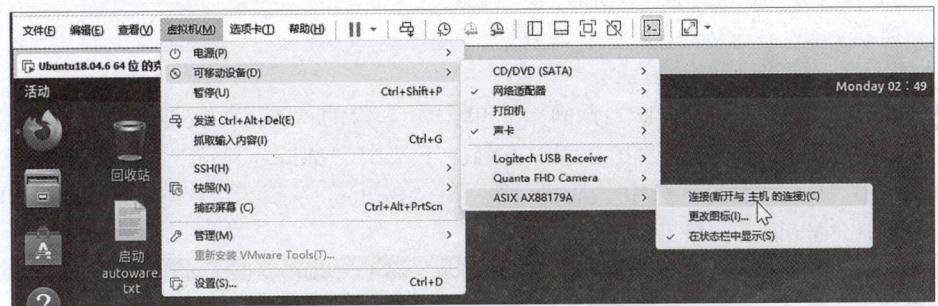

图2-22 建立雷达与虚拟机的连接

（3）毫米波雷达代码下载。

打开终端，输入以下命令，下载主机终端的代码。

```
$ cd~/docker/generic/Autoware.ai/
$ cd~/docker/generic/Autoware.ai/
$ ade start----net=host--privileged
$ ade enter
$ git clonehttps: //gitee.com/knowmefly/radar-hands-on-ws.git
```

（4）安装CAN功能包。

在终端中输入以下命令，安装主机终端的CAN功能包。

```
$ sudo apt-get update
$ sudo apt-get install-y can-utils
$ sudo apt install net-tools
```

依次输入以下命令，测试主机终端的 CAN 总线通信。

```
$ sudo modprobe vcan
$ sudo ip link add dev can0 type vcan
$ sudo ip link set up can0
$ candump can0
```

另起终端，输入以下命令，安装 ade 环境终端的 CAN 功能包。

```
$ ade enter
$ sudo apt-get update
$ sudo apt-get install-y can-utils
$ sudo apt install net-tools
```

依次输入以下命令，测试 ade 环境终端的 CAN 总线通信。此刻操作没问题的话会看到主机终端 can0 数据输出。

```
$ cd radar-hands-on-ws /src /CAN_Recording /
$ canplayer-I candump.log -l i
```

（5）毫米波雷达驱动代码编译与运行。

另起终端输入以下命令，进行毫米波雷达驱动代码编译与运行。

```
$ docker exec-it autoware_al_orin bash
$ cd /from_host /ch_radar_ws /
$ source devel /setup.bash
$ roslaunch ch_radar tf_local.launch & [1] 876
$ roslaunch ch_radar group.launch
```

（6）启动 rviz，在 RViz 中显示点云数据。

终端输入 rviz 指令，启动 rviz。

如图 2-23 所示，在"RViz"界面中，单击左下角的"Add"按钮，进入对话框，在"By topic"菜单的/front_center/arf_3_obj_marker 下选中"Marker"，在"By topic"菜单的/rear_left/arc_0_obj_marker 下选中"Marker"，在"By topic"菜单中/rear_right/arc_1_obj_marker 下选中"Marker"，单击"OK"按钮。

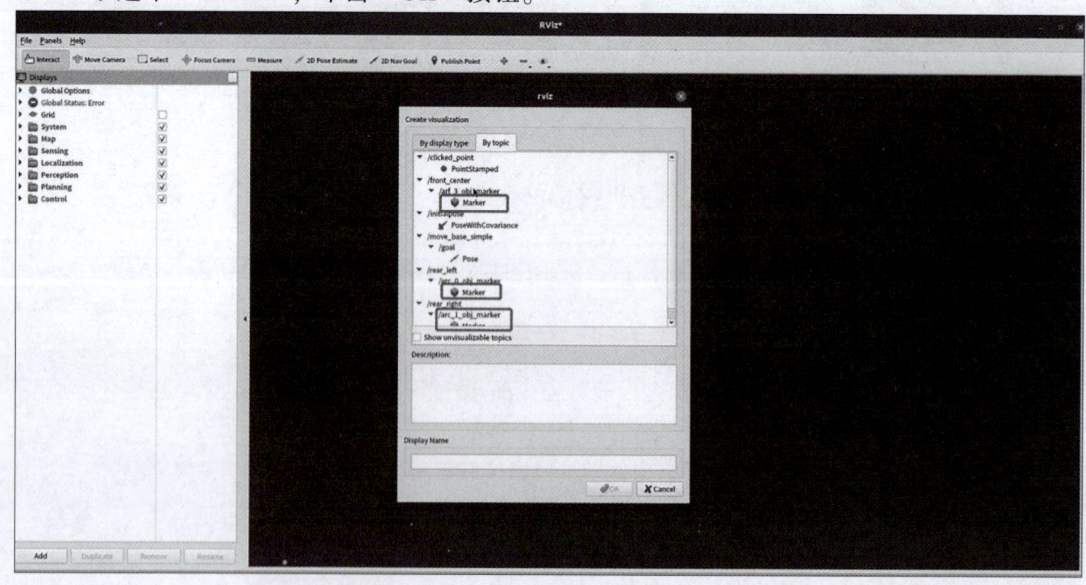

图 2-23 添加雷达话题

如图 2 - 24 所示，当"RViz"界面出现"GlobalStatus：Error"后，修改"Global Options"下的"Fixed Frame"选项为"base_link"，即可在屏幕上看到毫米波雷达检测到的障碍物信息，如图 2-25 所示。

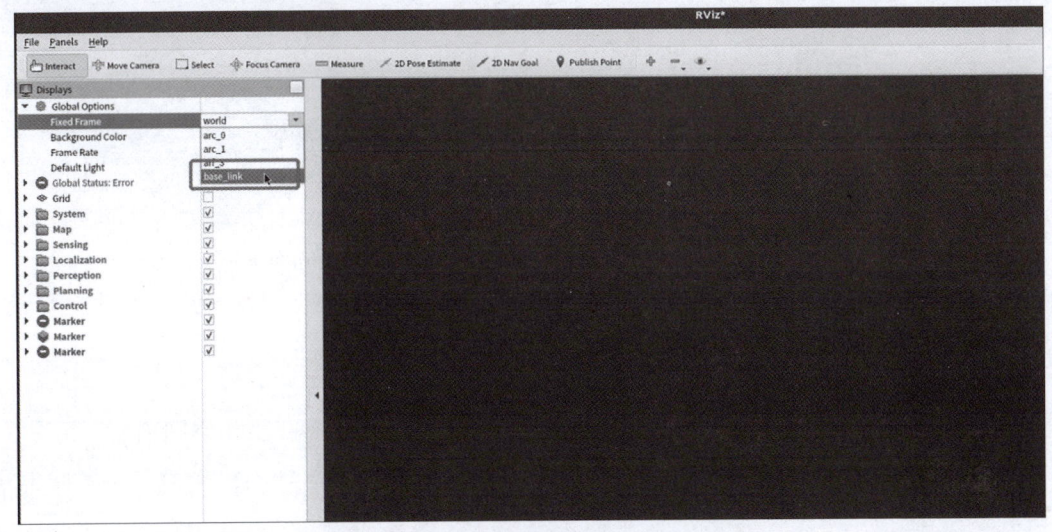

图 2-24　修改雷达坐标系

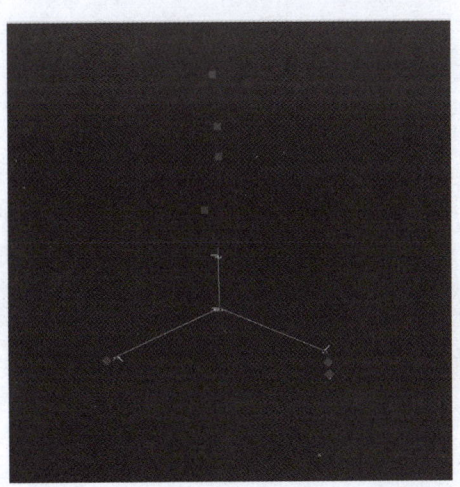

图 2-25　毫米波雷达检测到的障碍物信息

步骤四：配置与使用超声波雷达

（1）检查超声波雷达连接。

配置与使用超声波雷达

如图 2-26 所示，连接超声波雷达与 CAN 总线分析仪，将 CAN 总线分析仪的 USB 接口插入计算机 USB 接口。启动终端，输入 lsusb 命令，检查 USB 连接设备的信息。

单击任务栏"虚拟机"选项，在"可移动设备"下选择需要连接的设备，在下级窗口中选择"连接（断开与主机的连接）"。

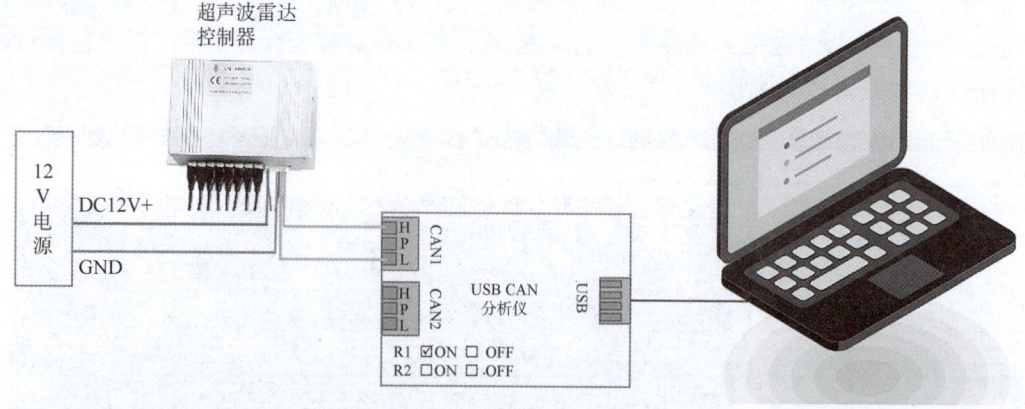

图 2-26　连接超声波雷达连接

（2）超声波雷达代码编译。

将提供的"yhs_qt_ws. tar. gz"文件，复制到主机的 autoware. ai 工作空间内 src 目录下，例如/docker/generic/autoware.ai/src 路径。在此路径下打开终端，输入以下命令，编译工作空间。

```
$ cd~ /docker/generic/autoware.ai
$ catkin_make
$ catkin_makeinstall# （可选）
```

（3）测试超声波雷达功能。

超声波雷达使用 CAN 协议，启动底盘会默认接收超声波雷达的数据。在终端中输入/work/yhs_qt_ws#roslaunchyhs_can_control_qtyhs_can_control_qt. launch 命令打开底盘节点，成功后打开如图 2-27 所示界面。控制车辆行驶，在车辆前方放置障碍物，障碍物距离超声波雷达探头 50cm 左右，行驶车辆从行驶状态停止，即超声波功能正常，车辆停障功能正常。

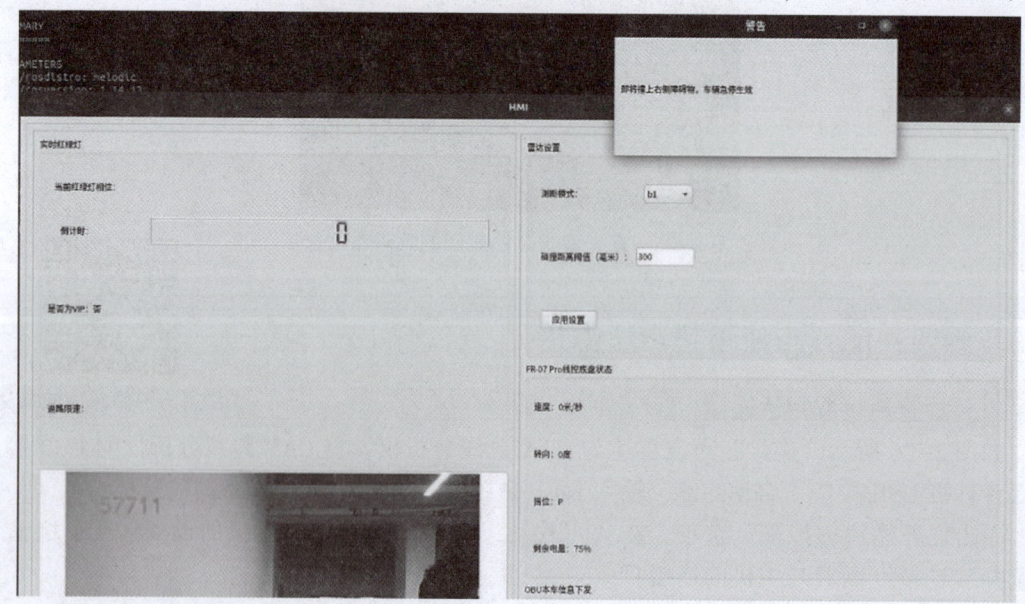

图 2-27　超声波雷达接入测试

步骤五：配置与使用组合导航

（1）建立组合导航与虚拟机的连接。

打开虚拟机，单击任务栏"虚拟机"选项，在"可移动设备"下选择需要连接的设备，在下级窗口中选择"连接（断开与主机的连接）"。

打开终端，输入 lsmod|grep usbserial 命令，确认 Ubuntu 对 USB 转串口设备的支持。输入命令后如果有 usbserial，说明系统支持 USB 转串口。

（2）测试惯性导航系统功能。

在终端中输入 ls/dev/ttyUSB0 命令，建立通信。

在终端中输入以下命令，接收组合导航的数据，命令输入完成后在终端界面观察到如图 2-28 所示的数据串。

```
$ sudo buasybox microcom-s 115200 /dev/ttyUSB0
```

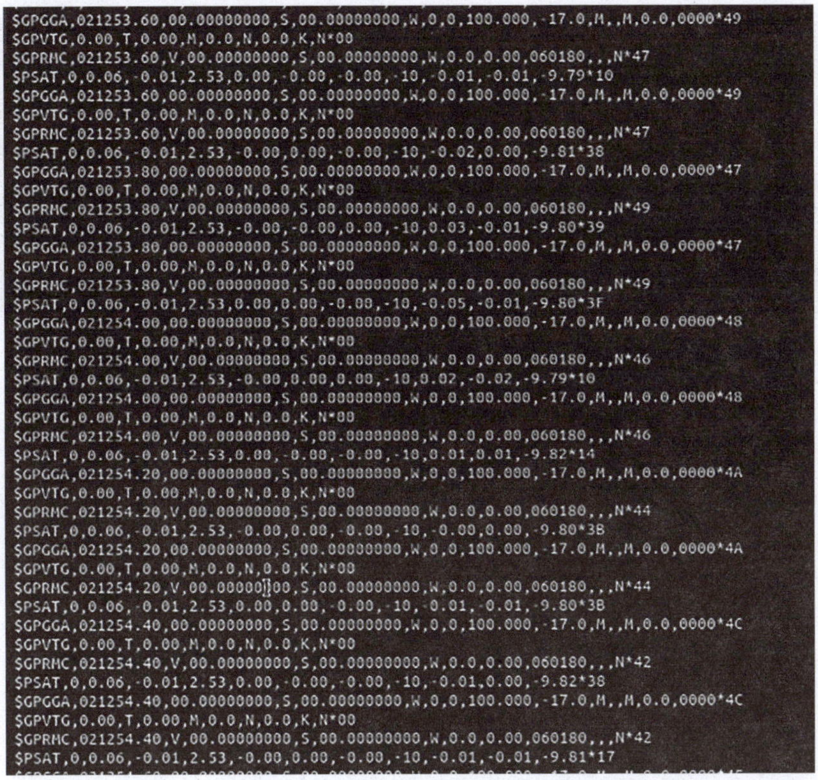

图 2-28 测试惯性导航系统功能

（3）组合导航设备接入 Autoware 配置。

打开终端，输入 docker exec. it autoware al orin bash 命令，进入 docker 容器环境。

输入如图 2-29 所示的命令，查看 root 模式下是否有 autoware_nav40. patch 文件。

图 2-29 查看 root 模式下文件

输入如图 2-30 所示的命令，root 模式拷贝 autoware_nav40. patch 文件到 src 目录下。

```
root@nvidia-desktop:~/autoware_1.14.0# cp /from_host/autoware_nav40.patch src
root@nvidia-desktop:~/autoware_1.14.0# cd src/
root@nvidia-desktop:~/autoware_1.14.0/src# ls
autoware    autoware_nav40.patch    car_demo    citysim    drivers    vendor
```

图 2-30　拷贝 autoware_nav40. patch 文件到 src 目录下

输入如图 2-31 所示的命令，将补丁文件应用到当前目录下的源代码文件中。

```
root@nvidia-desktop:~/autoware_1.14.0/src# patch -p1 < autoware_nav40.patch
patching file autoware/common/gnss/include/gnss/geo_pos_conv.hpp
patching file autoware/core_perception/gnss_localizer/nodes/nmea2tfpose/nmea2tfpose_core.cpp
patching file autoware/core_perception/gnss_localizer/nodes/nmea2tfpose/nmea2tfpose_core.h
root@nvidia-desktop:~/autoware_1.14.0/src# cd ..
root@nvidia-desktop:~/autoware_1.14.0# ls
autoware_1.14.0.repos    libeigen3-dev_3.3.7-2_all.deb    src    src_origin.tar.gz
```

图 2-31　将补丁文件应用到当前目录下的源代码文件中

输入如图 2-32 所示的命令，编译 autoware。

```
root@nvidia-desktop:~/autoware_1.14.0# AUTOWARE_COMPILE_WITH_CUDA=1 colcon build --cmake-args -DCMAKE_BUILD_TYPE=Release
Starting >>> autoware_build_flags
Starting >>> autoware_msgs
Starting >>> vector_map_msgs
Starting >>> autoware_lanelet2_msgs
Starting >>> autoware_config_msgs
Starting >>> ros_observer
Starting >>> autoware_system_msgs
Starting >>> autoware_can_msgs
Aborted  <<< autoware_can_msgs [3.91s]
Aborted  <<< autoware_build_flags [3.97s]
Aborted  <<< autoware_msgs [3.96s]
Aborted  <<< vector_map_msgs [3.95s]
Aborted  <<< autoware_lanelet2_msgs [3.95s]
Aborted  <<< autoware_config_msgs [3.94s]
Aborted  <<< ros_observer [3.93s]
Aborted  <<< autoware_system_msgs [3.93s]

Summary: 0 packages finished [5.12s]
  8 packages aborted: autoware_build_flags autoware_can_msgs autoware_config_msgs autoware_lanelet2_msgs autoware_msgs autoware_system_msgs ros_observer vector_map_msgs
  1 package had stderr output: autoware_can_msgs
  157 packages not processed
root@nvidia-desktop:~/autoware_1.14.0#
```

图 2-32　编译 autoware

 考核评价

根据任务实施过程，结合素养态度、能力培养、知识掌握的效果，使用如表 2-3 所示的任务实施考核评价表，由学生填写具体的任务实施和操作要点，由教师对任务实施情况进行打分。

表 2-3　任务实施考核评价表

评价类别	评价内容	分值	得分
素养态度	（1）通过学习，培养学生科技报国的家国情怀与使命担当； （2）通过技能实训、考核评价，培养学生动手实践能力，重视培养质其量意识、安全意识、规范操作意识及创新意识	10	
能力培养	（1）能按照产品操作手册要求，完成智能网联环境感知传感器与电脑主机的连接； （2）能按照产品操作手册，正确安装环境感知传感器相关驱动功能包，并完成功能验证； （3）能按照产品操作手册，完成智能网联汽车环境感知系统的组装与接入 Autoware 配置	10	

评价类别	评价内容		分值	得分
知识掌握	（1）掌握环境感知系统传感器组成、原理及功能验证方法； （2）能根据产品操作手册中操作步骤与要求，分析解决在接入 Autoware 配置时遇到的问题		10	
实施过程	实施内容	操作要点		
1. 实训准备	实训平台	☐实训车辆 ☐实训专用实验台 ☐虚拟设备	4	
	工具设备	1		
		2		
		3		
		4		
	实训资料	1		
		2		
		3		
		4		
	安全防护用品与设施	1		
		2		
		3		
		4		
2. 配置与使用摄像头	检查摄像头	USB 摄像头连接正确	12	
		USB 摄像头检查命令输入		
	安装摄像头功能包	功能包		
		依赖包		
	运行 uvc_camera 节点	uvc_camera 节点正常		
		创建启动 package 的配置文件		

续表

评价类别	评价内容		分值	得分
实施过程	实施内容	操作要点		
3. 配置与使用毫米波雷达	启动 Auto-ware.ai	启动命令	14	
	USB 摄像头接入 Autoware.ai 配置	摄像头接入设置		
		rviz 设置		
	检查毫米波	毫米波与主机连接		
		USBCAN 连接检查		
	建立雷达与虚拟机的连接	CAN 分析仪与虚拟机连接设置		
	毫米波雷达代码下载	主机终端代码下载		
	安装 CAN 功能包	主机终端的 CAN 功能包		
		主机终端的 CAN 总线通信测试		
		ade 环境终端 CAN 功能包安装		
		ade 环境终端 CAN 功能包测试		
	毫米波雷达驱动代码编译与运行	毫米波雷达驱动代码编译		
		毫米波雷达驱动代码运行		
	启动 rviz，在 "RViz" 界面中显示点云数据	rviz 设置		
	修改 .launch 文件适配 Auto-ware 环境	launch 文件修改内容		
		Autoware 自动驾驶平台配置		

续表

评价类别	评价内容			分值	得分
实施过程	实施内容	操作要点			
4. 配置与使用激光雷达	配置禾赛XT16激光雷达IP地址	激光雷达与电脑主机连接		16	
		Ubuntu系统网络设置	地址		
			子网掩码		
		查看有线网络IP地址是否设置成功	指令		
		查看有线网络是否连接成功	指令		
	建立激光雷达与虚拟机的连接	雷达与虚拟机连接选项			
	安装依赖库	依赖库			
	创建ros工作空间	创建			
	安装禾赛XT16激光雷达驱动	下载位置			
		编译			
		source			
		运行			
	启动激光雷达,在"RViz"界面中显示点云数据	rviz设置			
	修改hesai_lidar.launch文件适配Autoware环境	launch文件修改内容			
		Autoware自动驾驶平台配置			

续表

评价类别	评价内容			分值	得分
实施过程	实施内容		操作要点		
5. 配置与使用超声波雷达	检查超声波雷达连接	超声波与主机连接		9	
	建立雷达与虚拟机的连接	USB CAN 连接检查			
	超声波雷达代码编译	CAN 分析仪与虚拟机连接设置			
		驱动代码位置			
		超声波雷达驱动代码编译			
		超声波雷达驱动代码运行			
	测试超声波雷达接入情况	运行指令			
6. 配置与使用组合导航	建立组合导航与虚拟机的连接	连接设置		15	
		检查 USB 转串口设备			
	惯性导航系统功能测试	建立通信			
		波特率设置			
	修改 .launch 文件适配 Autoware 环境	launch 文件修改内容			
		Autoware 自动驾驶平台配置			
总分					
评语					

　　考核评价根据任务要求设置评价项目,以项目内容的完成度作为考核评分点进行评分,项目评分包含配分、分值和得分,教师可以根据学生的项目内容完成情况进行评分。

考核评价中任务目标达成度由子目标组成，评价项目支撑任务目标。教师根据任务目标评价学生的任务完成情况。任务考核评价表如表2-4所示。

表2-4 任务考核评价表

实训项目							

实训项目	智能网联汽车环境感知系统组装						
评价项目	项目内容	项目评分			任务目标达成度		
		配分	分值	得分	目标O1	目标O2	目标O3
1. 实训准备	实训平台	4	1				
	工具设备		1				
	实训资料		1				
	安全防护用品与设施		1				
2. 配置与使用摄像头	检查摄像头	12	2				
	安装摄像头功能包		2				
	运行 uvc_camera 节点		2				
	启动 Autoware.ai		2				
	USB 摄像头接入 Autoware.ai 配置		4				
3. 配置与使用毫米波雷达	检查毫米波	14	1				
	建立雷达与虚拟机的连接		1				
	毫米波雷达代码下载		2				
	安装 CAN 功能包		2				
	毫米波雷达驱动代码编译与运行		2				
	启动 rviz，在"RViz"界面中显示点云数据		2				
	修改 .launch 文件适配 Autoware 环境		4				
4. 配置与使用激光雷达	配置禾赛 XT16 激光雷达 IP 地址	16	2				
	建立激光雷达与虚拟机的连接		2				
	安装依赖库		2				
	创建 ros 工作空间		2				
	安装禾赛 XT16 激光雷达驱动		2				
	启动激光雷达，在"RViz"界面中显示点云数据		2				
	修改 hesai_lidar.launch 文件适配 Autoware 环境		4				

续表

评价项目	项目内容	配分	分值	得分	目标 O1	目标 O2	目标 O3
实训项目	智能网联汽车环境感知系统组装						
		项目评分			任务目标达成度		
5. 配置与使用超声波雷达	检查超声波雷达连接	9	1				
	建立雷达与虚拟机的连接		2				
	超声波雷达代码编译		2				
	测试超声波雷达接入情况		4				
6. 配置与使用组合导航	建立组合导航与虚拟机的连接	15	1				
	惯性导航系统功能测试		2				
	修改 .launch 文件适配 Autoware 环境		4				
	组合导航设备接入 Autoware 配置		8				

注：
① 项目评分请按每项分值打分，填入"得分"栏。
② 任务目标达成度根据任务完成情况进行评价，对照任务目标是否达成进行勾选，达成则打上"√"，不达成则打上"×"。
③ 任务目标达成度中"NC"表示本行评价内容与对应任务目标无关。

根据任务目标达成度的评价结果，结合任务实施过程、项目评分结果，教师使用如表2-5所示的任务持续改进表进行改进。

表2-5　任务持续改进表

评价项目	上一轮改进措施	本轮改进内容	本轮改进效果	下一轮改进措施
配置与使用摄像头				
配置与使用激光雷达				
配置与使用毫米波雷达				
配置与使用超声波雷达				
配置与使用组合导航				

知识分析

1）UVC 的功用。

UVC，即 USB Video Class，是由微软与多家设备制造商共同制定的一项协议标准，目的在于为 USB 视频捕获设备提供明确且规范的接口，使之能更为便捷地与计算机连接和通信。通过 UVC，用户能在计算机上轻松实现视频的捕获、编辑和保存。

UVC 不仅仅是一项协议标准，它还提供了一套详尽的技术规范及实现方案，使设备制造商能依据标准更便捷地生产 USB 视频捕获设备，同时使用户能更方便地运用这些设备。

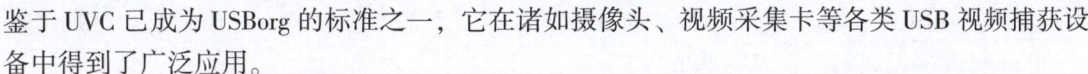

鉴于 UVC 已成为 USBorg 的标准之一，它在诸如摄像头、视频采集卡等各类 USB 视频捕获设备中得到了广泛应用。

2）launch 文件的运行。

诸多 ROS 软件包均附带"启动文件"，即 launch 文件，该文件通过 roslaunch 功能包进行运行，其命令行格式如下所示：

$ roslaunch package_namefile. launch

这些启动文件通常会为软件包提供一组节点，这些节点聚合了一些功能，通过 roslaunch 命令同时启动这些节点。

3）launch 文件格式。

launch 文件采用 XML 格式书写。

（1）浏览顺序（Evaluation order）。

roslaunch 浏览 XML 文件是一行一行进行的。按深度优先遍历进行处理：标签将按顺序进行浏览，标签值取最后的设定。因此，如果一个参数有多个设置，则使用该参数指定为最后一个值。

（2）标签（Tag）。

launch 文件标签共有以下 11 种：

`<launch><node><machine><include>`

`<remap><env><param><rosparam>`

`<group><test><arg>`

`<launch>`：该标签是任何 roslaunch 文件的根元素。其唯一目的是充当其他元素的容器。

`<node>`：最常见的标签，用于启动和关闭节点。roslaunch 不保证节点开始的顺序。所以无法从外部知道何时完全初始化节点，所有启动的代码都必须能够按任意顺序启动。

例子：

`<node name ="listener1" pkg ="rospy_tutorials" type ="listener.py" args ="--test" respawn ="true"/>`

使用 rospy_tutorials 功能包的 listener. py 可执行文件（带有命令行参数--test）启动 listener1 节点。如果该节点死亡，它将自动重生。

`<node>`常用属性有：

①pkg ="mypackage"。节点包。

②type ="nodetype"。节点类型。

③name ="nodename"。节点名称。

④args ="arg1 arg2 arg3"（可选）。将参数传递给节点。

⑤ machine ="机器名"（可选）。指定机器上启动节点。

⑥ respawn ="true"（可选，默认值：false）。如果退出，则自动重新启动该节点。

⑦ respawn_delay ="30"（可选，默认值：0）。如果 respawn 为 true，请在检测到节点故障之后等待 respawn_delay 的时间（单位 s），然后再尝试重新启动。

⑧ required ="true"（可选）。如果节点死亡，则杀死整个 roslaunch。

⑨ ns ="foo"（可选）。在"foo"命名空间中启动节点。

⑩ output ="log|screen"（可选）。如果为"screen"，则来自该节点的 stdout/stderr 将被发

送到屏幕。如果为"log"，则 stdout/stderr 输出将发送到 $ ROS_HOME/log 中的日志文件，并且 stderr 将继续发送到屏幕。默认值为"log"。

<machine>：该标签声明了可以在其上运行 ROS 节点的计算机。如果要在本地启动所有节点，则不需要此标记。它主要用于声明远程计算机的 SSH 和 ROS 环境变量设置，但你也可以使用它来声明有关本地计算机的信息。具体属性请参考 machine 标签。

machine 标签的参考地址：

wiki. ros. org/roslaunch/XML/machine

<include>：该标签可以将另一个 roslaunch XML 文件导入当前文件。它将被导入到文档的当前范围内，包括<group>和<remap>标签。

<include>属性有：

① file="$（findpkg-name)/path/filename. xml"。被包括的文件路径。

② ns="foo"（可选）。在 foo 命名空间下导入文件。

③ clear_params="true|false"（可选，默认值：false）。启动前，删除<include>的命名空间中的所有参数。此功能非常危险，应谨慎使用。

④ pass_all_args="true|false"（可选，默认值：false）。如果为 true，则将当前文件中设置的所有 args 添加到为处理包含的文件而创建的子文件中。你可以执行此操作，而不是显式列出要传递的每个参数。

<remap>：节点重映射，用于改变节点订阅或发布的话题。

有时，节点 1 发布消息 1 给话题 1（你可能需要该特定消息），而后，消息 1 进入了节点 2，而节点 2 发布了消息 2 到话题 2，消息 2 中包括了消息 1 的内容，消息 2 也被另一节点 3 接收。这时，你只需告诉新节点订阅话题 2 即可。但是，你也可以进行重新映射，以便新节点在认为自己正在订阅话题 2 的时候，最终订阅了话题 1。

例子：

<remap from="/different_topic" to="/needed_topic"/>

现在，当此节点订阅话题/different_topic 时，将重新映射使其实际上订阅了话题/needed_topic。因此，发布到/needed_topic 的消息最终也将发送到这个新节点。

<env>：该标签允许你在启动的节点上设置环境变量。此标签只能在<launch>,<include>,<node>或<machine>标签的范围内使用。在<launch>标签内使用它时，<env>标签仅适用于之后声明的节点。在 EnvironmentVariables 中可以找到这些环境变量。

<env>属性有：

① name="environment-variable-name"。您正在设置的环境变量的名称。

② value="environment-variable-value"。设置环境变量的值。

<param>：该标签定义要在参数服务器上设置的参数。你可以将<param>标记放在<node>标记内，在这种情况下，该参数被视为私有参数。

例子：

<param name="publish_frequency" type="double" value="10. 0"/>

<param>属性有：

① name="namespace/name"。参数名称。命名空间可以包含在参数名称中，但应避免使用全局指定的名称。

② value="value"（可选）。定义参数的值。如果省略此属性，则必须指定 binfile、textfile 或 command。

③ type="str|int|double|bool|yaml"（可选）。指定参数的类型。如果未指定类型，roslaunch 将尝试自动确定类型。

④ textfile="$（findpkg-name)/path/file.txt"（可选）。文件的内容将被读取并存储为字符串。该文件必须是本地可访问的。

⑤ binfile="$（findpkg-name)/path/file"（可选）。文件的内容将作为一个 base64 编码的 XML-RPC 二进制对象读取和存储。该文件必须在本地可访问。

⑥ command="$（findpkg-name)/exe' $（findpkg-name)/arg.txt' "（可选）。命令的输出将被读取并存储为字符串。由于 XML 转义的要求，这里需要使用单引号对文件参数进行引用。

<rosparam>：该标签允许使用 rosparam YAML 文件从 ROS 参数服务器加载和转储参数。它也可以用来删除参数。可以将<rosparam>标签放在<node>标签内，在这种情况下，该参数被视为私有名称。

注意：delete 和 dump 命令需要在 load 命令之前，以及其他任何参数上传到参数服务器之前运行。

<rosparam>属性有：

① command="load|dump|delete"（可选，默认值：load)。

② file="$（findpkg-name)/path/foo.yaml"。rosparam 文件的名称，使用 loadordump 命令时指定参数文件。

③ param="param-name"。参数名称。

④ ns="namespace"（可选）。将参数范围限定到指定的命名空间。

⑤ subst_value=true|false（可选）。允许在 YAML 文本中使用替代参数。

<group>：该标签有利于将设置应用到一组节点。它具有 ns 属性，可让您将节点放入单独的名称空间。

<test>：该标签在语法上与<node>标签相似。它们都指定要运行的 ROS 节点，但是<test>标签指示该节点实际上是要运行的测试节点。有关这些测试节点的更多信息，请参见 rostest 文档。

rostest 文档的参考地址：

wiki.ros.org/rostest

<arg>：该标签允许在命令行、多个文件中传递参数。

<arg>使用方式：

① <arg name="foo"/>。声明 foo 变量。foo 必须作为命令行参数或通过<include>传递参数值。

② <arg name="foo" default="1"/>。用默认值声明 foo。可以通过命令行参数或通过<include>传递来覆盖 foo。

③ <arg name="foo" value="bar"/>。声明具有恒定值的 foo。foo 的值不能被覆盖。

<arg>属性有：

① name="arg_name"。参数名称。

② default="default value"（可选）。参数的默认值。不能与 value 属性同时使用。

③ value＝"value"（可选）。设定参数值。不能与默认属性结合使用。

④ doc＝"description for this arg"（可选）。参数说明。

（3）替代参数（Substitution args）。

launch 文件支持替代参数，roslaunch 将在启动节点之前对其进行解析。当前支持的替代参数有：

＄（envENVIRONMENT_VARIABLE）：用环境变量替换变量的值。如果未设置环境变量，则启动将失败。此值不能被<env>标签覆盖。

＄（optenvENVIRONMENT_VARIABLE）：如果设置了环境变量的值，则替换该值。若提供 default_value，则在未设置环境变量的情况下使用 default_value。若未提供 default_value，则使用空字符串。default_value 可以是多个单词，并用空格分隔。

例如：

<param name＝"foo" value＝"＄（optenvNUM_CPUS1）"/>

<param name＝"foo" value＝"＄（optenvCONFIG_PATH/home/marvin/ros_workspace）"/>

<param name＝"foo" value＝"＄（optenvVARIABLErosrocks）"/>

NUM_CPUS 的 default_value 为 1，VARIABLE 的 default_value 为 ros 和 rocks。

＄（findpkg）：指定相对于软件包的路径。

例如：查找 rospy 子目录下的 manifest. xml 文件。

＄（findrospy）/manifest. xml

＄（anonname）：根据名称生成匿名 id，id 不能重名。

例如：

＄（eval<expression>）：用于计算任意复杂的 python 表达式。

例如：

<param name＝"circumference" value＝"＄（eval2. ＊3. 1415＊arg'radius'）"/>

＄（dirname）：返回启动文件所在目录的绝对路径。

例如：

file 指向当前 launch 文件所在目录下的 other. launch 文件。

（4）If 和 unless 属性。

各类标签均支持 if 和 unless 属性，这些属性根据其值在标签内是否包含进行评估。在此情况下，"1" 和 "true" 被视为真实值，而 "0" 和 "false" 被视为错误值。其他值则会导致错误。

if＝value(optional)：如果 value 评估为 true，则包含标签及其内容。

unless＝value(optional)：如果 value 的值为 false，则包含标签及其内容。

例子：

<group if＝"＄(argfoo)">

<! --此处的代码仅当 foo 为 true 时才被读取-->

</group>

<param name＝"foo" value＝"bar" unless＝"＄(argfoo)"/><! --满足 unless 条件时不会设

置此参数-->

4）launch 文件案例。

（1）简单案例。

以下案例展示了一种基本的启动文件配置，其作用是启动一个名为"talker"的节点，该节点隶属于"*rospy_tutorials*"软件包。在当前配置的 ROS 环境（如 ROS_ROOT 等）下，该节点将在本地计算机上启动。

```
<launch>
<node name="talker" pkg="rospy_tutorials" type="talker"/>
</launch>
```

（2）复杂案例。

```
<launch>
<! --local machine already has a definition by default.
This tag overrides the default definition with
specific ROS_ROOT and ROS_PACKAGE_PATH values-->
<machine name="local_alt" address="localhost" default="true" ros-
root="/u/user/ros/ros/" ros-package-path="/u/user/ros/ros-pkg"/>
<! --a basic listener node-->
<node name="listener-1" pkg="rospy_tutorials" type="listener"/>
<! --pass args to the listener node-->
<node name="listener-2" pkg="rospy_tutorials" type="listener" args=
"-fooarg2"/>
<! --a respawn-able listener node-->
<node name="listener-3" pkg="rospy_tutorials" type="listener" res-
pawn="true"/>
<! --start listener node in the 'wg1' namespace-->
<node ns="wg1" name="listener-wg1" pkg="rospy_tutorials" type=
"listener" respawn="true"/>
<! --start a group of nodes in the 'wg2' namespace-->
<group ns="wg2">
<! --remap applies to all future statements in this scope. -->
<remap from="chatter" to="hello"/>
<node pkg="rospy_tutorials" type="listener" name="listener" args=
"--test" respawn="true"/>
<node pkg="rospy_tutorials" type="talker" name="talker">
<! --set a private parameter for the node-->
<param name="talker_1_param" value="avalue"/>
<! --nodes can have their own remap args-->
<remap from="chatter" to="hello-1"/>
<! --you can set environment variables for a node-->
```

```
<env name="ENV_EXAMPLE" value="somevalue"/>
</node>
</group>
</launch>
```

（3）参数服务器。

在参数服务器上可以配置各项参数，这些参数在启动任何节点之前会被存储在服务器上。若参数值明确，可以省略 type 属性。目前支持的类型包括字符串（str）、整数（int）、双精度浮点数（double）和布尔值（bool）。此外，还可使用 textfile 或 binfile 属性来指定文件内容。

```
<launch>
<param name="somestring1" value="bar"/>
<! --force to string instead of integer-->
<param name="somestring2" value="10" type="str"/>
<param name="someinteger1" value="1" type="int"/>
<param name="someinteger2" value="2"/>
<param name="somefloat1" value="3.14159" type="double"/>
<param name="somefloat2" value="3.0"/>
<! --you can set parameters in child namespaces-->
<param name="wg/childparam" value="a child namespace parameter"/>
<! --upload the contents of a file to the server-->
<param name="configfile" textfile="$ (findroslaunch)/example.xml"/>
<! --upload the contents of a file as base64 binary to the server-->
<param name="binaryfile" binfile="$ (findroslaunch)/example.xml"/>
</launch>
```

思考与练习

1. 判断题

（1）USB 摄像头配置时，需要安装 uvccamera 功能包。　　　　　　（　　）

（2）毫米波雷达配置与使用操作中，CAN 总线分析仪的作用是通过 CAN 分析仪将毫米波雷达数据进行采集和转发。　　　　　　（　　）

（3）超声波雷达安装完成后无须修改启动配置文件即可在 Autoware 中使用。　（　　）

（4）在 rviz 中查看激光雷达点云时，需要安装 PandarView2 软件。　　（　　）

2. 多项选择题

（1）在配置与使用摄像头时，需要修改（　　）等实际数值。

    A. 图像的宽和高　　　　　　　　　　　B. 摄像头的路径

    C. 摄像头的帧率　　　　　　　　　　　D. 存储器

（2）在配置与使用毫米波雷达时，验证毫米波点云数据需要设置 rviz 中（　　）等。

    A. 话题　　　　　　B. 雷达坐标系　　　　　C. 帧率　　　　　D. 点云密度

（3）在配置与使用激光雷达时，需要确认（　　）等。

  A. 激光雷达 IP 地址   B. 数据的路径

  C. 有线网络配置   D. 存储器

（4）在配置与使用组合导航时，需要验证和设置（ ）等。

  A. 系统是否支持 USB 转串口   B. USB 通信接口

  C. 波特率   D. 点云密度

3. 思考题

（1）网络检索 Autoware 与百度 apollo 开发平台资料，思考与讨论 Autoware 与百度 apollo 开发平台的优缺点分别是什么？

（2）实验室为我们准备了无人驾驶车辆的整套配件，思考与讨论，我们需要经过哪些流程才能完成无人驾驶车辆的交付使用工作？

 任务二　智能网联汽车环境感知系统标定

 任务目标

基于 OBE 教育理念，结合智能网联汽车技术专业毕业要求与任务特点，建立任务目标支撑毕业要求和培养规格的对应关系，确定任务目标如下：

1）目标 O1：掌握环境感知传感器联合标定的准备工作内容与标定流程；

2）目标 O2：能够结合实训车辆配置的环境感知传感器类型安装传感器联合驱动包，并验证传感器联合驱动包；

3）目标 O3：能够结合实训车辆配置的环境感知传感器进行传感器的联合标定。

任务目标及毕业要求支撑对照表如表 2-6 所示。

表 2-6　任务目标及毕业要求支撑对照表

毕业要求	二级指标点	任务目标
1. 工程知识	毕业要求 1-3：能够将相关知识和方法用于推演、分析专业工程问题	目标 O1 目标 O2 目标 O3
2. 问题分析	毕业要求 2-1：能运用适用于所属学科或专业领域的分析工具，识别与判断广义工程问题的关键环节	目标 O2 目标 O3
5. 使用现代工具	毕业要求 5-3：能针对具体的对象，选择与使用满足特定需求的现代工具，模拟和预测专业问题，并能分析其局限性	目标 O2 目标 O3

任务目标与培养规格对照表如表 2-7 所示。

表 2-7　任务目标与培养规格对照表

培养规格	规格要求	任务目标
素养	（1）通过学习，培养学生科技报国的家国情怀与使命担当； （2）通过技能实训、考核评价，培养学生具有严谨态度、勇于实践、敢于动手的精神； （3）通过查询、检索、总结，培养学生独立思考、勇于创新、坚韧执着探索的精神	目标 O1
能力	（1）能够结合实训车辆配置的感知传感器类型安装传感器联合驱动包； （2）能够结合实训车辆配置的感知传感器类型验证传感器联合驱动包； （3）能够结合实训车辆配置的感知传感器进行传感器的联合标定	目标 O2 目标 O3

培养规格	规格要求	任务目标
知识	（1）了解智能网联汽车环境感知传感器联合标定的意义、标定流程； （2）了解智能网联汽车环境感知传感器联合标定的方法	目标 O1 目标 O2 目标 O3

🔄 任务描述

智能网联汽车环境感知系统标定，用来确定各个传感器坐标系与车体坐标系之间的转换关系，可以分为单一传感器标定和多个传感器标定。比如摄像头标定，激光雷达标定，摄像头与雷达联合标定，组合导航与激光雷达标定，摄像头、激光雷达、毫米波雷达等传感器联合标定，本任务以摄像头和激光雷达的联合标定为例，介绍任务的实施步骤与过程操作要点。

目前做摄像头激光雷达联合标定的主要方法有两种，一种是基于棋盘格的标定方法，另一种是基于特征点的标定方法。其中基于棋盘格的标定方法可以通过 Autoware 实现，基于特征点的标定方法可以用 Apollo 实现。

在做摄像头激光雷达联合标定的时候，需要注意，如果激光雷达不是 X 轴朝前，需要对点云做一下旋转变换。

🌀 任务实施

1）任务准备。

（1）PC 机 Intel（R）Core（TM）i5CPU 及以上，内存 8G 以上，硬盘 500G 以上（带以太网接口）；

（2）车辆自动驾驶系统应用实训平台 XHV-B0；

（3）自动驾驶教学实训平台操作手册。

2）步骤与现象。

步骤一：准备标定设备

检查准备好的激光雷达和 USB 摄像头，确认它们已经正确安装和连接。若没有连接，可以通过打开虚拟机，单击任务栏"虚拟机"选项，在"可移动设备"下选择需要连接的设备，在下级窗口中选择"连接（断开与主机的连接）"。

步骤二：创建 ros 工作空间

输入以下命令，新建一个名称为 catkin_lidar_camera 的工作空间，在该空间内新建一个 src 文件夹，并进入工作空间进行编译。

```
$ mkdir-p catkin_lidar_camera/src
$ cd catkin_lidar_camera
$ catkin_make
```

步骤三：安装禾赛 XT16 激光雷达和摄像头功能包

（1）进入工作空间下 src 文件夹，终端输入以下命令，下载禾赛激光雷达 ROS 功能包。

```
$ git clone https://github.com/HesaiTechnology/HesaiLidar_General_
ROS.git --recursive
```

（2）终端输入以下命令，安装 usb_cam 功能包。

```
$ sudo apt-get install ros-melodic-usb-cam
```

（3）进入 catkin_lidar_camera 工作空间，终端输入以下命令，编译禾赛 XT16 激光雷达和摄像头功能包。

```
$ source devel/setup.bash
$ catkin_make 编译项目
```

步骤四：安装 nlopt

进入工作空间下 src 文件夹，终端输入以下命令安装用来解决优化问题的 nlopt 开源项目。

```
$ git clone https://github.com/stevengj/nlopt.git
$ cd nlopt
$ mkdir build
$ cd build
$ cmake ..
$ make
$ sudo make install
```

步骤五：启动标定工具包

（1）另起终端，输入 roscore 命令。

（2）用原来的终端窗口，输入 rosruncalibration_camera_lidarcalibration_toolkit 命令，启动标定程序。如果成功，则弹出窗口如图 2-33 所示。

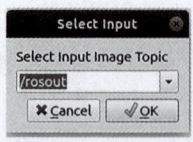

图 2-33 弹出窗口

步骤六：启动摄像头

（1）通过在终端中输入以下命令，根据 USB 摄像头连接端口修改 usb_cam-test.launch 中摄像头的端口号。

```
<param name=" video_device" value=" /dev/video0" />
```

（2）终端中输入以下命令，启动摄像头。

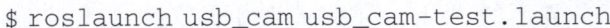

```
$ roslaunch usb_cam usb_cam-test.launch
```

步骤七：启动激光雷达

（1）开启一个新的终端，执行 source 命令，以便使 devel 目录下的 setup.bash 在当前终端中生效。具体命令如下：

```
$ source devel/setup.bash
```

（2）运行 hesai_lida 指令，启动激光雷达。具体命令如下：

```
$ roslaunch hesai_lidar cloud_nodelet.launch lidar_type:="PandarXT-16" frame_id:="PandarXT-16"
```

步骤八：启动 Autoware. ai 中 rviz

（1）新开一个终端，输入如图 2-34 所示命令，启动 Autoware. ai。

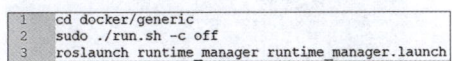

```
1  cd docker/generic
2  sudo ./run.sh -c off
3  roslaunch runtime_manager runtime_manager.launch
```

图 2-34　启动 Autoware. ai

（2）在 Autoware 的主界面，单击"RViz"按钮进入 RViz 界面。

（3）如图 2-35 所示，在"Rvi"界面，单击左下角"Add"按钮，进入 rviz 对话框，在"By topic"菜单的"/hesai/pandar"下选中"PointCloud2"，单击"OK"按钮。

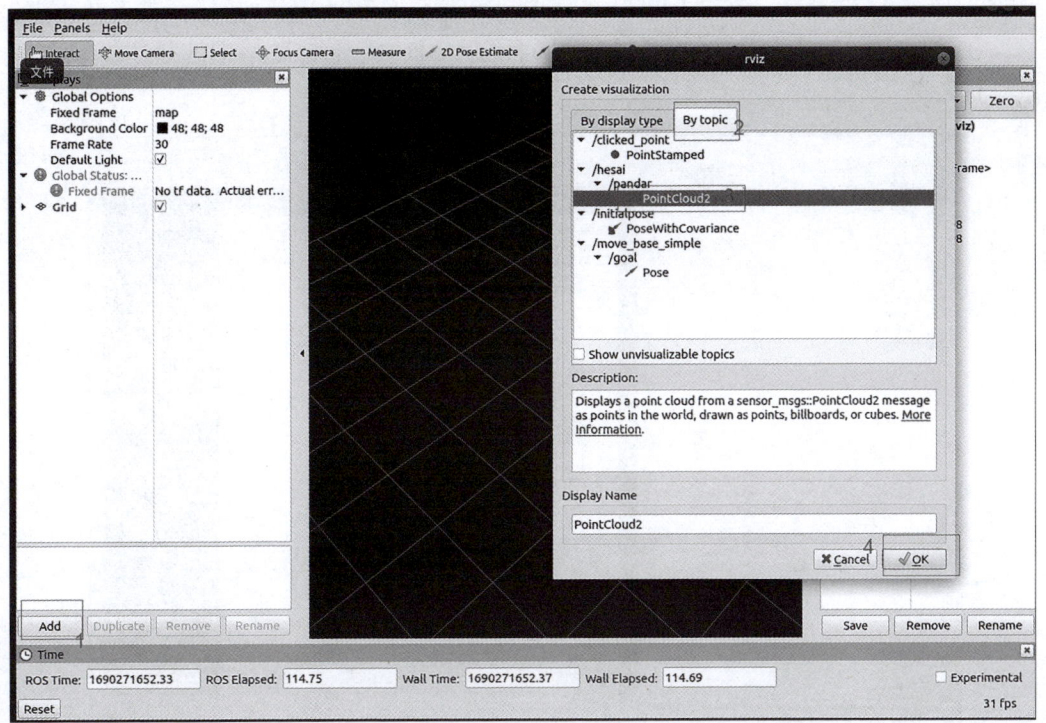

图 2-35　添加"PointCloud2"

（4）如图 2-36 所示，在"RViz"界面的"Global Options"下，修改"Fixed Frame"后的激光雷达型号，使其与配置的激光雷达产品型号相匹配。若成功显示点云图像，则表明激光雷达已成功连接。

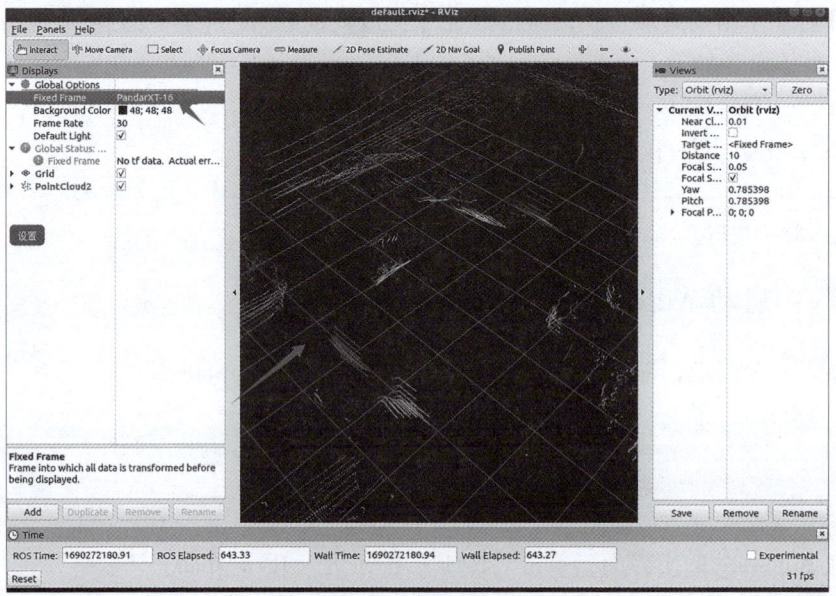

图 2-36　修改雷达型号

（5）如图 2-37 所示，在"RViz"界面中，单击左下角"Add"按钮，进入"rviz"对话框，在"By topic"菜单下"/image_raw"下的"image"下拉菜单中选择"raw"，单击"OK"按钮。

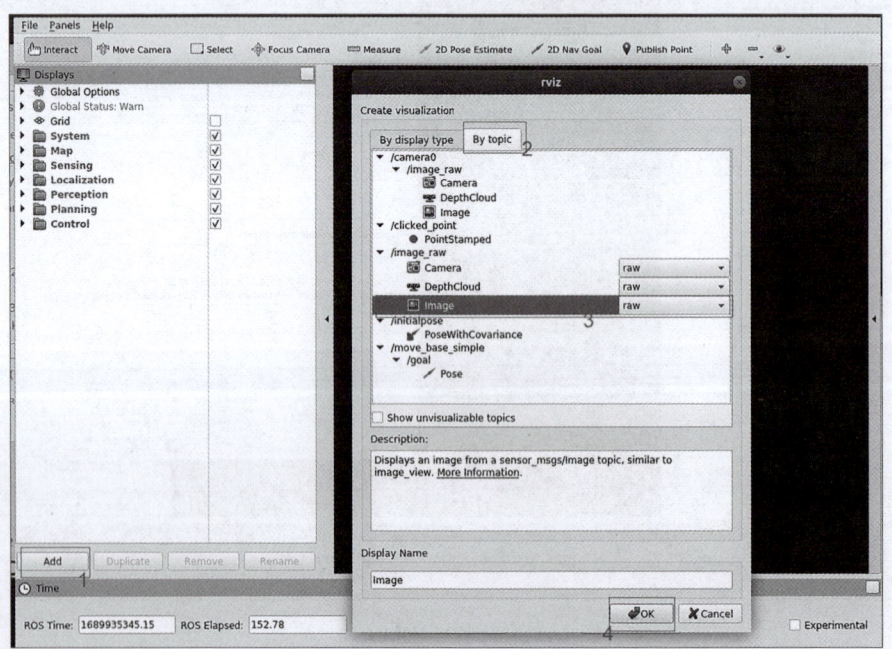

图 2-37　添加话题

步骤九：录制数据包

另起终端，输入 rosbagrecord-a 命令，使用标定板分别按照平拿、左倾、右倾、上倾、下倾 5 个动作，录制近处左、近处中、近处右、远处左、远处中、远处右 6 个位置数据包。

步骤十：查看标定结果

（1）参考 autoware.ai/src/visualization/points2image/nodes/points2image/points2image.cpp 路径，将 points2image.cpp 中 else 语句中的 points_topic=" points_raw" 修改为我们自己雷达数据的 topic。

（2）在终端中输入以下命令，编译 points2image.cpp 文件。

```
$ cd autoware.ai
$ colcon build --cmake-args-DCMAKE_BUILD_TYPE=Release--packages-
select points2image
$ source install/setup.bash
$ rosrun runtime_manager runtime_manager_dialog.py
```

（3）如图 2-38 所示，切换到 "Runtime Manager" 窗口下，在 "Sensing" 菜单中，单击右下角 "Calibration Publisher" 按钮。如图 2-39 所示，在跳出来的界面中修改 "target_frame" 为点云数据的 frame_id，同时加载联合标定文件，并将 "image topic source" 更改为图像 "topic" 名称，单击 "OK" 按钮。然后单击如图 2-38 所示的 "Calibration Publisher" 按钮下面的 "Points Image" 按钮。

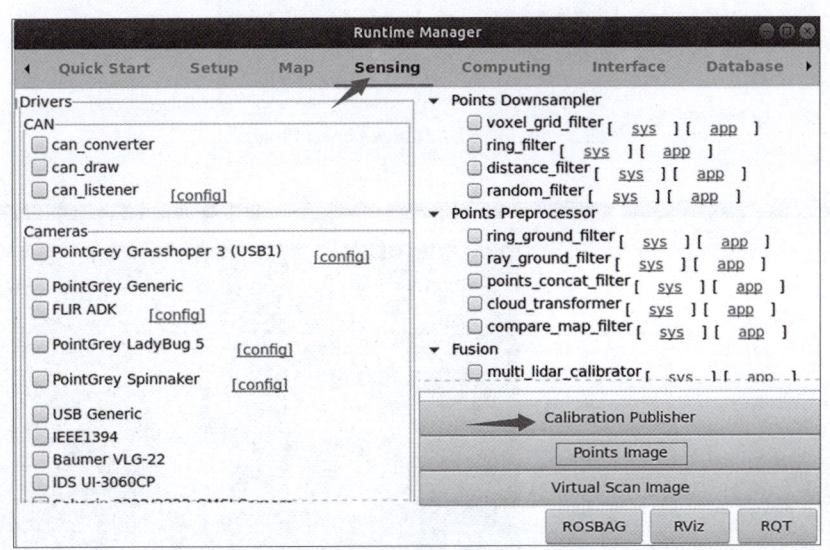

图 2-38　"Calibration Publisher" 按钮

（4）在 "RViz" 弹窗中，单击左上角 "panels" 文件栏，选择 "Add New Panel" 打开 "rviz" 弹窗，添加 "ImageViewerPlugin"，如图 2-40 所示。此时 ImageViewerPlugin 会出现在 RViz 的左下方，如图 2-41 所示，更改 ImageTopic：/camera_topic，PointTopic：/points_image。

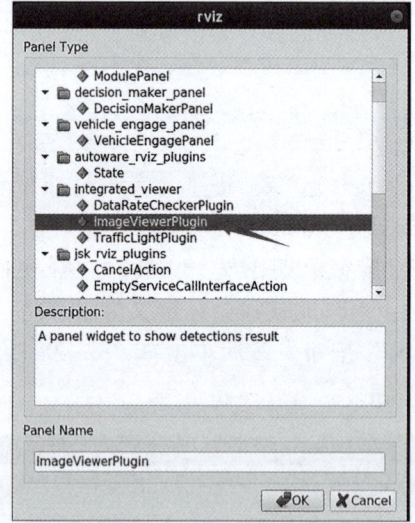

图 2-39 "calibration_publisher"设置参考

图 2-40 添加"ImageViewerPlugin"

图 2-41 修改融合主题

（5）然后播放数据包，会看到将点云数据映射到图像上之后的融合图，通过融合图可以直观看出标定效果。

 **考核评价**

根据任务实施过程，结合素养态度、能力培养、知识掌握的效果，使用如表 2-8 所示的任务实施考核评价表，由学生填写具体的任务实施和操作要点，由教师对任务实施情况进行打分。

表 2-8　任务实施考核评价表

评价类别	评价内容		分值	得分
素养态度	（1）通过学习，培养学生科技报国的家国情怀与使命担当； （2）通过技能实训、考核评价，培养学生具有严谨态度、勇于实践、敢于动手的精神； （3）通过查询、检索、总结，培养学生独立思考、勇于创新、坚韧执着探索的精神		10	
能力培养	（1）能够结合实训车辆配置的感知传感器类型安装传感器联合驱动包； （2）能够结合实训车辆配置的感知传感器类型验证传感器联合驱动包； （3）能够结合实训车辆配置的感知传感器进行传感器的联合标定		10	
知识掌握	（1）了解智能网联汽车环境感知传感器联合标定的意义、标定流程； （2）了解智能网联汽车环境感知传感器联合标定的方法		10	
实施过程	实施内容	操作要点		
1. 实训准备	实训平台	□实训车辆　□实训专用实验台 □虚拟设备	4	
	工具设备	1		
		2		
		3		
		4		
	实训资料	1		
		2		
		3		
		4		
	安全防护用品与设施	1		
		2		
		3		
		4		

续表

评价类别	评价内容							分值	得分
实施过程	实施内容			操作要点					
2. 准备标定设备	USB 摄像头	检查摄像头连接电脑主机						4	
		摄像头连接虚拟机							
	激光雷达	检查激光雷达连接电脑主机							
		激光雷达连接虚拟机							
3. 创建 ros 工作空间	工作空间创建							4	
	工作空间编译								
4. 安装禾赛 XT16 激光雷达和摄像头功能包	功能包下载							10	
	功能包安装	安装位置							
		编译							
5. 安装 nlopt	功能包下载							6	
	功能包安装	安装位置							
		编译							
6. 启动摄像头	修改端口号命令							4	
	启动摄像头命令								
7. 启动激光雷达	setup. bash 在当前终端中生效							6	
	启动激光雷达命令								
8. 启动 Autoware. ai 中 rviz	启动 Autoware. ai							10	
	打开 rviz								
	添加节点	1		2					
		3		4					
	"Rviz" 界面激光雷达型号设置								
9. 录制数据包	启动数据包录制命令							8	
	标定板位置（勾选）		平拿	左倾	右倾	上倾	下倾		
		近处左							
		近处中							
		近处右							
		远处左							
		远处中							
		远处右							

续表

评价类别	评价内容					分值	得分
实施过程	实施内容		操作要点				
10. 启动标定工具包	启动 ROS 节点网络					4	
	启动标定程序命令						
11. 查看标定结果	修改雷达数据的 topic					10	
	编译 points2image.cpp 文件						
	Runtime Manager 设置	修改 target_frame 为点云数据的 frame_id					
		加载联合标定文件					
		更改图像 topic 名称					
	RViz 设置						
	播放数据包						
总分							
评语							

　　考核评价根据任务要求设置评价项目，以项目内容的完成度作为考核评分点进行评分，项目评分包含配分、分值和得分，教师可以根据学生的项目内容完成情况进行评分。

　　考核评价中任务目标达成度由子目标组成，评价项目支撑任务目标。教师根据任务目标评价学生的任务完成情况。任务考核评价表如表 2-9 所示。

表 2-9　任务考核评价表

实训项目	智能网联汽车环境感知系统标定						
评价项目	项目内容	项目评分			任务目标达成度		
		配分	分值	得分	目标 O1	目标 O2	目标 O3
1. 实训准备	实训平台	4	1				
	工具设备		1				
	实训资料		1				
	安全防护用品与设施		1				
2. 准备标定设备	确认 USB 摄像头安装和连接	4	2				
	确认激光雷达安装和连接		2				
3. 创建 ros 工作空间	工作空间创建	4	2				
	工作空间编译		2				

实训项目	智能网联汽车环境感知系统标定						
评价项目	项目内容	项目评分			任务目标达成度		
		配分	分值	得分	目标 O1	目标 O2	目标 O3
4. 安装禾赛 XT16 激光雷达和摄像头功能包	激光雷达功能包下载	10	2				
	安装 usb_cam 功能包		4				
	功能包编译		4				
5. 安装 nlopt	功能包下载	6	2				
	功能包安装		4				
6. 启动摄像头	修改端口号命令	4	2				
	启动摄像头命令		2				
7. 启动激光雷达	setup. bash 在当前终端中生效	6	2				
	启动激光雷达命令		4				
8. 启动 Autoware. ai 中 rviz	启动 Autoware. ai	10	2				
	打开 rviz		2				
	添加节点		2				
	"RViz" 界面激光雷达型号设置		2				
9. 录制数据包	启动数据包录制命令	8	2				
	标定板位置（勾选）		6				
10. 启动标定工具包	启动 ROS 节点网络	4	2				
	启动标定程序命令		2				
11. 查看标定结果	修改雷达数据的 topic	10	2				
	编译 points2image. cpp 文件		2				
	Runtime Manager 设置		2				
	RViz 设置		2				
	播放数据包		2				

注：

① 项目评分请按每项分值打分，填入"得分"栏。

② 任务目标达成度根据任务完成情况进行评价，对照任务目标是否达成进行勾选，达成则打上"√"，不达成则打上"×"。

③ 任务目标达成度中"NC"表示本行评价内容与对应任务目标无关。

根据任务目标达成度的评价结果，结合任务实施过程、项目评分结果，教师使用如

表 2-10 所示的任务持续改进表进行改进。

表 2-10 任务持续改进表

评价项目	上一轮改进措施	本轮改进内容	本轮改进效果	下一轮改进措施
准备标定设备				
创建 ros 工作空间				
安装禾赛 XT16 激光雷达和摄像头功能包				
安装 nlopt				
启动摄像头				
启动激光雷达				
启动 Autoware.ai 中 rviz				
录制数据包				
启动标定工具包				
查看标定结果				

知识分析

激光雷达和摄像头是两种不同的传感器，各自具有不同的优点和局限性。激光雷达主要用于测量物体的距离和方位角，但对环境的照明条件有较高要求；而摄像头则可以捕捉到丰富的视觉信息，但对光照和目标颜色的变化较为敏感。因此，将激光雷达和摄像头联合标定，可以充分发挥两种传感器的优势，提高目标检测和识别的准确性。本操作文档将详细介绍激光雷达和摄像头联合标定的具体步骤和注意事项。

（1）准备工作。

在开始激光雷达和摄像头联合标定之前，需要做好以下准备工作：

设备准备：确保激光雷达和摄像头设备正常工作，并具备相应的数据输出接口。同时，需要准备好用于连接和配置设备的计算机或其他设备。

实验室环境要求：选择一个安静、无尘、光照均匀的室内环境进行标定。确保实验室环境的温度和湿度保持在适宜的范围内，以避免对设备性能产生不利影响。

安全注意事项：在操作过程中，需要确保人员和设备安全。避免在有安全隐患的环境下进行标定，例如高湿度、高温、有电磁干扰的环境等。

（2）标定过程。

标定目标：首先，需要确定激光雷达和摄像头联合标定的目标，例如测量目标物体的位置、大小、姿态等参数。根据实际应用需求，选择合适的标定目标。

建图：使用激光雷达建立环境的 3D 地图。根据设备的性能和精度要求，选择合适的建图方法和参数设置。同时，需要确保建图环境的清洁和平整，以避免对地图质量产生不利影响。

定位：结合摄像头获取的视觉信息和激光雷达获取的 3D 地图信息，进行目标定位。根

据实际应用场景，选择合适的定位算法和参数设置。

数据采集与处理：通过设备接口获取激光雷达和摄像头的原始数据，根据实际需求进行数据预处理、滤波、去噪等操作，以提高数据的准确性和可靠性。

（3）实验结果对比。

通过对实验数据的分析和对比，可以评估激光雷达和摄像头联合标定的准确性和可靠性。在实际应用中，需要根据具体场景和需求，调整标定方法和参数设置，以达到更好的目标检测和识别效果。

（4）数据分析。

对激光雷达和摄像头联合标定获取的数据进行分析，可以进一步了解目标的特征和行为。通过数据融合技术，可以将不同传感器的数据进行融合，得到更准确的目标信息。例如，可以利用图像处理技术对摄像头采集的视觉信息进行分析，提取目标特征，同时利用激光雷达的数据获取目标的距离和方位角信息。通过数据融合算法将这两种信息进行融合，可以获得更准确的目标位置、速度等参数。

（5）操作建议。

根据实验结果和分析，可以给出以下操作建议：

在复杂环境下使用：在复杂环境下使用激光雷达和摄像头联合标定时，需要特别注意设备的稳定性和安全性。建议在稳定的平面上进行标定，避免在振动或倾斜的环境下进行操作。

常见问题及解决方法：在操作过程中，可能会遇到一些常见问题，例如设备连接不顺畅、标定目标不明确、定位精度不高等。对于这些问题，可以尝试重新检查设备连接、明确标定目标、调整定位算法参数等方法进行解决。

持续优化标定参数：由于实际应用场景的不断变化，需要持续优化激光雷达和摄像头的标定参数，以适应不同的环境和使用需求。建议在每次使用前重新进行标定，并根据实际应用效果进行调整。

数据处理与融合：在获取到激光雷达和摄像头的原始数据后，需要对其进行预处理、滤波、去噪等操作，以提高数据的准确性和可靠性。同时，需要利用数据融合技术将不同传感器的数据进行融合，以获得更准确的目标信息。

<h2 style="text-align:center; color:#1a6faf;">思考与练习</h2>

1. 判断题

（1）环境感知传感器联合标定时，应确保需要标定的传感器正确安装与连接。（　　）

（2）激光雷达与相机的联合标定功能包，需要分别安装。（　　）

（3）在录制激光雷达与摄像头的原始数据包时，需要录制多个角度和位置的标定板，以便进行有效的调试。（　　）

（4）在进行联合标定准备工作中，包含提前启动激光雷达。（　　）

2. 多项选择题

（1）使用 Autoware 进行相机和激光雷达的联合标定，包含以下（　　）等步骤。

    A. 准备标定设备　　　　　　　　B. 安装并校准相机

    C. 安装并校准激光雷达　　　　　D. 进行联合标定

（2）录制激光雷达与摄像头的原始数据包时，需要录制标定板（　　）等6个位置。

A. 左侧　　　　　　　　　　　　B. 近处左、近处中、近处右

C. 右侧　　　　　　　　　　　　D. 远处左、远处中、远处右

（3）激光雷达摄像头的联合标定，需要确认（　　）等功能包是否正确安装。

A. 激光雷达 ROS 功能包　　　　B. usb_cam

C. calibration_toolkit　　　　　　D. net-tools

3. 思考题

（1）网络检索不同厂家的环境感知传感器标定使用的工具软件，思考与讨论其特点是什么？

（2）网络检索摄像头、激光雷达、毫米波雷达等传感器联合标定方法与流程，思考与讨论其特点是什么？

 任务三　智能网联汽车环境感知系统检测与维修

 任务目标

基于 OBE 教育理念，结合智能网联汽车技术专业毕业要求与任务特点，建立任务目标支撑毕业要求和培养规格的对应关系，确定任务目标如下：

1）目标 O1：掌握智能网联汽车环境感知系统传感器检测与维修的方法与流程；

2）目标 O2：能够结合实训车辆环境感知系统传感器故障现象，分析故障原因，制定故障检测维修的流程；

3）目标 O3：能够独立使用工具、设备或软件，结合系统运行条件，完成环境感知系统检测与维修。

任务目标及毕业要求支撑对照表如表 2-11 所示。

表 2-11　任务目标及毕业要求支撑对照表

毕业要求	二级指标点	任务目标
1. 工程知识	毕业要求 1-2：能针对确定的、实用的对象进行求解	目标 O1 目标 O2 目标 O3
2. 问题分析	毕业要求 2-1：能运用适用于所属学科或专业领域的分析工具，识别与判断广义工程问题的关键环节	目标 O2 目标 O3
5. 使用现代工具	毕业要求 5-3：能够针对具体的对象，选择与使用满足特定需求的现代工具，模拟和预测专业问题，并能够分析其局限性	目标 O3

任务目标与培养规格对照表如表 2-12 所示。

表 2-12　任务目标与培养规格对照表

培养规格	规格要求	任务目标
素养	（1）能够在实际操作过程中，培养学生动手实践能力、质量意识、安全意识、节能环保意识； （2）通过制定故障维修流程，培养学生具有逻辑思维能力； （3）通过查询、检索、总结，培养学生独立思考、勇于创新、坚韧执着探索的精神	目标 O1
能力	（1）能够分析实训车辆环境感知传感器常见的故障原因； （2）能够根据实训车辆环境感知传感器常见的故障原因，制定故障检测维修的流程； （3）能够独立使用工具、设备或软件，结合系统运行条件，完成环境感知传感器故障的检测与维修	目标 O2 目标 O3

培养规格	规格要求	任务目标
知识	（1）了解环境感知系统传感器的组成； （2）掌握智能网联汽车环境感知系统传感器检测维修的方法与流程	目标 O1 目标 O2 目标 O3

任务描述

在未来的智能交通领域，智能网联汽车的发展已经成为不可逆转的趋势。其中，环境感知传感器的检测与维修是保证车辆安全行驶和高效运行的关键环节。这项实训内容旨在培养学生掌握智能网联汽车环境感知传感器的检测与维修技能，提高对未来交通系统的适应能力。

在实训过程中，学生将首先了解智能网联汽车环境感知传感器的组成和常见故障，并通过实际操作掌握检测与维修技巧。通过这个实训内容，学生不仅能够掌握智能网联汽车环境感知传感器的检测与维修技能，还能够培养对未来交通系统的认知和适应能力。这将为他们的职业发展打开更广阔的通道，为未来智能交通领域的发展贡献力量。

任务实施

1）任务准备。

（1）Windows10 电脑 Intel(R)Core(TM)i5CPU 及以上，内存 8G 以上，硬盘 500G 以上（带以太网接口）；

（2）车辆自动驾驶系统应用实训平台 XHV-B0；

（3）自动驾驶教学实训平台操作手册；

（4）CAN 总线分析仪套件；

（5）CANTestV2.5；

（6）串口调试助手；

（7）示波器；

（8）网络测试仪。

2）步骤与现象。

步骤一：视觉传感器故障检修

（1）视觉传感器常见故障现象。

故障现象 1：视觉传感器系统不工作，无图像显示。

故障现象 2：视觉传感器系统工作，但图像显示不正常（图像画面抖动、图像画面模糊、图像画面倾斜、图像暗或白屏等）。

（2）视觉传感器常见故障原因分析。

参考自动驾驶教学实训平台操作手册中电气原理图，基于故障现象分析可能的故障原因，填写在表 2-13 中。

表 2-13　可能的故障原因分析

序号	故障现象 1 可能原因	故障现象 2 可能原因
1		
2		
3		
4		
5		
6		
7		
8		

（3）故障检测方法。

① 视觉传感器的外观和安装状态检查。

需要对视觉传感器的外观和安装状态进行仔细的检查，在此过程中，应注意以下几点：

a. 检查视觉传感器是否存在破损，镜头部分是否清洁无污染。

b. 检查视觉传感器的安装位置是否符合设计要求，安装角度是否满足规范。

c. 检查视觉传感器的安装是否牢固，固定底座是否存在变形或损坏。

d. 检查线束接口是否存在虚接、破损、进水、烧蚀等现象。

在检查过程中，如发现上述问题，在表 2-14 中勾选或记录问题情况，并采取相应措施进行修复或更换受损部件。

表 2-14　视觉传感器的外观和安装状态检查表

外观结构检查	□完整	□损伤	□镜头污物	□其他
安装位置		安装角度		
线束接口检查	□虚接	□破损	□进水	□烧蚀

② 使用检测软件对视觉传感器进行测试。

在完成硬件线路检测并确保供电正常后，可以通过运行检测软件来对视觉传感器进行测试。如图 2-42 所示，请将软件切换至调试界面，并认真检查返回的信息。随后，根据返回的结果，判别故障原因，并记录在表 2-15 中。

表 2-15　测试结果分析

测试软件	
测试结果	
可能的故障原因	

（4）视觉传感器故障维修流程制定。

基于可能的故障原因分析，制定故障诊断流程，填写在表 2-16 中。

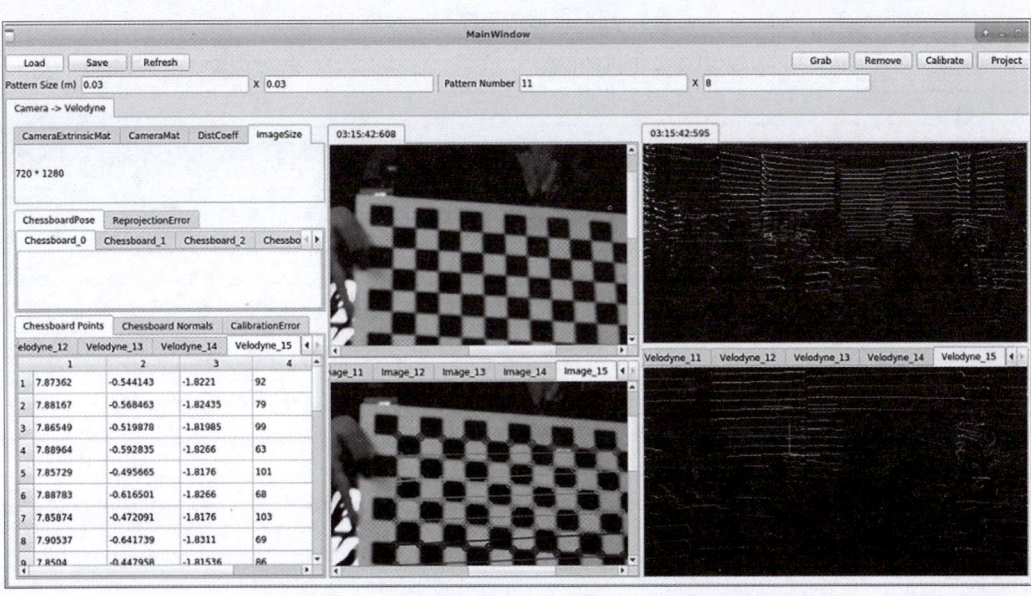

图 2-42　视觉传感器进行自检、深度信息标定

表 2-16　故障诊断流程

步骤	判断结果"是"处理措施	判断结果"否"处理措施

步骤二：毫米波雷达故障检修

（1）毫米波雷达常见故障现象。

故障现象1：毫米波雷达系统不工作，无法建立三维点云图。

故障现象2：毫米波雷达系统工作，但数据不准确，有误差提示信息。

（2）毫米波雷达常见故障原因分析。

参考自动驾驶教学实训平台操作手册中电气原理图，基于故障现象分析可能的故障原因，填写在表2-17中。

表 2-17　可能的故障原因分析

序号	故障现象1可能原因	故障现象2可能原因
1		
2		
3		
4		
5		
6		
7		
8		

（3）故障检测方法。

① 毫米波雷达外观和安装状态检查。

需要检查毫米波雷达的外观和安装状态，以确保其状态良好。具体的检查项目包括：

a. 确认毫米波雷达表面是否存在破损现象。

b. 观察毫米波雷达是否存在进水痕迹，判断其是否可能受到影响。

c. 检查毫米波雷达的安装位置是否正确，安装角度是否符合预期要求。

d. 确认毫米波雷达的安装是否牢固，不会出现晃动或脱落现象。

e. 检查固定底座是否存在变形情况，以保证其支撑作用不受影响。

此外，还需要对毫米波线束和线束接口进行检查。主要观察以下几个方面：

a. 是否存在虚接现象，影响信号传输。

b. 是否有破损现象，可能导致信号中断或干扰。

c. 是否存在进水现象，可能对电路造成损害。

d. 是否存在烧蚀现象，影响信号传输质量。

在检查过程中，如发现上述问题，在表 2-18 中勾选或记录问题情况，并采取相应措施进行修复或更换受损部件。

表 2-18　毫米波雷达的外观和安装状态检查表

外观结构检查	□完整	□破损	□进水痕迹	□其他
安装位置		安装状态		
安装角度				
固定底座状态	□完整	□破损	□变形	□其他
线束检查	□虚接	□破损	□进水	□烧蚀

② 检测毫米波雷达线路。

请参阅毫米波雷达技术手册以获取硬件线路连接图，并使用适当的工具对毫米波雷达硬件故障进行排查。

如图 2-43 所示是检测毫米波雷达硬件线路（供电状态），毫米波雷达处于供电状态时，使用万用表的电压挡检测传感器供电针脚与接地针脚之间的电压，以确定其是否处于工作电压状态。车载毫米波雷达的工作电压标准值为 9~16 V。如果检测到无电压情况，需要检查线路是否出现断路。如果检测到的电压不是工作电压状态，可以串入电流表，查看电流表读数。若电流值大于正常值，则有可能表明毫米波雷达内部模块损毁。

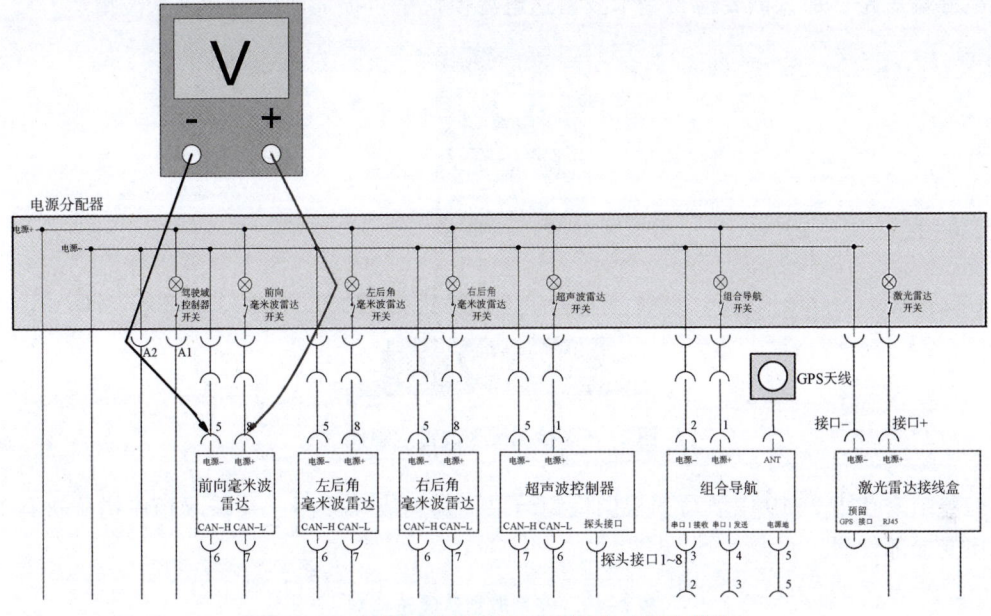

图 2-43　检测毫米波雷达硬件线路（供电状态）

如图 2-44 所示是检测毫米波雷达硬件线路（关闭电源）。关闭电源，使用万用表欧姆挡检测毫米波雷达供电线路两端的电阻。一般情况下，线路电阻应小于 1Ω，若是无电阻或电阻不符合标准，需要修复或更换符合标准的电路。

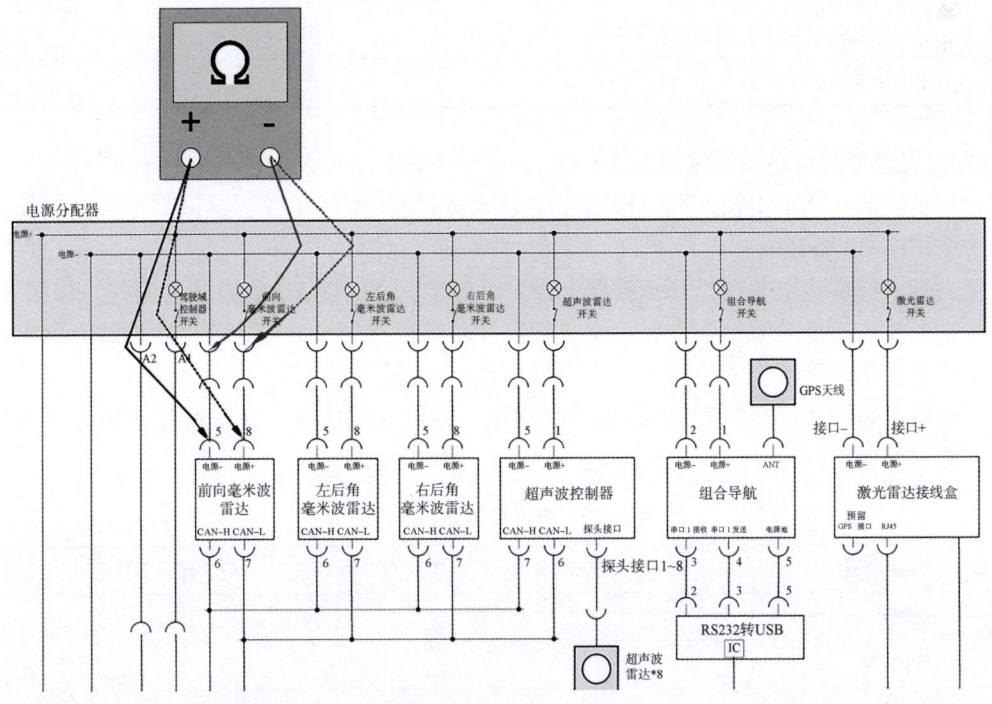

图 2-44　检测毫米波雷达硬件线路（关闭电源）

如图 2-45 所示是检测毫米波雷达硬件。断开毫米波雷达接插件，使用万用表的导通挡位（二极管挡位）测量元件电源正负极两端，查看是否存在电源短路现象。如果出现响声，说明电源端短路，那么需要检查毫米波雷达电源模块是否损坏或更换此毫米波雷达。

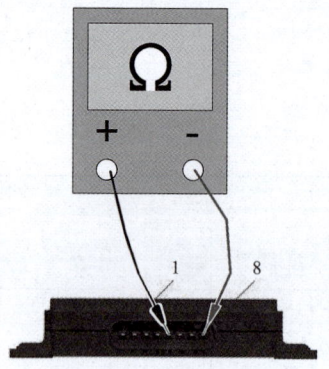

图 2-45 检测毫米波雷达硬件

检查结果在表 2-19 中填写，根据检测结果，判别故障原因，并采取相应措施进行修复或更换受损部件。

表 2-19 毫米波雷达线路检测

供电电压		V		
线路电阻	电源正极线路	Ω	电源负极线路	Ω
检测毫米波雷达硬件	万用表挡位选择			
	硬件电源端子内部电阻		Ω	
存在的问题				

③ 检查毫米波雷达信号波形。

使用示波器，通道 1 输入端口探头连接毫米波雷达 CAN-H 线，通道 2 输入端口探头连接毫米波雷达 CAN-L 线。

接通毫米波雷达电源，打开示波器，设置示波器为 NORMAL 常规触发模式。如图 2-46 所示是毫米波雷达信号波形，查看示波器显示界面是否有毫米波雷达信号收发或者电平的跳变。将检测结果与手册正常值进行对比，排查是否是通信故障。

检查结果在表 2-20 中填写，根据检测结果，判别故障原因，并采取相应措施进行修复或更换受损部件。

表 2-20 毫米波雷达信号波形

示波器设置	通道 1	通道 2
接线		
峰值/V		
平均值/V		

续表

示波器设置	通道 1	通道 2
频率/kHz		
存在的问题		

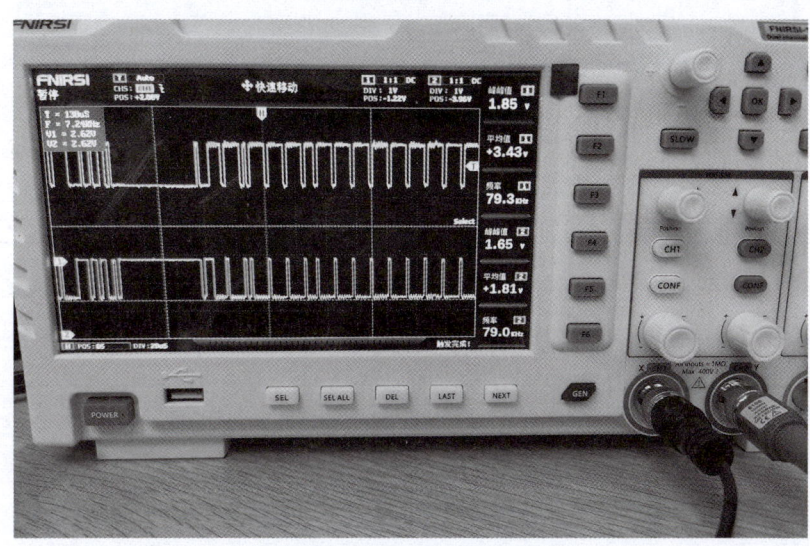

图 2-46　毫米波雷达信号波形

④ 使用 CAN 分析仪采集毫米波雷达数据。

毫米波雷达硬件线路检测结束后，在供电正常的情况下，连接 CAN 总线分析仪。

如图 2-47 所示是 CAN 建立通信示意，打开 CAN 检测软件 CANTest，对数据帧进行分析，进入软件调试界面，查看毫米波雷达回传信息，根据回传结果，查询其技术手册，判别故障类型。

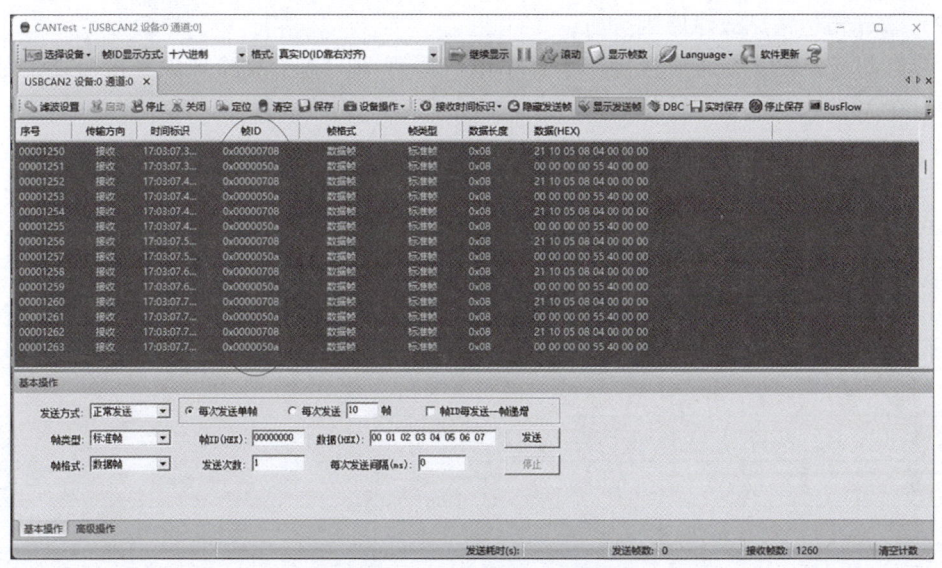

图 2-47　CAN 建立通信示意

检查结果在表 2-21 中填写，根据检测结果，判别故障原因，并采取相应措施进行修复或更换受损部件。

表 2-21　毫米波雷达数据

采集软件设置	
采集到的帧 ID	
采集结果判断	

（4）毫米波雷达故障维修流程制定。

基于可能的故障原因分析，制定故障的诊断流程，填写在表 2-22 中。

表 2-22　故障诊断流程

步骤	判断结果"是"处理措施	判断结果"否"处理措施

步骤三：激光雷达故障检修

（1）激光雷达常见故障现象。

故障现象 1：激光雷达系统不工作，无法建立三维点云图。

故障现象 2：激光雷达系统工作，但数据不准确，有误差提示信息。

（2）激光雷达常见故障原因分析。

参考自动驾驶教学实训平台操作手册中电气原理图，基于故障现象分析可能的故障原因，填写在表 2-23 中。

表 2-23　可能的故障原因分析

序号	故障现象 1 可能原因	故障现象 2 可能原因
1		
2		
3		
4		
5		
6		
7		
8		

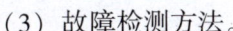

（3）故障检测方法。

① 激光雷达外观和安装状态检查。

需要检查激光雷达的外观和安装状态，以确保其状态良好。具体的检查项目包括：

a. 确认激光雷达表面是否存在破损现象。

b. 观察激光雷达是否存在进水痕迹，判断其是否可能受到影响。

c. 检查激光雷达的安装位置是否正确，安装角度是否符合预期要求。

d. 确认激光雷达的安装是否牢固，不会出现晃动或脱落现象。

e. 检查固定底座是否存在变形情况，以保证其支撑作用不受影响。

此外，还需要对激光雷达线束和线束接口进行检查。主要观察以下几个方面：

a. 是否存在虚接现象，影响信号传输。

b. 是否有破损现象，可能导致信号中断或干扰。

c. 是否存在进水现象，可能对电路造成损害。

d. 是否存在烧蚀现象，影响信号传输质量。

在检查过程中，如发现上述问题，在表2-24中勾选或记录问题情况，并采取相应措施进行修复或更换受损部件。

表2-24　毫米波雷达的外观和安装状态检查表

外观结构检查	□完整	□破损	□进水痕迹	□其他
安装位置		安装状态		
安装角度				
固定底座状态	□完整	□破损	□变形	□其他
线束检查	□虚接	□破损	□进水	□烧蚀

② 检测激光雷达供电线路。

查看激光雷达产品手册中硬件的线路连接图，使用工具对激光雷达硬件故障进行排查。此步骤的检查方法参见毫米波雷达检测。

如图2-48所示，检查激光雷达接线盒电源工作电压是否正常、供电线路是否短路或断路、激光雷达接线盒内部电源线路是否短路。若是出现无工作电压、电压过大或过小情况，检查并维修相关线束电路故障。

检查结果在表2-25中填写，根据检测结果，判别故障原因，并采取相应措施进行修复或更换受损部件。

表2-25　激光雷达线路检测

供电电压	V			
线路电阻	电源正极线路	Ω	电源负极线路	Ω
检测激光雷达硬件	万用表挡位选择			
	硬件电源端子内部电阻	Ω		
存在的问题				

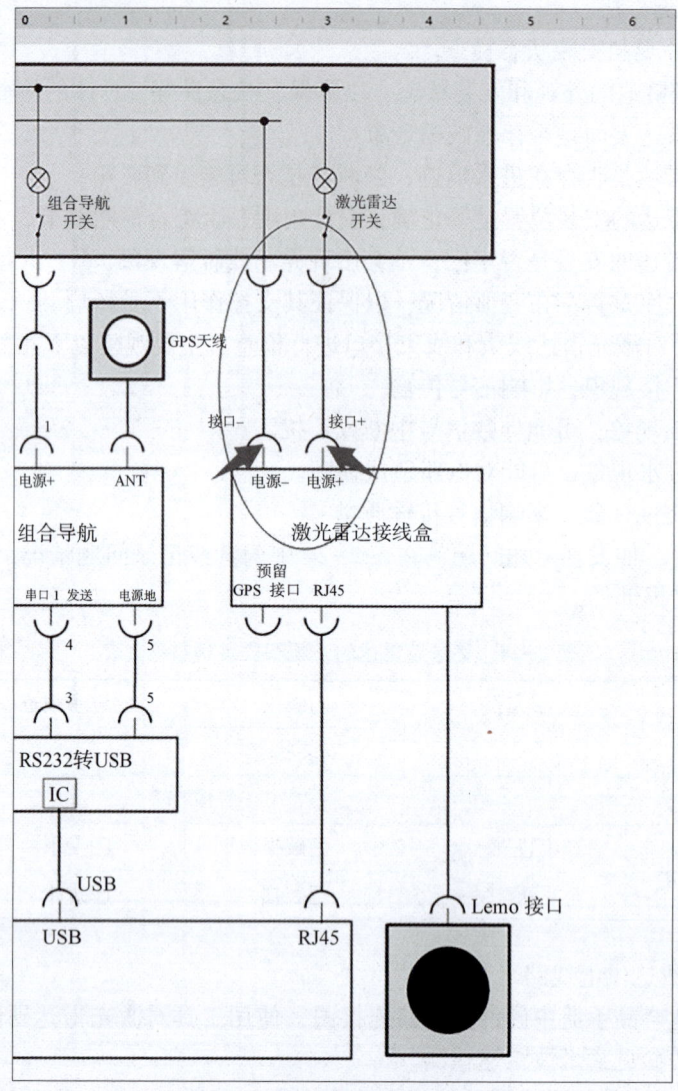

图2-48 激光雷达供电线路检查

③ 检查激光雷达信号线路。

如图2-49所示是网络测试仪检测网络通断，将以太网两端接头分别连接网络检测仪。

电源控制开关拨到ON或S，分别代表快、慢速挡，如图2-49所示。如果网线通畅则两边灯依次顺序亮起，根据网络测试仪显示，判断是否是通信故障。

检查结果在表2-26中填写或记录问题情况，并采取相应措施进行修复或更换受损部件。

表2-26 网络通断检测

检测工具设置	
检测结果	

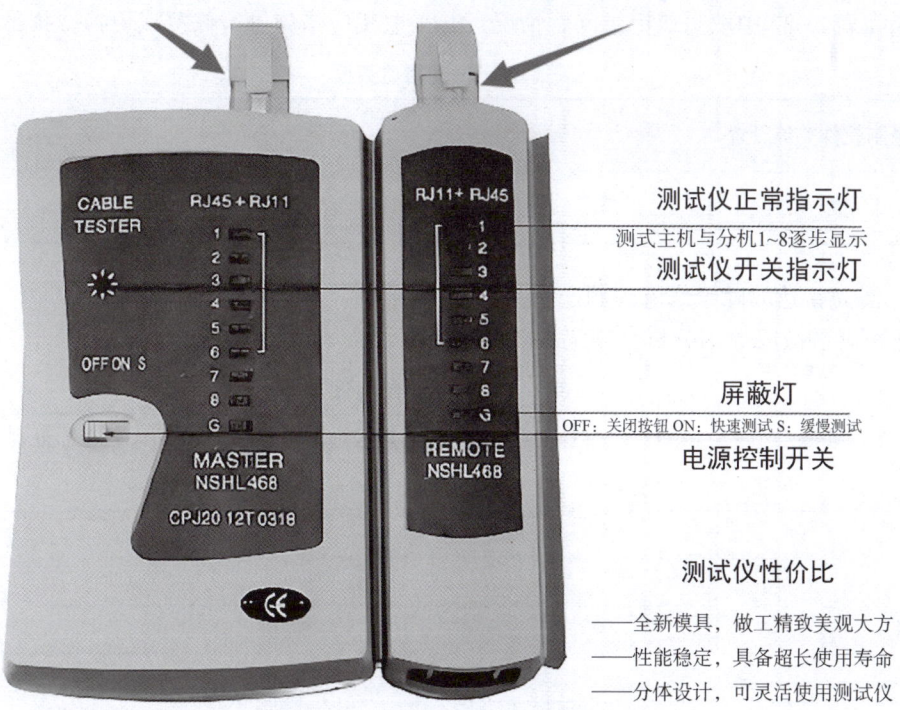

测试仪正常指示灯
测式主机与分机1~8逐步显示
测试仪开关指示灯

屏蔽灯
OFF: 关闭按钮 ON: 快速测试 S: 缓慢测试
电源控制开关

测试仪性价比
——全新模具，做工精致美观大方
——性能稳定，具备超长使用寿命
——分体设计，可灵活使用测试仪

图 2-49 网络测试仪检测网络通断

④ 使用检测软件对激光雷达进行测试。

激光雷达硬件线路检测结束后，在供电正常的情况下，使用以太网连接电脑主机。

如图 2-50 所示，打开 PandarView2 软件，录制激光雷达点云数据，对录制结果进行分析，根据结果查询其产品手册，判别故障类型。

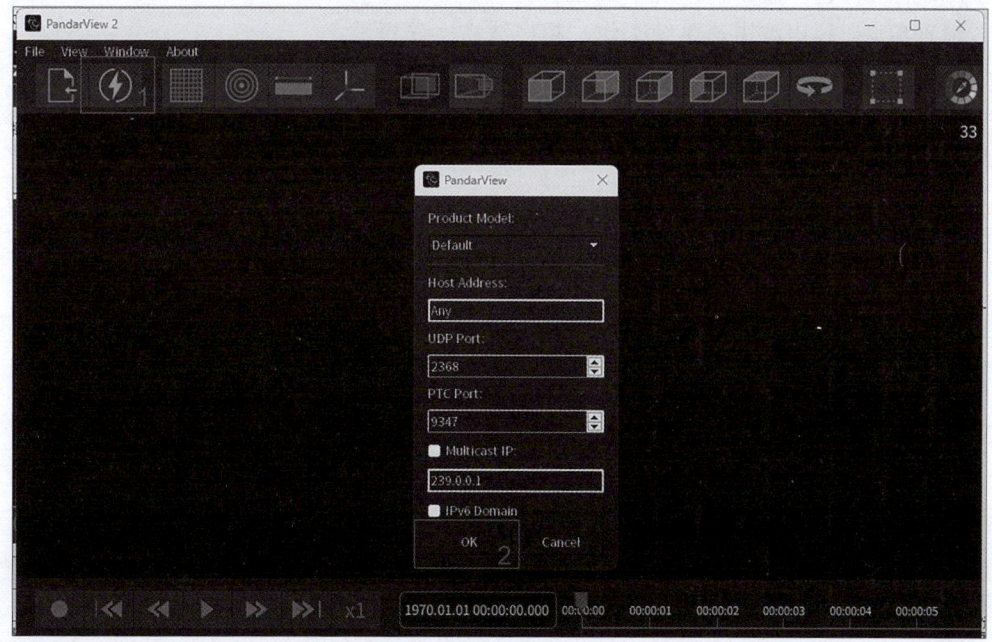

图 2-50 开启点云数据实时接收

结果在表 2-27 中填写或记录问题情况，并采取相应措施进行修复或更换受损部件。

表 2-27　激光雷达数据

点云录制软件关键设置				
采集结果判断				

（4）激光雷达故障维修流程制定。

基于可能的故障原因分析，制定故障的诊断流程，填写在表 2-28 中。

表 2-28　故障诊断流程

步骤	判断结果"是"处理措施	判断结果"否"处理措施

步骤四：超声波雷达故障检修

（1）超声波雷达常见故障现象。

故障现象 1：超声波雷达系统不工作。

故障现象 2：超声波雷达系统工作，超声波雷达误报警。

（2）超声波雷达常见故障原因分析。

参考自动驾驶教学实训平台操作手册中电气原理图，基于故障现象分析可能的故障原因，填写在表 2-29 中。

表 2-29　可能的故障原因分析

序号	故障现象 1 可能原因	故障现象 2 可能原因
1		
2		
3		
4		
5		
6		
7		
8		

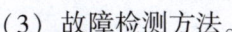

（3）故障检测方法。

① 超声波雷达外观和安装状态检查。

需要检查超声波雷达的外观和安装状态，以确保其状态良好。具体的检查项目包括：

a. 检查超声波雷达控制器和探头的表面是否完好无损，没有可见的破损或划痕。

b. 检查超声波雷达的探头部分是否清洁无污垢，确保其能够正常工作。

c. 检查超声波雷达的安装位置是否正确，包括水平角度、垂直角度以及距离等参数是否符合要求。

d. 检查超声波雷达的安装是否牢固，避免在工作中出现松动或脱落的情况。

e. 确认固定底座是否发生变形，如有变形需要及时进行修复或更换。

除此之外，我们还需要对超声波雷达的线束和线束接口进行检查。主要检查以下几个方面：

a. 线束接口是否虚接，避免出现接触不良的情况。

b. 线束是否有破损或老化现象，如有问题需要及时进行更换。

c. 线束接口是否防水性能良好，避免在工作中出现进水短路或损坏的情况。

d. 线束及接口是否有异物干扰，如有需要及时清除异物，确保其正常工作。

在检查过程中，如发现上述问题，在表 2-30 中勾选或记录问题情况，并采取相应措施进行修复或更换受损部件。

表 2-30　毫米波雷达的外观和安装状态检查表

外观结构检查	□完整	□破损	□划痕	□探头污垢
安装位置		安装状态		
安装角度				
固定底座状态	□完整	□破损	□变形	□其他
线束检查	□虚接	□破损	□进水	□异物

② 检测超声波雷达硬件线路。

查看超声波雷达产品手册中硬件的线路连接图，使用工具对超声波雷达硬件故障进行排查。此步骤的检查方法参见毫米波雷达检测。

如图 2-51 所示是超声波雷达硬件线路检测，检查超声波雷达控制器电源工作电压是否正常、供电线路是否短路或断路、超声波雷达控制器内部电源线路是否短路。若出现无工作电压、电压过大或过小情况，检查并维修相关线束电路故障。

检查结果在表 2-31 中填写，根据检测结果，判别故障原因，并采取相应措施进行修复或更换受损部件。

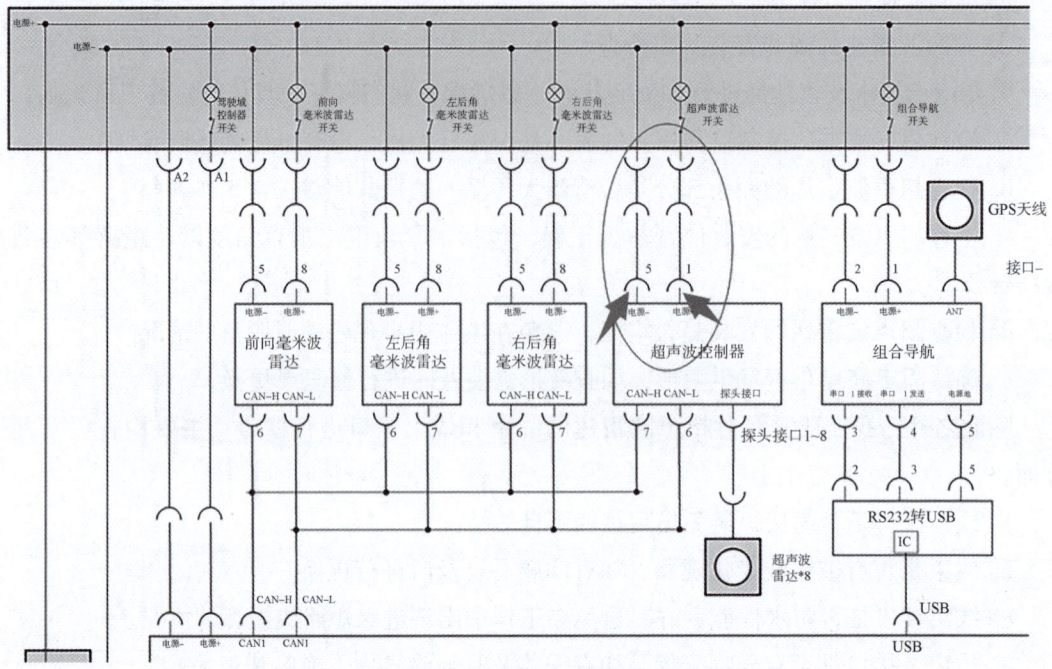

图 2-51　超声波雷达硬件线路检测

表 2-31　超声波雷达线路检测

供电电压			V		
线路电阻	电源正极线路		Ω	电源负极线路	Ω
检测激光雷达硬件	万用表挡位选择				
	硬件电源端子内部电阻		Ω		
存在的问题					

③ 使用检测软件对超声波雷达进行测试。

超声波雷达硬件线路检测结束后，在供电正常的情况下，连接 CAN 总线分析仪。

如图 2-52 所示是使用检测软件对超声波雷达进行测试，依次设置超声波雷达探头与障碍物之间的距离，打开 CAN 检测软件 CANTest，查看超声波雷达回传信息，进行数据帧分析，判断探头检测距离是否准确。

检查结果在表 2-32 中填写，根据检测结果，判别故障原因，并采取相应措施进行修复或更换受损部件。

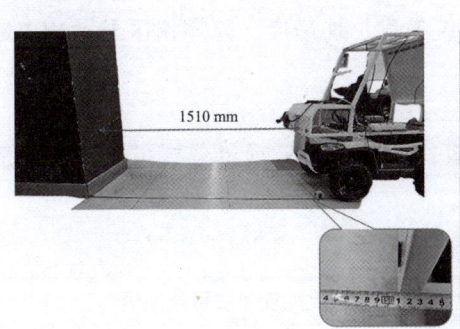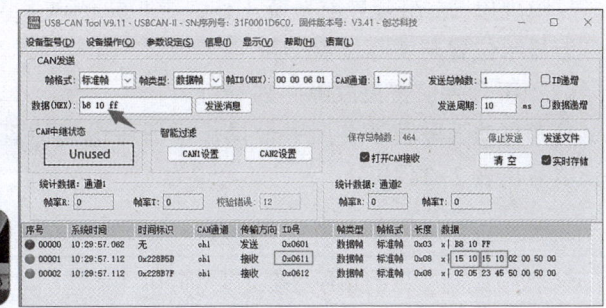

图 2-52 使用检测软件对超声波雷达进行测试

表 2-32 超声波雷达测试

障碍物距离设置/cm	30	50	130	150
1 号探头采集数据				
2 号探头采集数据				
3 号探头采集数据				
4 号探头采集数据				
5 号探头采集数据				
6 号探头采集数据				
7 号探头采集数据				
8 号探头采集数据				

（4）超声波雷达故障维修流程制定。

基于可能的故障原因分析，制定故障的诊断流程，填写在表 2-33 中。

表 2-33 故障诊断流程

步骤	判断结果"是"处理措施	判断结果"否"处理措施

步骤五：组合导航故障检修

（1）组合导航常见故障现象。

故障现象 1：组合导航系统不工作，上位机测试系统速度、加速度、陀螺仪区无显示信息。

故障现象2：组合导航系统工作，上位机测试系统速度、加速度、陀螺仪区显示相关数据，但显示位置与实际位置不符。

（2）组合导航常见故障原因分析。

参考自动驾驶教学实训平台操作手册中电气原理图，基于故障现象分析可能的故障原因，填写在表2-34中。

表2-34　可能的故障原因分析

序号	故障现象1可能原因	故障现象2可能原因
1		
2		
3		
4		
5		
6		
7		
8		

（3）故障检测方法。

① 检查组合导航外观和安装状态。

需要检查组合导航的外观和安装状态，以确保其状态良好。具体的检查项目包括：

a. 检查组合导航的表面是否完好无损，没有可见的破损或划痕。

b. 检查组合导航和GNSS天线是否有金属覆盖或近距离电磁干扰，避免组合导航在工作中出现接收信号屏蔽的情况。

c. 检查组合导航的安装是否牢固，避免在工作中出现松动或脱落的情况。

除此之外，我们还需要对组合导航的线束和线束接口进行检查。主要检查以下几个方面：

a. 线束是否有破损或老化现象，如有问题需要及时进行更换。

b. 线束接口是否连接紧密，避免出现虚接或接触不良的情况。

c. 线束接口是否防水性能良好，避免在工作中出现进水短路或损坏的情况。

d. 线束及接口是否有异物干扰，如有需要及时清除异物，确保其正常工作。

在检查过程中，如发现上述问题，在表2-35中勾选或记录问题情况，并采取相应措施进行修复或更换受损部件。

表2-35　组合导航的外观和安装状态检查表

外观结构检查	□完整	□破损	□进水痕迹	□其他
组合导航和GNSS天线	□金属覆盖		□有近距离电磁干扰源	
安装位置	安装状态			
安装角度				
线束检查	□虚接	□破损	□进水	□烧蚀

② 检测组合导航硬件供电线路。

查看组合导航产品手册，查看硬件的线路连接图，使用工具对组合导航硬件故障进行排查。此步骤的检查方法参见毫米波雷达检测。

如图 2-53 所示是组合导航硬件供电线路检测，检查组合导航电源工作电压、供电线路是否短路或断路。若是出现无工作电压、电压过大或过小情况，检查并维修相关线束电路故障。

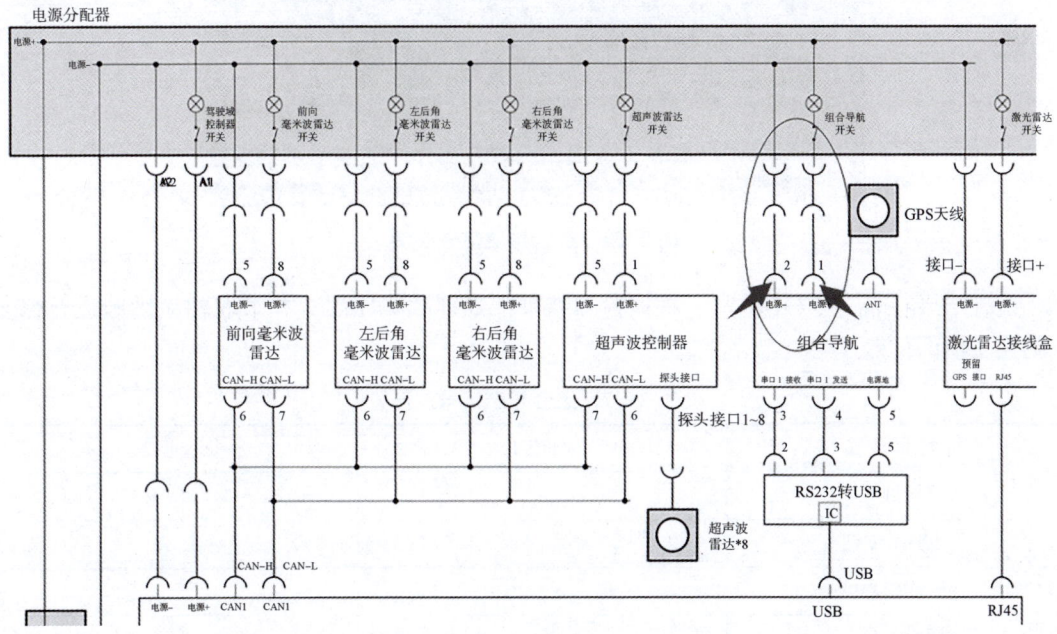

图 2-53　组合导航硬件供电线路检测

检查结果在表 2-36 中填写，根据检测结果，判别故障原因，并采取相应措施进行修复或更换受损部件。

表 2-36　组合导航线路检测

供电电压	V			
线路电阻	电源正极线路	Ω	电源负极线路	Ω
存在的问题				

③ 检查信号线回路。

将示波器通道 1 的输入端口探头连接到组合导航设备的串口 1 接收线，同时将探头的接地线连接到组合导航设备的电源地线。另外，将通道 2 的输入端口探头连接到组合导航设备的串口 1 发送线，并将探头的接地线连接到组合导航设备的电源地线。

接通组合导航设备的电源，打开示波器，将示波器设置为 NORMAL 常规触发模式。如图 2-54 所示是组合导航信号检测，观察示波器显示界面是否显示组合导航设备的信号收发或电平跳变。

将检测到的结果与手册中的正常值进行对比，以判断是否存在通信故障。参照手册中的故障排查部分进行操作，以解决通信故障问题。

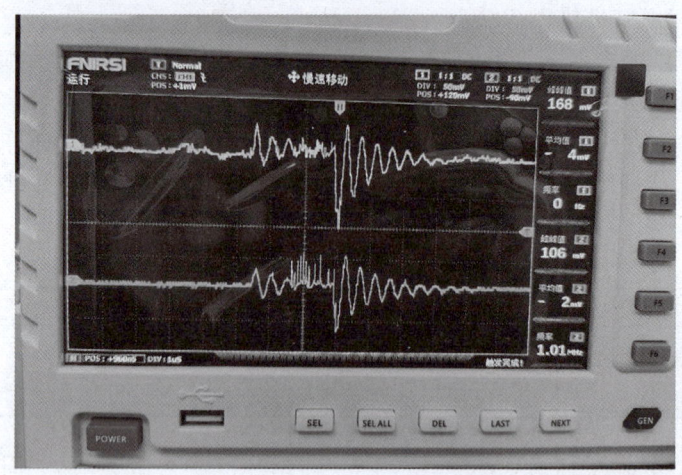

图 2-54　组合导航信号检测

检查结果在表 2-37 中填写，根据检测结果，判别故障原因，并采取相应措施进行修复或更换受损部件。

表 2-37　组合导航信号波形

示波器设置	通道 1	通道 2
接线		
峰值/V		
平均值/V		
频率/kHz		
存在的问题		

④ 检查组合导航串口数据输出。

通过 RS232 转 USB 线将电脑主机与组合导航设备连接，启动串口调试助手软件，进行串口设置。在软件中，选择正确的串口设置，确保与电脑主机的端口设置相匹配。完成串口设置后，可以开始进行数据传输和调试操作。

通过串口调试助手软件数据日志窗口观察设备采集的数据，如图 2-55 所示。若是无数据输出，检查并更新电脑中 RS232 转 USB 线驱动或更换 RS232 转 USB 线。

结果在表 2-38 中填写，根据结果，判别可能存在的故障原因，并采取相应措施进行修复或更换受损部件。

表 2-38　组合导航串口数据输出

采集软件设置			
采集到 NMEA-0183 常用语句			
采集结果判断			

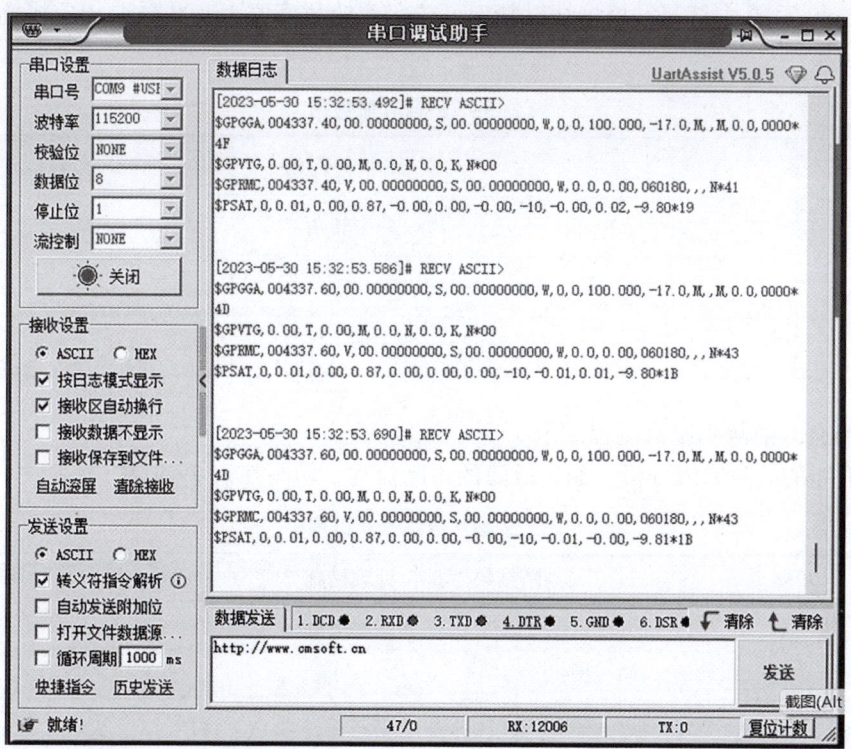

图 2-55 通过串口调试助手软件数据日志窗口观察设备采集的数据

⑤ 使用上位机软件对组合导航进行测试。

当组合导航硬件线路检测结束后，在确保其供电正常的情况下，使用组合导航厂家提供的惯导地面站 IBC AHRS 软件，查看组合导航输出的数据，如图 2-56 所示。

打开软件进入数据界面，查看组合导航回传信息，根据是否有回传结果，判别故障类型。

计数器	675820		工作状态	正常 - 0		固件版本	1006	
俯仰角	+0.485950	°	经度	+0.0000000	°	GPS星数	0	颗
滚转角	-0.077044	°	纬度	+0.0000000	°	HDOP	99.99	m
航向角	-33.490482	°	北向速度	+0.009570	m/s	VDOP	99.99	m
航迹角	+0.000000	°	东向速度	-0.009236	m/s	GPS状态	未定位	
垂直俯仰角	-	°	地向速度	-0.022811	m/s	GPS时间	00:56:10	
垂直滚转角	-	°	GPS 北向速度	+0.000000	m/s	HDT	-1.000000	
垂直航向角	-	°	GPS 东向速度	+0.000000	m/s	HDTDEV	-	
俯仰角速率	-0.026337	°/s	GPS 地向速度	+0.000000	m/s	内置GPS等待时间	100	ms
滚转角速率	-0.059181	°/s	空速	+0.000000		外置GPS等待时间	2200	ms
航向角速率	-0.006054	°/s	气压高度	-0.450000	m	当前加计	1	
北向加速度	-0.003571	m/s²	GPS高度	-17.000000	m	当前陀螺	1	
东向加速度	+0.007357	m/s²	融合高度	-0.450000	m	当前罗盘	1	
地向加速度	-9.820593	m/s²	温度	+43.000000	℃	当前GPS	0	

图 2-56 组合导航输出的数据

结果在表2-39中填写，根据结果判别可能存在的故障原因，并采取相应措施进行修复或更换受损部件。

表2-39　组合导航数据

经度		纬度	
俯仰角		滚转角	
航向角			
存在的问题			

（4）组合导航故障维修流程制定。

基于可能的故障原因分析，制定故障的诊断流程，填写在表2-40中。

表2-40　故障诊断流程

步骤	判断结果"是"处理措施	判断结果"否"处理措施

考核评价

结合素养、能力、知识目标，根据任务操作、团队协作、沟通参与的效果，使用如表2-41所示的培养规格评价表，教师对学生进行评分。

表2-41　培养规格评价表

评价类别	评价内容	分值	得分
素养	（1）能够在实际操作过程中，培养学生动手实践能力、质量意识、安全意识、节能环保意识； （2）通过制定故障维修流程，培养学生具有逻辑思维能力； （3）通过查询、检索、总结，培养学生独立思考、勇于创新、坚韧执着探索的精神	30	
能力	（1）能够分析实训车辆环境感知传感器常见的故障原因； （2）能够根据实训车辆环境感知传感器常见的故障原因，制定故障检测维修的流程； （3）能够独立使用工具、设备或软件，结合系统运行条件，完成环境感知传感器故障的检测与维修	30	

续表

评价类别	评价内容	分值	得分
知识	（1）了解智能网联汽车环境感知传感器联合标定的意义、标定流程； （2）掌握智能网联汽车环境感知系统传感器检测与维修的方法与流程	40	
总分			
评语			

考核评价根据任务要求设置评价项目，项目评分包含配分、分值、得分，教师可以根据学生的项目内容完成情况进行评分。

任务目标达成度以任务目标为评价维度，评价项目支撑任务目标。教师根据任务目标评价学生的任务完成情况。任务考核评价表如表 2-42 所示。

表 2-42　任务考核评价表

实训项目	智能网联汽车环境感知系统检测与维修						
评价项目	项目内容	项目评分			任务目标达成度		
		配分	分值	得分	目标 O1	目标 O2	目标 O3
视觉传感器故障检修	故障现象 1 可能故障原因分析，故障类别正确	15	2				
	故障现象 2 可能故障原因分析，故障类别正确		2				
	外观和安装状态检查方法正确		4				
	视觉传感器测试方法正确		2				
	视觉传感器故障检测维修流程合理，不漏步骤		5				
毫米波雷达故障检修	故障现象 1 可能故障原因分析，故障类别正确	25	2				
	故障现象 2 可能故障原因分析，故障类别正确		2				
	外观和安装状态检查方法正确		4				
	毫米波雷达线路检测方法正确		4				
	毫米波雷达信号波形检测方法正确		4				
	CAN 分析仪采集毫米波雷达数据方法正确		4				
	毫米波雷达故障检测维修流程合理，不漏步骤		5				

实训项目	智能网联汽车环境感知系统检测与维修						
评价项目	项目内容	项目评分			任务目标达成度		
		配分	分值	得分	目标01	目标02	目标03
激光雷达故障检修	故障现象1可能故障原因分析，故障类别正确	20	2				
	故障现象2可能故障原因分析，故障类别正确		2				
	外观和安装状态检查方法正确		3				
	激光雷达供电线路检测方法正确		2				
	激光雷达信号线路检测方法正确		2				
	激光雷达数据采集测试方法正确		4				
	激光雷达故障检测维修流程合理，不漏步骤		5				
超声波雷达故障检修	故障现象1可能故障原因分析，故障类别正确	20	2				
	故障现象2可能故障原因分析，故障类别正确		2				
	外观和安装状态检查方法正确		5				
	超声波雷达供电线路检测方法正确		2				
	超声波雷达探头测试方法正确		4				
	超声波雷达故障检测维修流程合理，不漏步骤		5				
组合导航故障检修	故障现象1可能故障原因分析，故障类别正确	20	2				
	故障现象2可能故障原因分析，故障类别正确		2				
	外观和安装状态检查方法正确		3				
	组合导航供电线路检测方法正确		2				
	组合导航信号线路检测方法正确		2				
	组合导航数据采集测试方法正确		4				
	组合导航故障检测维修流程合理，不漏步骤		5				
综合评价							

注：
① 项目评分请按每项分值打分，填入"得分"栏。
② 任务目标达成度根据任务完成情况进行评价，对照任务目标是否达成进行勾选，达成则打上"√"，不达成则打上"×"。
③ 任务目标达成度中"NC"表示本行评价内容与对应任务目标无关。

根据任务目标达成度的评价结果，结合任务实施过程、项目评分结果，教师使用如表2-43所示的任务持续改进表进行改进。

表2-43 任务持续改进表

评价项目	上一轮改进措施	本轮改进内容	本轮改进效果	下一轮改进措施
视觉传感器故障检修				
毫米波雷达故障检修				
激光雷达故障检修				
超声波雷达故障检修				
组合导航故障检修				

知识分析

1）常见传感器故障检测维修流程。

常见传感器故障检测流程如图2-57所示。

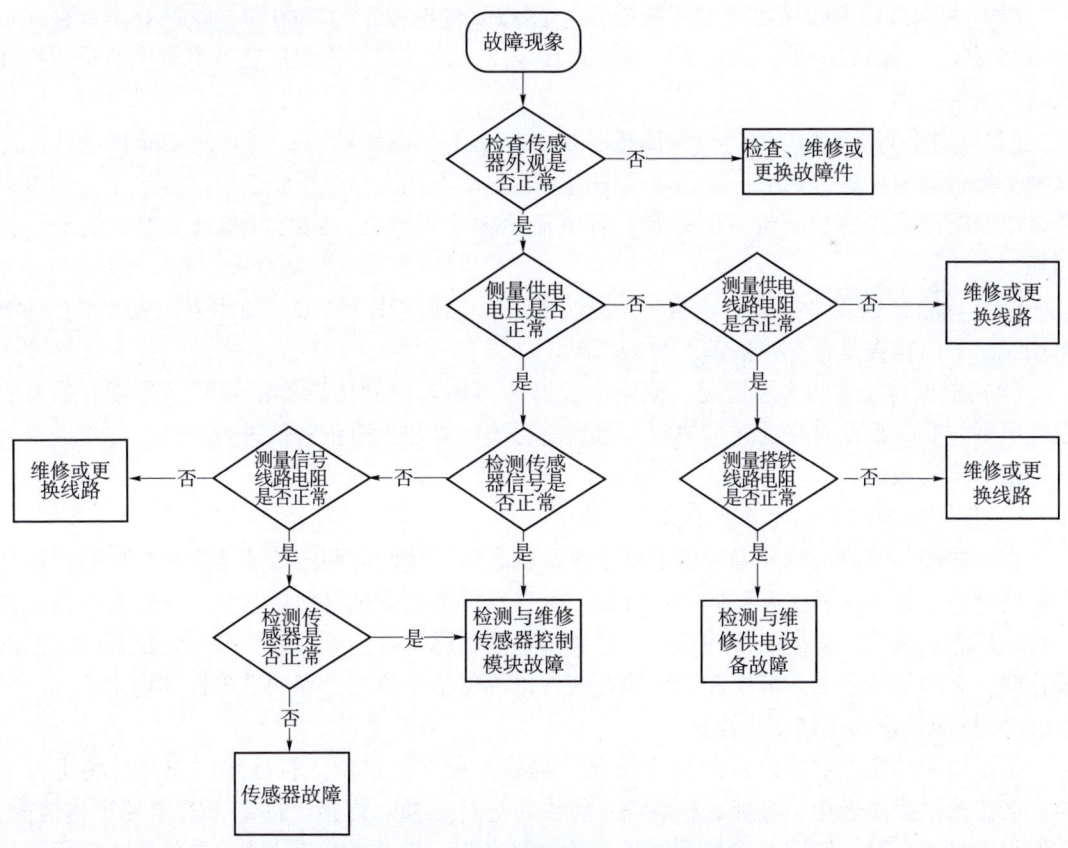

图2-57 常见传感器故障检测流程

2）传感器外观和安装状态检查。

在实施检查时，首先应进行目测检查，这是第一步，也是对传感器外观和安装状态进

行检测的关键步骤。具体而言，如图2-58所示，需要观察传感器是否存在破损现象，是否有进水痕迹，安装位置是否正确，安装是否牢固，以及固定底座是否有变形情况。此外，还应进一步检查传感器线束和线束接口，判断其是否存在破损、虚焊、进水、烧灼等情况。

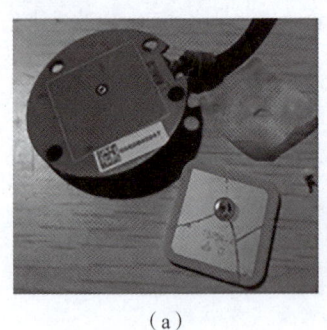
（a）

（b）

（c）

图 2-58　传感器外观和安装状态检查

（a）GPS陶瓷天线损坏；（b）主板进水；（c）主板上元件虚焊

3）检测硬件线路。

（1）利用万用表的导通挡（二极管挡）测量元件电源正负极两端，以检查是否存在电源短路现象。若出现响声，则表明电源端存在短路，此时需要检查传感器电源模块是否损坏或更换该传感器。

（2）应用万用表的电压挡检测传感器是否处于工作电压状态，同时使用非接触式测温仪测量传感器温度是否处于工作温度范围内。若电压不在工作电压状态或温度异常，则可以通过串联电流表来查看电流表的读数。若电流值大于正常值，则有可能是传感器内部元件损坏。

（3）检查搭铁线路的电阻。通常，搭铁线路的电阻应小于 1 Ω。使用万用表欧姆挡检测搭铁线路，以排查是否存在搭铁不良的情况。

（4）根据传感器的实际情况，使用示波器或万用表检测传感器信号回路是否有信号收发或电平跳变。根据对应的通信协议，将当前检测结果与手册正常值进行对比，以排查是否是通信故障所致。

4）使用检测软件对传感器模块进行测试。

在完成硬件线路检测并确保供电处于正常状态后，我们应利用传感器检测软件来执行传感器的自检。具体的操作流程如下：首先，引导软件进入调试界面；其次，细致查看传感器回传的信息；最后，根据回传的信息，参考传感器手册来辨别故障的类型。在执行这一系列操作时，必须保持专业、沉稳和理性的态度，以确保整个检测过程的准确性和稳定性。

5）故障维修及维修结果检验。

根据以上步骤中对故障点的排查情况，对故障点进行定位。若传感器损坏，将进行更换；若传感器线路老化、虚焊、松脱等，将线路进行更换、焊接、固定；若出现短路情况，需要根据具体车况，使用万用表等仪器，寻找短路点；若出现通信故障，将使用对应通信故障排除方法排除或通过更新系统、恢复出厂设置等软件手段排除故障。

在对故障部位进行检修后，重新对该功能进行检查，并记录结果。

思考与练习

1. 判断题

（1）超声波雷达外观和安装状态检查的第一步是检测超声波雷达的外观和安装状态。

（ ）

（2）当激光雷达硬件线路检测结束后，在确保其供电正常的情况下，只能使用激光雷达厂家提供的检测软件对激光雷达进行测试。（ ）

（3）可以使用电压表进行传感器供电线路电压的检测。（ ）

2. 不定项选择题

（1）智能网联汽车环境感知传感器主要有哪些？（ ）

  A. 激光雷达   B. 毫米波雷达   C. 超声波雷达   D. 视觉传感器

（2）一般车载毫米波雷达的工作电压为（ ）。

  A. 0~5 V   B. 9~16 V   C. 24~36 V   D. 110~240 V

（3）激光雷达信号线路检测，可以使用（ ）工具。

  A. 示波器   B. 串口调试助手

  C. CAN 总线分析仪   D. 网络测试仪

3. 思考题

（1）查阅资料，和团队成员讨论交流常见传感器还有哪些检测方法？

（2）查阅资料，思考与讨论组合导航系统故障对车辆的影响是什么？

 知识拓展

中兴事件的启示

2018 年 4 月 16 日晚间，美国商务部针对中兴通信发布出口禁令，直至 2025 年 3 月 13 日，美国公司将被禁止向中兴通信出售零部件、商品、软件及技术。中兴产品中大量采用美国产元器件，尤其是芯片，因此遭受重创。消息公布后，中兴 A 股、H 股双双停牌，其美国供应商股价大幅下滑，跌幅最严重者超过 30%。

此次事件并非美方首次针对中兴展开调查。2016 年，美方已对中兴实施制裁。此次事件再次凸显我国核心技术受制于人的困境。《人民日报》发表评论"强起来离不开自主创'芯'"，强调面对技术壁垒，应激发理性自强的心态与能力，通过自力更生真正掌握核心技术。

面对技术壁垒，我们不应盲目悲观，尤其不能对我国高科技发展丧失信心。此时，应激发理性自强的心态与能力，通过自力更生真正掌握核心技术。有投资人预测："可以预见，从现在开始，我国将不计成本加大芯片产业投入，整个产业将迎来历史性的机遇"。确实，若能够痛定思痛，加快推进互联网和信息产业政策完善及科技体制改革，并形成更强的改革紧迫感、凝聚更大的改革力量，挑战就有可能变成机遇。

互联网和信息产业领域，商业模式创新虽能带来流量和财富，但核心竞争力仍是关键；政府部门应营造更加有利于创新驱动发展的制度环境，例如芯片设计具有试错成本高、排错难度大的特点，需从更高层面统合科研力量、实现集中攻关。中兴事件告诫员工："任何通

往光明未来的道路都不是笔直的"，突破核心技术虽会带来阵痛，但在关键领域、卡脖子的地方下大功夫，是为了以短期之痛换取长远主动权。我们不必为当前的封锁惊慌失措，我国高科技产业有能力克服初期困难，也有信心在后期突破核心技术瓶颈。

保持信心的同时，不能因制裁而产生极端情绪。中国作为大国，在国际贸易体系中有足够腾挪空间；国产通信产业从零起步，如今与世界通信巨头并驾齐驱，在5G时代展现领跑能力，并非得益于自我封闭。我们无须将封锁视为"重大利好"以激励自主研发，更不能将扩大开放与自力更生对立。面对高科技技术攻关，封闭终将走进死胡同，唯有开放合作，道路才能越走越宽。继续扩大开放，充分利用国内外科技资源，实现自主创新，此方向不容动摇。

新时代的大学生既不能盲目自大，更不能妄自菲薄，要增强"四个自信"，树立正确的世界观、人生观、价值观，从我做起，勤奋学习，增长才干，努力成为国家、社会、人民的有用之才。

模块三

维护与诊断智能网联汽车网络与通信系统

 任务一 智能网联汽车网络与通信系统测试

 任务目标

基于 OBE 教育理念，结合智能网联汽车技术专业毕业要求与任务特点，建立任务目标支撑毕业要求和培养规格的对应关系，确定任务目标如下：

1) 目标 O1：掌握智能网联汽车网络与通信系统 CAN 总线通信基础知识、CAN 总线通信测试方法与流程；

2) 目标 O2：能够在 Ubuntu 系统中使用源码安装 CANopen，配置和测试 CAN 功能包；

3) 目标 O3：能使用 CAN 分析仪，完成智能网联汽车网络与通信系统数据采集与测试。

任务目标及毕业要求支撑对照表如表 3-1 所示。

表 3-1 任务目标及毕业要求支撑对照表

毕业要求	二级指标点	任务目标
1. 工程知识	毕业要求 1-2：能针对确定的、实用的对象进行求解	目标 O1 目标 O2 目标 O3
2. 问题分析	毕业要求 2-1：能运用适用于所属学科或专业领域的分析工具，识别与判断广义工程问题的关键环节	目标 O2 目标 O3
5. 使用现代工具	毕业要求 5-3：能够针对具体的对象，选择与使用满足特定需求的现代工具，模拟和预测专业问题，并能够分析其局限性	目标 O2 目标 O3
8. 职业规范	毕业要求 8-3：理解工程师对公众的安全、健康和福祉，以及环境保护的社会责任，能够在工程实践中自觉履行责任	目标 O1

任务目标与培养规格对照表如表 3-2 所示。

表 3-2 任务目标与培养规格对照表

培养规格	规格要求	任务目标
素养	（1）通过技能实训、考核评价，培养学生质量意识、安全意识、规范操作意识； （2）通过对网络与通信系统的测试，培养学生严谨的工作态度和精益求精的工匠精神； （3）通过查询、检索、总结，培养学生自主学习的能力和创新精神	目标 O1

培养规格	规格要求	任务目标
能力	（1）能够在 Ubuntu 系统中使用源码安装 CANopen，配置和测试 CAN 功能包； （2）能使用 CAN 分析仪，完成智能网联汽车线控底盘控制与执行系统数据采集与测试； （3）能根据线控系统的 CAN 协议和数据说明，通过 CAN 分析仪发送数据对线控系统进行相应控制	目标 O2 目标 O3
知识	（1）掌握 CAN 总线通信的基础知识； （2）掌握 CAN 总线数据的格式分类与数据报文的基础知识	目标 O1 目标 O2 目标 O3

任务描述

在明媚的阳光下，我国某高科技产业园区内，一辆无人驾驶物流车突然出现故障，被迫停在路边。车辆的信息显示屏显示故障原因为 CAN 通信故障，这意味着车辆的控制系统无法正常工作。为保证园区内的物流运输顺畅，避免影响正常生产秩序，园区管理人员迅速启动了应急预案，调度维修团队前来进行检查和维修。

维修团队抵达现场后，他们使用专业的检测设备，对车辆的 CAN 通信系统进行深入剖析。经过仔细排查，终于找到了故障点，原来是一根线路受到了损坏。找到故障点后，维修团队迅速制订了维修方案。他们先将损坏的线路进行更换，然后对整个 CAN 通信系统进行检查，确保没有其他潜在的问题。

在维修完成后，维修团队对车辆进行了全面测试，确认车辆的 CAN 通信系统已恢复正常。随后，这辆无人驾驶物流车重新加入园区的物流运输队伍，继续为园区内的企业和居民提供便捷的服务。

接下来我们通过本任务，学习如何进行网络与通信系统测试，为后续的研发和生产提供有力的支持。

任务实施

1）任务准备。

（1）PC 机 Intel(R)Core(TM)i5CPU 及以上，内存 8G 以上，硬盘 500G 以上（带以太网接口）；

（2）车辆自动驾驶系统应用实训平台 XHV-B0；

（3）自动驾驶教学实训平台操作手册。

2）步骤与现象。

步骤一：CAN 总线分析仪安装

根据如表 3-3 所示的线控底盘电气接口针脚定义，将线控底盘电气接口连接 USB CAN 分析仪 CAN 接口，USB CAN 分析仪通过 USB 线束连接电脑，如图 3-1 所示。

表 3-3　线控底盘电气接口针脚定义

引脚	类型	定义	备注
1	CAN	CANH	CAN 总线高
3		CANL	CAN 总线低
A1	电源	12+	12 V/15A 供电正极
A2		12-	12 V 供电负极
A3		24+	24 V/15A 供电正极
A4		24-	24 V 供电负极
A5		48+	48 V/20A 供电正极
A6		48-	48 V 供电负极

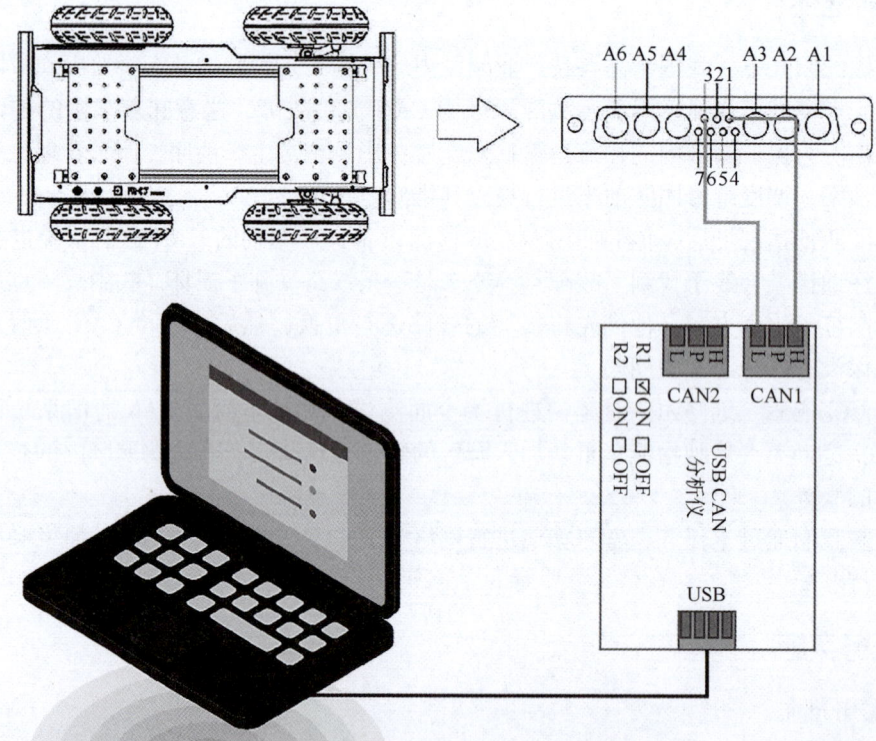

图 3-1　线控底盘电气接口连接 USB CAN 分析仪

步骤二：源码安装 CANopen

（1）输入以下命令，创建一个编译用的空间，并在该空间内新建一个 src 目录，然后使用 cd 命令定位到 canopen 文件夹，编译工作空间。

```
$ mkdir-p canopen/src
$ cd canopen/
$ catkin_make
```

（2）终端输入以下命令，从官网下载 canopen 至 Ubuntu，并将 canopen 文件解压到/canopen/src 文件目录下。

```
$ cd canopen/src
$ git clone https://github.com/ros-industrial/ros_canopen/tree/kinetic-devel
$ sudo tar-zxvf /home/canopen/src/canopen.tar.gz
```

（3）进入 canopen 工作空间，执行编译。

```
$ cd ..
$ catkin_make
```

步骤三：配置 CAN

（1）在终端中输入以下命令，安装主机终端的 CAN 功能包。

```
$ sudo apt-get update
$ sudo apt-get install-y can-utils
$ sudo apt install net-tools
```

（2）依次输入以下命令，测试主机终端的 CAN 总线通信。

```
$ sudo modprobe vcan
$ sudo ip link add dev can0 type vcan
$ sudo ip link set up can0
$ candump can0
```

（3）本项目的线控底盘 can0bitrate 为 500K，在终端中输入以下命令，初始化网卡。

```
$ sudo ip link set can0 up type can bitrate 500000
```

步骤四：测试

（1）另起终端，输入以下命令，查看 CAN 端口是否打开。

```
$ ifconfig
```

（2）启动一个节点将底盘的 CAN 数据用一个 ros 中的话题发布，接收底盘发送的 CAN 数据。

```
$ cd canopen/
$ source devel/setup.bash
$ rosrun socketcan_bridge socketcan_to_topic_node
```

（3）底盘的 can 数据通过话题/received_messages 节点发布，使用 rostopic echo 命令即可读取 CAN 数据。

```
$ cd canopen/
$ source devel/setup.bash
```

```
$ rostopic echo /received_messages
```

（4）通过以上测试，通信测试成功示例如图3-2所示。

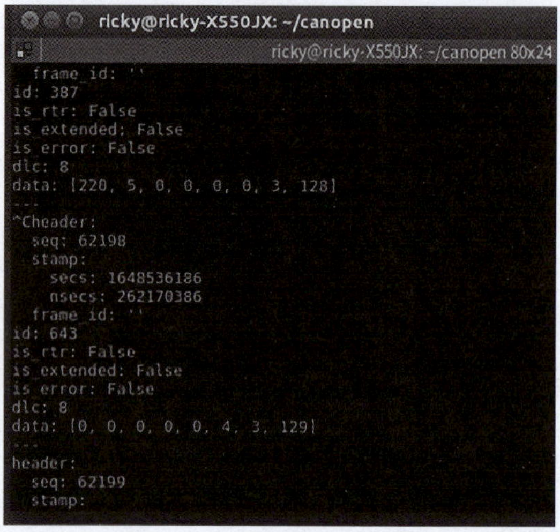

图3-2　通信测试成功示例

考核评价

结合素养、能力、知识目标，根据任务操作、团队协作、沟通参与的效果，使用如表3-4所示的培养规格评价表，由教师对学生进行评分。

表3-4　培养规格评价表

评价类别	评价内容	分值	得分
素养	（1）通过技能实训、考核评价，培养学生质量意识、安全意识、规范操作意识； （2）通过对网络与通信系统的测试，培养学生严谨的工作态度和精益求精的工匠精神； （3）通过查询、检索、总结，培养学生自主学习的能力和创新精神	30	
能力	（1）能够在 Ubuntu 系统中使用源码安装 CANopen，配置和测试 CAN 功能包； （2）能使用 CAN 分析仪，完成智能网联汽车线控底盘控制与执行系统数据采集与测试； （3）能根据线控系统的 CAN 协议和数据说明，通过 CAN 分析仪发送数据对线控系统进行相应控制	30	
知识	（1）掌握 CAN 总线通信的基础知识； （2）掌握 CAN 总线数据的格式分类与数据报文的基础知识	40	
总分			
评语			

考核评价根据任务要求设置评价项目，项目评分包含配分、分值、得分，教师可以根据学生的项目内容完成情况进行评分。

任务目标达成度以任务目标为评价维度，评价项目支撑任务目标。教师根据任务目标评价学生的任务完成情况。任务考核评价表如表 3-5 所示。

表 3-5　任务考核评价表

实训项目		智能网联汽车网络与通信系统测试						
评价项目	项目内容	项目评分			任务目标达成度			
		配分	分值	得分	目标 O1	目标 O2	目标 O3	
CAN 总线分析仪安装	CAN-H 总线接线正确	15	5					
	CAN-L 总线接线正确		5					
	CAN 分析仪硬件连接正确		5					
源码安装 CANopen	ROS 环境正确配置工作空间	15	5					
	ROS 环境正确配置 CANopen 功能包		5					
	ROS 环境下工作空间编译正确		5					
配置 CAN	主机终端的 CAN 功能包配置正确	40	15					
	主机终端的 CAN 总线通信测试方法正确		20					
	CAN 总线波特率配置正确		5					
测试	CAN 端口开启查看命令正确	30	5					
	底盘 CAN 数据话题发布命令正确		15					
	接收底盘发送的 CAN 数据命令正确		5					
	CAN 数据读取命令正确		5					
综合评价								

注：

① 项目评分请按每项分值打分，填入"得分"栏。

② 任务目标达成度根据任务完成情况进行评价，对照任务目标是否达成进行勾选，达成则在对应栏中打上"√"。

③ 任务目标达成度中"NC"表示本行评价内容与对应任务目标无关。

根据任务目标达成度的评价结果，结合任务实施过程、项目评分结果，教师可以使用如表 3-6 所示的任务持续改进表进行改进。

表 3-6　任务持续改进表

评价项目	上一轮改进措施	本轮改进内容	本轮改进效果	下一轮改进措施
CAN 总线分析仪安装				
源码安装 CANopen				
配置 CAN				
测试				

知识分析

1）CAN 总线基础知识。

目前汽车上的网络连接方式主要采用两条 CAN：一条用于驱动系统的高速 CAN，速率达到 500 Kbit/s；另一条用于车身系统的低速 CAN，速率是 100 Kbit/s。

高速 CAN 主要连接的对象是 ECU、ABS 控制器、安全气囊控制器、组合仪表等，它们的基本特征相同，都是控制与汽车行驶直接相关的系统各个 CAN 之间的资源共享，并将各个数据总线的信息反馈到仪表板上。

与高速 CAN 相同，低速 CAN 也采用双绞线连接，分别传递 CAN-H 和 CAN-L 的信号，只是低速 CAN 传递信号的速度较慢，波形也与高速 CAN 不同，适合车上不需要特别高通信速率但需要较强抗干扰能力的节点用。

CAN 通信是基于报文的交换，报文与 CAN 标识符、数据长度代码（Date Length Code，DLC）一起打包，以数据帧的形式发送至 CAN 总线。信号有自己的属性，其属性影响包含该信号的报文传输。

为保证 CAN 报文的正确传输，如表 3-7 所示的 CAN 信息帧结构说明中定义了位和字节格式，如表 3-8 所示的 CAN 数据帧发送顺序表中定义了 CAN 数据帧发送顺序。

表 3-7　CAN 信息帧结构说明

字节	位							
	Bit7	Bit6	Bit5	Bit4	Bit3	Bit2	Bit1	Bit0
Byte0	7	6	5	4	3	2	1	0
Byte1	15	14	13	12	11	10	9	8
Byte2	23	22	21	20	19	18	17	16
Byte3	31	30	29	28	27	26	25	24
Byte4	39	38	37	36	35	34	33	32
Byte5	47	46	45	44	43	42	41	40
Byte6	55	54	53	52	51	50	49	48
Byte7	63	62	61	60	59	58	57	56

每个数据场包括 1 到 8 个字节，每字节中位索引为位"0~7"。位"7"是最高有效位（Most Significant Bit，MSB），位"0"是最低有效位（Least Significant Bit，LSB）。

表 3-8　CAN 数据帧发送顺序表

Byte0							Byte1								...	Byte7							
7	6	5	4	3	2		0	15	14	13	12	11	10	9	8	...	63	62	61	60	59	58	57	56

举例：假设消息 CAN_TX_MESSAGELspPos 为 12，Bitsize 为 4，那么，该消息在整个

CAN 数据帧中的分布如表 3-9 所示。

表 3-9　CAN 数据帧发送顺序表示例

字节	位							
	Bit7	Bit6	Bit5	Bit4	Bit3	Bit2	Bit1	Bit0
Byte0	7	6	5	4	3	2	1	0
Byte1	15	14	13	12	11	10	9	8
Byte2	23	22	21	20	19	18	17	16
Byte3	31	30	29	28	27	26	25	24
Byte4	39	38	37	36	35	34	33	32
Byte5	47	46	45	44	43	42	41	40
Byte6	55	54	53	52	51	50	49	48
Byte7	63	62	61	60	59	58	57	56

2）CAN 数据的格式。

在进行 CAN 总线的通信设计过程中，对于通信矩阵的建立，我们常常会选择一种编码方式，最常见的编码格式是 Intel 格式和 Motorola 格式。两种格式在每个字节中，数据传输顺序都是从高位（MSB）传向低位（LSB），如图 3-3 所示。

注：$x=0，1，2，3，\cdots，7$。

图 3-3　数据传输顺序

当一个信号的数据长度不超过 1 个字节（8 位）时，Intel 与 Motorola 两种格式的编码结果没有什么不同。当信号的数据长度超过 1 个字节（8 位）时，两者的编码结果出现了明显的不同。

信号的高位，即最能表达信号特性的因子。比如十六进制数为 0x6A5，因为 6 代表的数量级最大（16^2），那么其中 6 就是其信号的高位。

信号的低位，即最不能表达信号特性的因子。比如十六进制数为 0x6A5，因为 5 代表的数量级最小（16^0），那么其中 5 就是其信号的低位。

信号的起始位，一般来讲，主机厂在定义整车 CAN 总线通信矩阵时，其每一个信号都从其最低位开始填写，这样也符合使用习惯。所以信号的起始位就是信号的最低位。

3）CAN 数据的格式——Intel 格式。

当一个信号长度不超过 1 个字节（8 位）并且信号在一个字节内实现（即该信号没有跨字节实现）时，该信号的高位（S_msb）将被放在该字节的高位，信号的低位（S_lsb）将被放在该字节的低位。这样信号的起始位就是该字节的低位。

下面分别以 4 位和 8 位数据长度的两种信号为例进行说明，如图 3-4 所示。

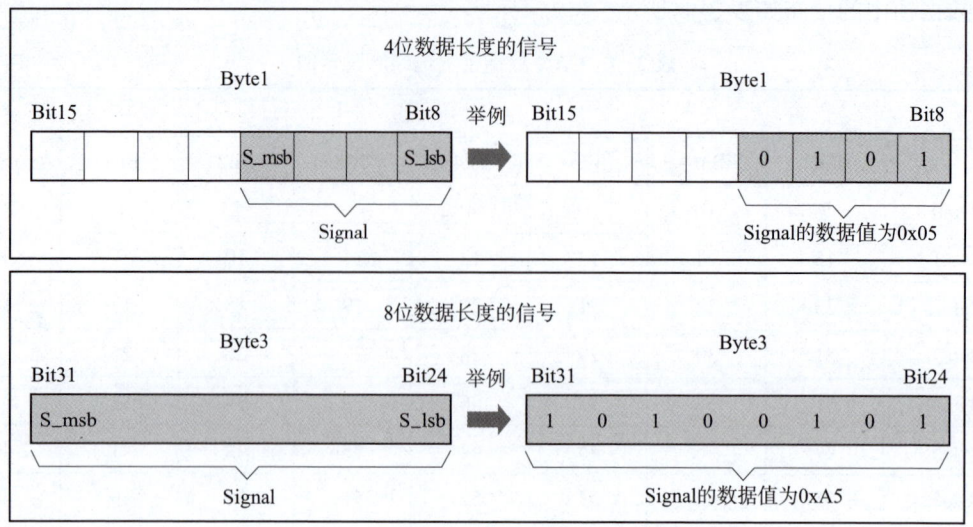

图 3-4　Intel 格式未跨字节数据帧发送顺序表

当一个信号的数据长度超过 1 个字节（8 位）或者数据长度不超过一个字节但是采用跨字节方式实现时，该信号的高位（S_msb）将被放在高字节的高位，信号的低位（S_lsb）将被放在低字节的低位。这样，信号的起始位就是低字节的低位。下面分别以 16 位数据长度的信号为例进行说明，如图 3-5 所示。

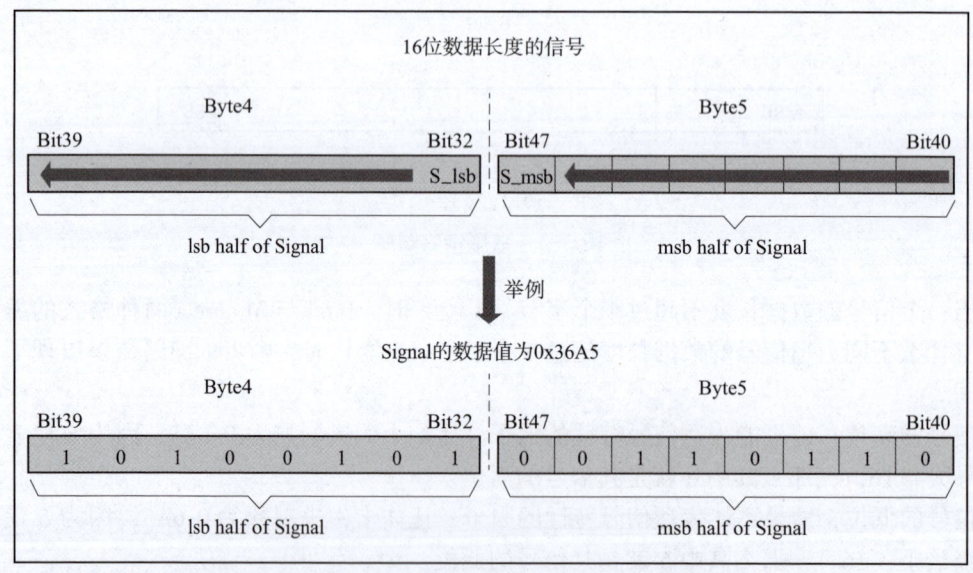

图 3-5　Intel 格式跨字节数据帧发送顺序表

4）CAN 数据的格式——Motorola 格式。

当一个信号的数据长度超过 1 个字节（8 位）并且信号在一个字节内实现（即该信号没有跨字节实现）时，Motorola 格式未跨字节数据帧发送顺序表与 Intel 格式相同。而当一个信号的数据长度超过 1 个字节（8 位）或者数据长度不超过一个字节但是采用跨字节方式实现时，该信号的高位（S_msb）将被放在低字节的高位，信号的低位（S_lsb）将被放在高字节的低位。这样，信号的起始位就是高字节的低位，如图3-6所示。

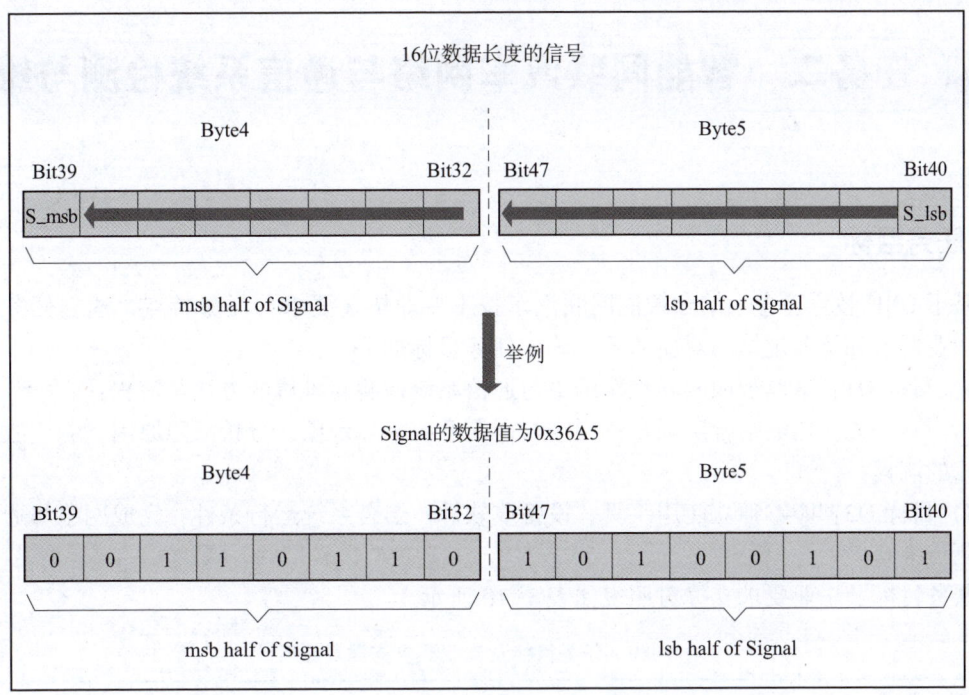

图 3-6　Motorola 格式跨字节数据帧发送顺序表

思考与练习

1. 判断题

（1）车载网络是基于 CAN、LIN、FlexRay、MOST、以太网等总线技术建立的标准化整车网络，实现车内电器、电子元件间的状态信息和控制信息在车内网上传输，从而实现车辆的各项功能。　　　　　　　　　　　　　　　　　　　　　　　　　（　　）

（2）现代汽车应用技术上，舒适 CAN 总线的传播速率与动力 CAN 总线一致。（　　）

（3）动力 CAN 总线的传播速率快，属于高速 CAN 总线。　　　　　　（　　）

2. 不定项选择题

（1）乘用汽车的动力 CAN 总线的传播速率为（　　）。

　　A. 100 Kbit/s　　　　B. 250 Kbit/s　　　　C. 500 Kbit/s　　　　D. 1 000 Kbit/s

（2）CAN 报文中，在跨字节时，Intel 编码格式的起始位是以下哪个选项的低位。（　　）

　　A. 长度码　　　　B. 低字节　　　　C. 高字节　　　　D. CRC 字段

（3）车辆常用的 CAN 总线协议报文格式有（　　）。

　　A. Motorola　　　　B. Intel　　　　C. MSB　　　　D. lSP

3. 思考题

（1）查阅资料，和团队成员讨论通过 CAN 分析仪采集车辆线控底盘系统数据的方法有哪些？

（2）查阅资料，和团队成员讨论通过 CAN 总线协议报文解析的方法有哪些？

 任务二　智能网联汽车网络与通信系统检测与维修

 任务目标

　　基于 OBE 教育理念，结合智能网联汽车技术专业毕业要求与任务特点，建立任务目标支撑毕业要求和培养规格的对应关系，确定任务目标如下：

　　1）目标 O1：掌握智能网联汽车网络与通信系统检测与维修的方法与流程；

　　2）目标 O2：能够结合实训车辆网络与通信系统故障现象，分析故障原因，制定故障检测维修的流程；

　　3）目标 O3：能够独立使用工具、设备或软件，结合系统运行条件，完成网络与通信系统检测与维修。

　　任务目标及毕业要求支撑对照表如表 3-10 所示。

表 3-10　任务目标及毕业要求支撑对照表

毕业要求	二级指标点	任务目标
1. 工程知识	毕业要求 1-2：能针对确定的、实用的对象进行求解	目标 O1 目标 O2 目标 O3
2. 问题分析	毕业要求 2-1：能运用适用于所属学科或专业领域的分析工具，识别与判断广义工程问题的关键环节	目标 O2 目标 O3
5. 使用现代工具	毕业要求 5-3：能够针对具体的对象，选择与使用满足特定需求的现代工具，模拟和预测专业问题，并能够分析其局限性	目标 O3

　　任务目标与培养规格对照表如表 3-11 所示。

表 3-11　任务目标与培养规格对照表

培养规格	规格要求	任务目标
素养	（1）通过技能实训、考核评价，培养学生质量意识、安全意识、规范操作意识； （2）通过制定故障维修流程，培养学生具有逻辑思维能力； （3）通过查询、检索、总结，培养学生自主学习的能力和创新精神	目标 O1
能力	（1）能够分析实训车辆网络与通信系统常见的故障原因； （2）能够根据实训车辆环境网络与通信系统常见的故障原因，制定故障检测维修的流程； （3）能够独立使用工具、设备或软件，结合系统运行条件，完成网络与通信系统故障的检测与维修	目标 O2 目标 O3

培养规格	规格要求	任务目标
知识	（1）了解智能网联汽车网络与通信系统常见故障现象与原因； （2）掌握智能网联汽车网络与通信系统检测维修的方法与流程	目标 O1 目标 O2 目标 O3

任务描述

在明媚的阳光下，我国某高科技产业园区内，一辆无人驾驶物流车突然出现故障，被迫停在路边。车辆的信息显示屏显示故障原因为 CAN 通信故障，这意味着车辆的控制系统无法正常工作。为确保园区内的物流运输顺畅，避免影响正常生产秩序，园区管理人员迅速启动了应急预案，调度维修团队前来进行检查和维修。

维修团队抵达现场后，他们运用专业的检测设备，对车辆的 CAN 通信系统进行 CAN 总线电压检测、CAN 总线波形检测、CAN 总线终端电阻检测、网络监测、节点排查等操作，逐一排查可能出现的故障点，找到故障的具体位置并进行修复。

找到故障点后，维修团队迅速制订了维修方案，排除了故障。随后对整个 CAN 通信系统进行检查，确保没有其他潜在的问题。在维修完成后，维修团队对车辆进行了全面测试，确认车辆的 CAN 通信系统已恢复正常。随后，这辆无人驾驶物流车重新加入园区的物流运输队伍，继续为园区内的企业和居民提供便捷的服务。

此次任务为我们提供了学习如何检测与维修 CAN 通信故障的机会，为后续的学习提供有力的支持。

任务实施

1）任务准备。

（1）PC 机 Intel（R）Core（TM）i5CPU 及以上，内存 8G 以上，硬盘 500G 以上（带以太网接口）；

（2）车辆自动驾驶系统应用实训平台 XHV-B0；

（3）自动驾驶教学实训平台操作手册；

（4）CAN 总线分析仪套件；

（5）USB_CANTOOL；

（6）串口调试助手；

（7）示波器。

2）步骤与现象。

步骤一：网络与通信系统常见故障现象

故障现象 1：CAN 通信故障。

故障现象 2：CAN 总线断路故障。

步骤二：网络与通信系统常见故障原因分析

参考自动驾驶教学实训平台操作手册中电气原理图，基于故障现象分析可能的故障原因，填写在表3-12中。

表3-12 可能的故障原因分析

序号	故障现象1可能原因	故障现象2可能原因
1		
2		
3		
4		
5		
6		
7		
8		

步骤三：网络与通信系统常见故障检测方法

（1）CAN总线电压检测方法。

① 查找车辆维修手册，在车上找到CAN总线的传输导线。

② 关闭点火开关，等待2~5 min，测量CAN总线CAN-H、CAN-L电压。

③ 打开点火开关，开关车门，测量CAN总线CAN-H、CAN-L电压。

④ 关闭点火开关，整理工具设备。

（2）CAN总线波形检测。

① 打开示波器电源开关。

② 在车上找到CAN总线的双绞线，将CH1，CH2测试线连接到CAN-H和CAN-L数据传输线上，负极线连接到蓄电池负极上。

③ 选择通用示波器功能，进入示波器检测界面。

④ 打开点火开关，检测CAN总线的波形是否符合标准，进行波形分析。

⑤ 退出检测仪，关闭电源开关，整理仪器及设备。

如图3-7所示是CAN总线信号波形。

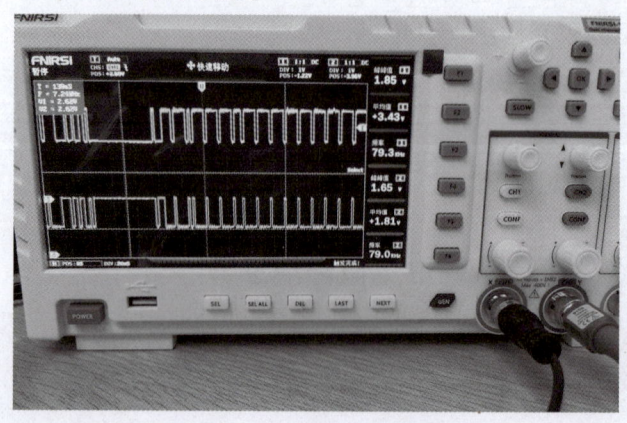

图3-7 CAN总线信号波形

检查结果在表 3-13 中填写，根据检测结果判别故障原因，并采取相应措施进行修复或更换受损部件。

表 3-13　CAN 总线信号波形

示波器设置	通道 1	通道 2
接线		
峰值/V		
平均值/V		
频率/kHz		
存在的问题		

（3）CAN 总线终端电阻检测（见图 3-8）。

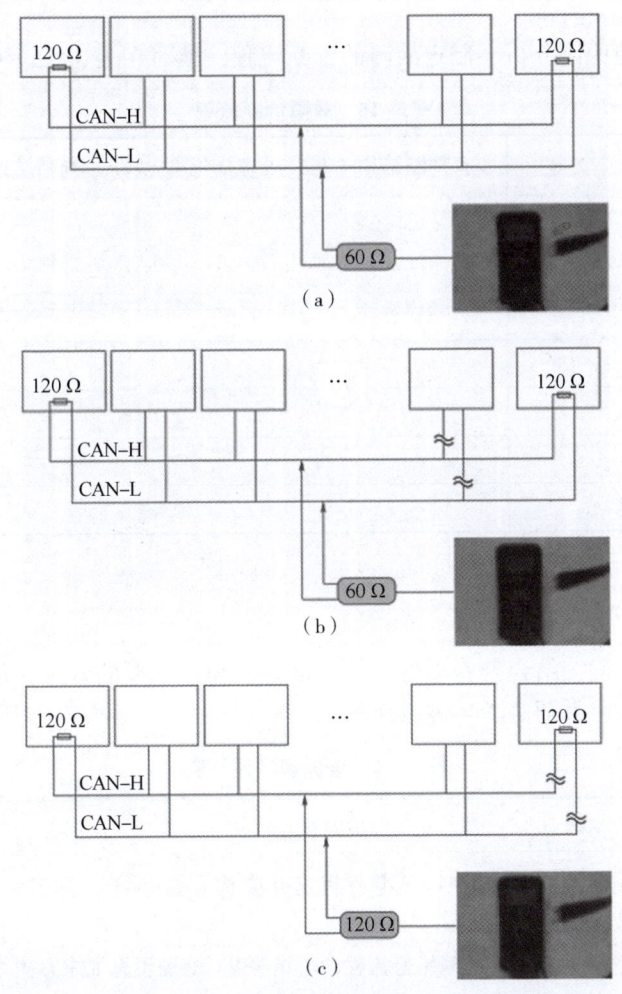

图 3-8　CAN 总线终端电阻检测

进行检测前，先将蓄电池正负极断开，等待大约 5 min，直到所有的电容器都充分放电。如图 3-8（a）所示，使用万用表测量 CAN 总线电阻。

如图 3-8（c）所示，拔下一个带有终端电阻的控制模块，测量 CAN 总线电阻值。

如图 3-8（b）所示，拔下不带终端电阻的控制模块，测量 CAN 总线电阻值。

检查结果在表 3-14 中填写，根据检测结果判别故障原因，并采取相应措施进行修复或更换受损部件。

表 3-14　CAN 总线电阻数据

测量 CAN 总线电阻值	Ω
带有终端电阻的控制模块，测量 CAN 总线电阻值	Ω
不带终端电阻的控制模块，测量 CAN 总线电阻值	Ω
结果判断	

步骤四：网络与通信系统故障维修流程制定

基于可能的故障原因分析，制定故障的诊断流程，填写在表 3-15 中。

表 3-15　故障诊断流程

步骤	判断结果"是"处理措施	判断结果"否"处理措施

考核评价

根据任务实施过程，结合素养态度、能力培养、知识掌握的效果，使用如表 3-16 所示的培养规格评价表，由教师对学生进行评分。

表 3-16　培养规格评价表

评价类别	评价内容	分值	得分
素养	（1）通过技能实训、考核评价，培养学生质量意识、安全意识、规范操作意识； （2）通过制定故障维修流程，培养学生具有逻辑思维能力； （3）通过查询、检索、总结，培养学生自主学习的能力和创新精神	30	

评价类别	评价内容	分值	得分
能力	（1）能够分析实训车辆控制与执行系统常见的故障原因； （2）能够根据实训车辆环境控制与执行系统常见的故障原因，制定故障检测维修的流程； （3）能够独立使用工具、设备或软件，结合系统运行条件，完成控制与执行系统故障的检测与维修	30	
知识	（1）了解智能网联汽车网络与通信系统常见故障现象与原因； （2）掌握智能网联汽车网络与通信系统检测维修的方法与流程	40	
总分			
评语			

考核评价根据任务要求设置评价项目，以项目内容的完成度作为考核评分点进行评分，项目评分包含配分、分值和得分，教师可以根据学生的项目内容完成情况进行评分。

考核评价中任务目标达成度由子目标组成，评价项目支撑任务目标。教师根据任务目标评价学生的任务完成情况。任务考核评价表如表 3-17 所示。

表 3-17　任务考核评价表

实训项目		智能网联汽车网络与通信系统检测与维修						
评价项目	项目内容	项目评分			任务目标达成度			
		配分	分值	得分	目标O1	目标O2	目标O3	
接受任务	明确工作任务，理解任务在工作中的重要程度		5					
信息收集	模拟咨询并登记好维修车辆的基本信息		5					
	检查车辆基本功能，记录故障信息		5					
	模拟按照车辆维修的基本流程完成客户的基本服务接待		5					
制订计划	按照网络与通信系统检查流程，制订合适的行动计划		10					
	能协同小组人员安排任务分工		5					
	能在实施前准备好所需要的工具器材		5					

续表

实训项目	智能网联汽车网络与通信系统检测与维修						
评价项目	项目内容	项目评分			任务目标达成度		
		配分	分值	得分	目标 O1	目标 O2	目标 O3
计划实施	规范地进行场地布置及工具检查		5				
	故障原因分析，故障类别正确		10				
	正确完成控制模块、接口、连接线束、部件的检查		10				
	检测维修流程合理，不漏步骤		10				
	正确更换或维修故障部件找出故障		10				
质量检查	任务完成，操作过程规范		5				
评价反馈	学生能对自身表现情况进行客观评价		5				
	学生在任务实施过程中能发现自身问题		5				
综合评价							

注：
① 项目评分请按每项分值打分，填入"得分"栏。
② 任务目标达成度根据任务完成情况进行评价，对照任务目标是否达成进行勾选，达成则打上"√"，不达成则打上"×"。
③ 任务目标达成度中"NC"表示本行评价内容与对应任务目标无关。

根据任务目标达成度的评价结果，结合任务实施过程、项目评分结果，教师使用如表3-18所示的任务持续改进表进行改进。

表3-18　任务持续改进表

评价项目	上一轮改进措施	本轮改进内容	本轮改进效果	下一轮改进措施
接受任务				
信息收集				
制订计划				
计划实施				
质量检查				
评价反馈				

知识分析

1）CAN 总线的常见故障。

在 CAN 总线中可能的故障现象有 CAN 通信故障、CAN 总线线路故障。

（1）CAN 通信故障。

CAN 通信故障有下列两种情况：

① 电控单元断路。

② 电控单元损坏。

（2）CAN 总线线路故障。

CAN 总线线路故障有下列几种情况：

① CAN 总线导线短路。

② CAN 总线一根导线断路。

③ CAN 总线导线搭铁。

④ CAN 总线导线之间断路。

⑤ CAN-L 线与 CAN-H 线之间交叉连接。

⑥ CAN-L 线与蓄电池正极短接。

⑦ CAN-H 线与蓄电池正极短接。

⑧ CAN-L 线与蓄电池负极短接。

⑨ CAN-H 线与蓄电池负极短接。

2）CAN 总线的故障原因。

CAN 总线出现通信故障的原因如下：

① CAN-L 线或 CAN-H 线出现通信线路断路或短路现象。

② 插头连接部分存在损坏，如触头损坏、表面污垢或锈蚀等问题。

③ 车辆电源系统出现电压故障，可能由损坏的点火线圈或搭铁连接引发。

④ 某个电控单元内部通信部件发生故障。

⑤ 某个电控单元供电异常或故障。

当蓄电池电量即将耗尽时，蓄电池电压会缓慢下降，这可能导致故障记录被存储下来。需要注意的是，并不是所有的电控单元都会因电压下降而同时关闭，因此需要特别关注这一情况。

CAN 总线在正极短路、搭铁短路、导线相互短路时不会损坏电控单元，但在最严重的情况下会造成总线系统失灵。车辆中的总线系统不仅会出现断路或短路故障，当水汽侵入总线系统中的插头时，就可能在搭铁、正极和 CAN 总线导线之间出现接触电阻，使总线系统工作不正常。

3）CAN 总线的检测方法。

（1）检测 CAN 总线电压。

用数字万用表在测量频率信号时，数字万用表具有分段采集和有效值运算的工作特性，因此，数字万用表的显示值只能反映被测信号的主体信号电压值，不能显示被测信号的每个细节。由此可见，采用数字万用表测量 CAN 总线的信号电压时，数字万用表的显示值和 CAN 总线的主体信号电压值具有对应关系。

① 用数字万用表测量动力 CAN 总线电压值。

在总线静态状态下，CAN-H 信号的电压维持在约 2.5 V 的水平。当总线上有信号传输时，其电压值会在 2.5~3.5 V 的范围内高频波动。因此，对于 CAN-H 信号，其主要电压应为 2.5 V，在使用万用表进行测量时，其读数会在 2.5~3.5 V，这个读数大于 2.5 V 但接近 2.5 V。

同样地，CAN-L 信号在总线静态时的电压也是约为 2.5 V。但当总线上有信号传输时，其电压值会在 1.5~2.5 V 的范围内高频波动。因此，对于 CAN-L 信号，其主要电压同样应

为 2.5 V。所以使用数字万用表进行测量时，其读数会在 1.5~2.5 V，这个读数小于 2.5 V 但接近 2.5 V。

② 用数字万用表测量舒适 CAN 总线。

舒适 CAN 的信号在总线静态时的电压约为 0，总线上有信号传输时电压值在 0~5 V 高频波动，因此 CAN-H 的主体电压应是 0，所以用数字万用表测量时的测量值为 0.35 V 左右。

同理，CAN-L 信号在总线静态时的电压约为 5 V，总线上有信号传输时电压值在 0~5 V 高频波动，因此 CAN-H 的主体电压应是 5 V，所以用数字万用表测量时的测量值为 4.65 V 左右。

（2）CAN 总线终端电阻的检测。

在高速 CAN 总线上的终端电阻可以用数字万用表进行测量作出判断，但是在低速 CAN 总线上则不能用数字万用表来测量终端电阻。在低速 CAN 总线中，每个节点都有数据传输终端，数据传输终端不是安装在 CAN 高位线和 CAN 低位线之间的，而是装在数据线与地之间，电源断开后，其电阻也断开了，因此用数字万用表对低速 CAN 总线进行测量时，阻值为无穷大。

终端电阻的测量步骤如下：

① 移除蓄电池的电极线。

② 等待约 5 min，确保所有电容器充分放电。

③ 连接测量仪器，并测量终端电阻值。每个终端电阻的测量值约为 120 Ω，总阻值约为 60 Ω。通过测量值判断连接电阻是否正常。

④ 拔下带有终端电阻控制单元的插头，并检查总阻值是否发生变化。如终端阻值发生变化，但测量阻值未变，说明系统中存在问题，可能是拔下的控制单元的终端电阻损坏或 CAN 总线出现断路。如拔下控制单元后显示阻值为无穷大，则可判定为连接中的控制单元终端电阻损坏或到该控制单元的 CAN 总线出现故障。

⑤ 重新连接第一个控制单元（带有终端电阻）的插头，然后拔下第二个控制单元的插头，并检查总阻值是否发生变化。重复此步骤以完成诊断。

<h2 style="text-align:center;color:#2b6cb0">思考与练习</h2>

1. 判断题

（1）在同一个 CAN 总线系统中，有一个模块失去通信，会导致整个 CAN 总线系统瘫痪。
（　　）

（2）动力 CAN 总线的传播速率快，属于高速 CAN 总线。（　　）

（3）车载网络是基于 CAN、LIN、FlexRay、MOST、以太网等总线技术建立的标准化整车网络，实现车内电器、电子元件间的状态信息和控制信息在车内网上传输，从而实现车辆的各项功能。
（　　）

2. 选择题

（1）在汽车检测与维修操作中，当 CAN 总线唤醒后，用数字万用表测量 CAN-H 对地电压约为（　　）V。

    A. 1.2 V   B. 2.3 V   C. 2.6 V   D. 3.5 V

(2) 在汽车检测与维修操作中，当 CAN 总线唤醒后，用数字万用表测量 CAN-L 对地电压约为 （   ） V。

    A. 1.2 V   B. 2.3 V   C. 2.6 V   D. 3.5 V

(3) 睡眠模式下，动力 CAN 总线 CAN-H 的电压值是 （   ）。

    A. 1.5 V   B. 2.5 V   C. 5 V   D. 0 V

3. 思考题

(1) 查阅资料，和团队成员讨论通过示波器分析 CAN 总线故障的方法有哪些？

(2) 查阅资料，和团队成员讨论通过 CAN 总线协议分析总线节点故障的方法有哪些？

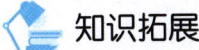 知识拓展

智能网联汽车数据安全的挑战与应对

随着智能汽车产业步入快速发展阶段，数据安全的重要性日益凸显。据统计，自 2020 年以来，针对整车企业、车联网信息服务提供商等相关企业的恶意攻击已超过 280 万次。仅 2023 年，就发生了超过 20 起与车企相关的数据泄露事件，反映出汽车数据安全现状的严峻性。

在消费市场方面，据 2023 年广州车展期间的一项调研结果显示，43% 的用户将信息安全/隐私安全视为购车首要考虑因素。政策层面，2023 年 7 月，《汽车整车信息安全技术要求》等四项"强标"已完成征集意见稿，即将正式发布。数据安全已成为智能网联汽车发展的关键支柱。

面对日益严峻的汽车数据安全形势，我国政府、企业、科研机构和社会各界纷纷行动起来，共同应对挑战。在政府层面，相关部门加大监管力度，不断完善法律法规，为汽车数据安全提供有力的法治保障。此外，政府还积极推动产业技术创新，加强汽车数据安全领域的研发投入，支持企业研发具有自主知识产权的安全技术。

企业方面，汽车制造商、车联网信息服务提供商等纷纷加大安全投入，建立完善的数据安全防护体系。一方面，企业通过技术手段，提高数据加密、脱敏、防火墙等防护能力，降低数据泄露风险；另一方面，企业加强内部管理，制定严格的数据安全政策和流程，确保员工和合作伙伴遵守相关规定。

在科研机构层面，高校、研究机构等积极开展汽车数据安全领域的理论研究和实践探索，为产业发展提供技术支持。通过产学研各方的共同努力，我国汽车数据安全技术不断取得突破，为智能网联汽车的发展提供了有力保障。

消费者层面，随着信息安全意识的不断提高，越来越多的用户关注汽车数据安全。消费者在购车时，不仅关注车辆性能、价格等因素，还将信息安全与隐私保护作为重要参考。这使汽车企业在产品设计、生产、销售等环节，更加重视数据安全，从而推动整个行业水平的提升。

总体来看，汽车数据安全已经成为影响智能网联汽车产业发展的重要因素。在政府、企业、科研机构和社会各界的共同努力下，我国汽车数据安全水平不断提高，为智能汽车产业的快速发展奠定了坚实基础。然而，面对日益复杂的安全威胁，我们仍需保持警惕，持续加强汽车数据安全领域的技术创新和政策完善，确保智能网联汽车产业的稳健发展。

维护与诊断智能网联汽车控制与执行系统

任务一　智能网联汽车控制与执行系统测试

任务目标

基于 OBE 教育理念，结合智能网联汽车技术专业毕业要求与任务特点，建立任务目标支撑毕业要求和培养规格的对应关系，确定任务目标如下：

1）目标 O1：掌握实训车辆 CAN 总线接口协议分析，目标指令计算和消息异或校验（Block Check Character，BCC）计算方法；

2）目标 O2：能够使用程序员计算器、BCC 校验（异或校验）计算工具等，完成目标挡位、目标车速、目标转向角度、车辆灯光、车辆扬声器等控制指令和 BCC 校验的计算；

3）目标 O3：能使用 CAN 分析仪，完成实训车辆线控底盘目标挡位控制、目标车速控制、目标转向角度控制、车辆灯光控制、车辆扬声器控制等操作。

任务目标及毕业要求支撑对照表如表 4-1 所示。

表 4-1　任务目标及毕业要求支撑对照表

毕业要求	二级指标点	任务目标
1. 工程知识	毕业要求 1-2：能针对确定的、实用的对象进行求解	目标 O1 目标 O2 目标 O3
2. 问题分析	毕业要求 2-1：能运用适用于所属学科或专业领域的分析工具，识别与判断广义工程问题的关键环节	目标 O2 目标 O3
5. 使用现代工具	毕业要求 5-3：能够针对具体的对象，选择与使用满足特定需求的现代工具，模拟和预测专业问题，并能够分析其局限性	目标 O2 目标 O3
8. 职业规范	毕业要求 8-3：理解工程师对公众的安全、健康和福祉，以及环境保护的社会责任，能够在工程实践中自觉履行责任	目标 O1

任务目标与培养规格对照表如表 4-2 所示。

表 4-2　任务目标与培养规格对照表

培养规格	规格要求	任务目标
素养	（1）通过知识学习，培养学生具备严谨的工作态度、科学解决问题的方法能力； （2）通过对控制与执行系统的测试技能实训、考核评价，培养学生勇于探索和精益求精的工匠精神； （3）通过查询、检索、总结，培养学生自主学习的能力	目标 O1

续表

培养规格	规格要求	任务目标
能力	（1）能够在 Ubuntu 系统中使用源码安装 CANopen，配置和测试 CAN 功能包； （2）能使用 CAN 分析仪，完成智能网联汽车线控底盘控制与执行系统数据采集与测试； （3）能根据线控系统的 CAN 协议和数据说明，通过 CAN 分析仪发送数据对线控系统进行相应控制	目标 O2 目标 O3
知识	（1）掌握线控转向系统的 CAN 通信的控制原理； （2）掌握线控制动系统的 CAN 通信的控制原理	目标 O1 目标 O2 目标 O3

任务描述

近年来，随着科技的不断进步，无人驾驶成为研究的热点。而实现无人驾驶的关键在于执行系统的控制。为了保证执行系统的稳定性和安全性，测试显得尤为重要。

本次测试任务主要针对无人车线控底盘系统，涵盖了通过 CAN 分析仪进行车辆目标挡位控制、目标车速控制、目标转向角度控制、车辆灯光控制、车辆扬声器控制等多个方面的测试内容。

在测试过程中，我们将使用 CAN 分析仪与无人车线控底盘系统进行连接，通过发送控制指令来控制车辆的目标挡位、车速、转向角度等参数。同时，我们还将对车辆的灯光和扬声器进行控制，以确保车辆在各种情况下能够正常运行。

在测试过程中，我们将遵循一定的测试流程和规范，确保测试结果的准确性和可靠性。同时，我们还将对测试过程中出现的问题进行记录和分析，以便及时发现和解决问题。

通过本次测试任务，我们将对无人车线控底盘系统的性能和稳定性进行全面的评估，为后续的研发和生产提供有力的支持。

任务实施

1）任务准备。

（1）PC 机 Intel（R）Core（TM）i5CPU 及以上，内存 8G 以上，硬盘 500G 以上（带以太网接口）；

（2）车辆自动驾驶系统应用实训平台 XHV-B0；

（3）自动驾驶教学实训平台操作手册；

（4）CAN 总线分析仪；

（5）程序员计算器。

2）步骤与现象。

步骤一：CAN 总线分析仪安装

根据如表 4-3 所示的线控底盘电气接口针脚定义，将线控底盘电气接口连接 USB CAN 分析仪 CAN 接口，USB CAN 分析仪通过 USB 线束连接电脑，如图 4-1 所示。

表 4-3 线控底盘电气接口针脚定义

引脚	类型	定义	备注
1	CAN	CANH	CAN 总线高
3		CANL	CAN 总线低
A1	电源	12+	12 V/15A 供电正极
A2		12−	12 V 供电负极
A3		24+	24 V/15A 供电正极
A4		24−	24 V 供电负极
A5		48+	48 V/20A 供电正极
A6		48−	48 V 供电负极

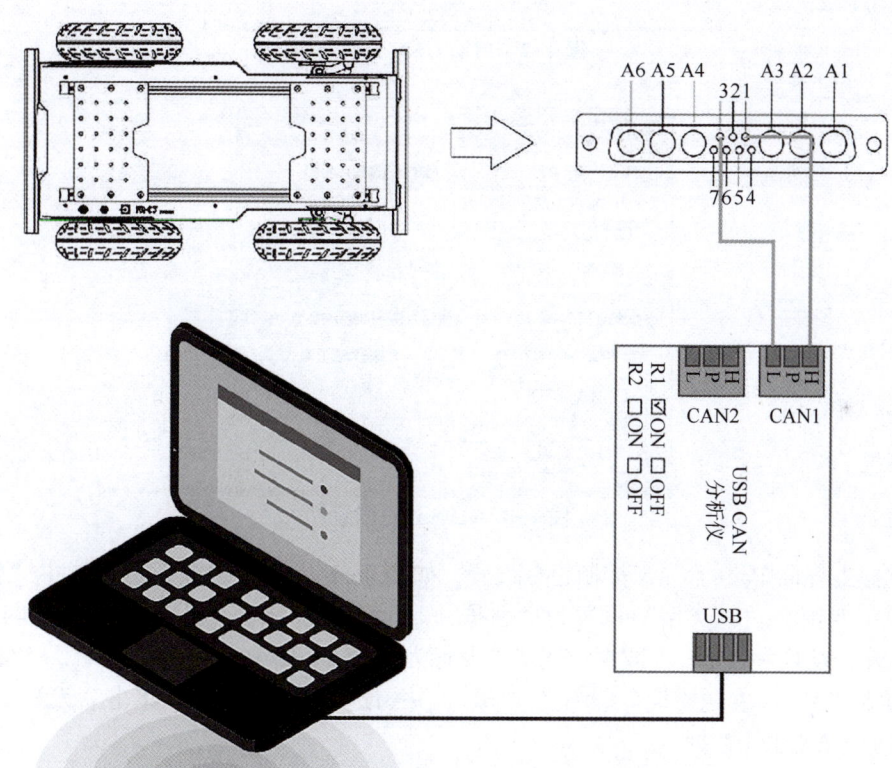

图 4-1 线控底盘电气接口连接 USB CAN 分析仪

步骤二：车辆目标挡位控制

双击打开 USB-CAN Tool 软件，并启动 CAN 分析仪，如图 4-2 所示。

在弹出的对话框中进行 CAN 设备配置，如图 4-3 所示。将波特率设置为 500 Kbit/s，设备索引号为"0"，通道号设置为"通道 1"，工作模式设置为"正常工作"，单击"确定"按钮。

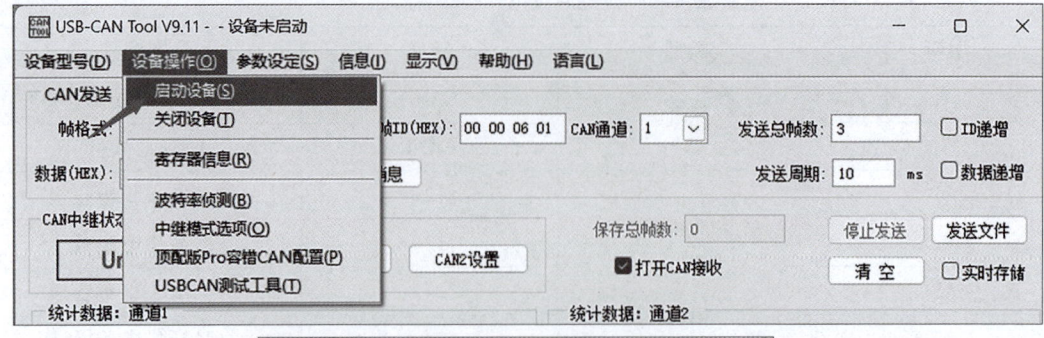

图 4-2　启动 CAN 分析仪

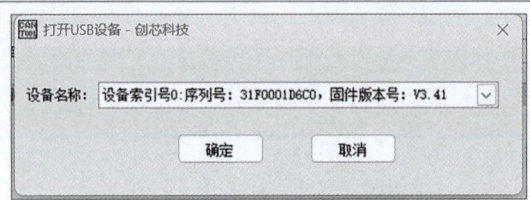

图 4-3　CAN 设备配置

在软件主界面中进行 CAN 控制指令设置，如图 4-4 所示。CAN 发送设置中"帧格式"设置为"扩展帧"，"帧类型"设置为"数据帧"，"帧 ID（HEX）"设置为"18 C4 D2 D0"，"CAN 通道"设置为"1"，"数据（HEX）"设置为"04 00 00 00 00 00 10 14"，"发送总帧数"设置为"3"，"发送周期"设置为"10"，并勾选"数据递增"，单击"发送消息"按钮即可接收 CAN 总线数据。

设置第二帧、第三帧分别为空挡和驻车挡，计算出第二帧、第三帧数据（HEX）填写在如表 4-4 所示的目标挡位控制指令中，通过 CAN 分析仪发送控制指令，并观察车辆执行动作是否正常。

表 4-4　目标挡位控制指令

ID	D"0"	D"1"	D"2"	D"3"	D"4"	D"5"	D"6"	D"7"
0x18C4D2D0	0x04	0x00	0x00	0x00	0x00	0x00	0x10	0x14
0x18C4D2D0								
0x18C4D2D0								
判断执行动作是否正常								

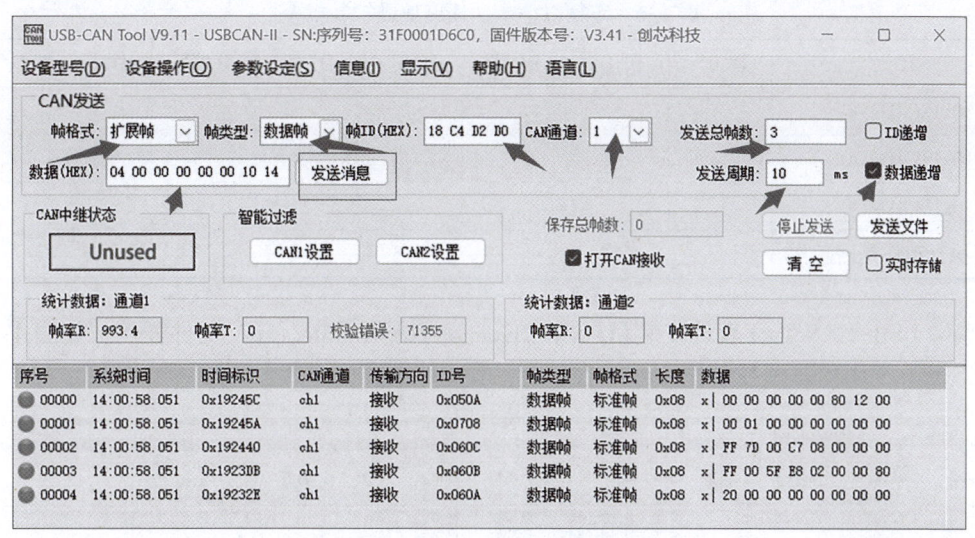

图 4-4 CAN 控制指令设置

如图 4-5 所示是配置接收 CAN 总线数据，在软件主界面中修改"帧 ID（HEX）"为 "18 C4 D2 EF"，"数据（HEX）"设置为"04 00 00 00 00 00 00 04"，单击"发送消息"按钮即可返回目标挡位请求控制指令。

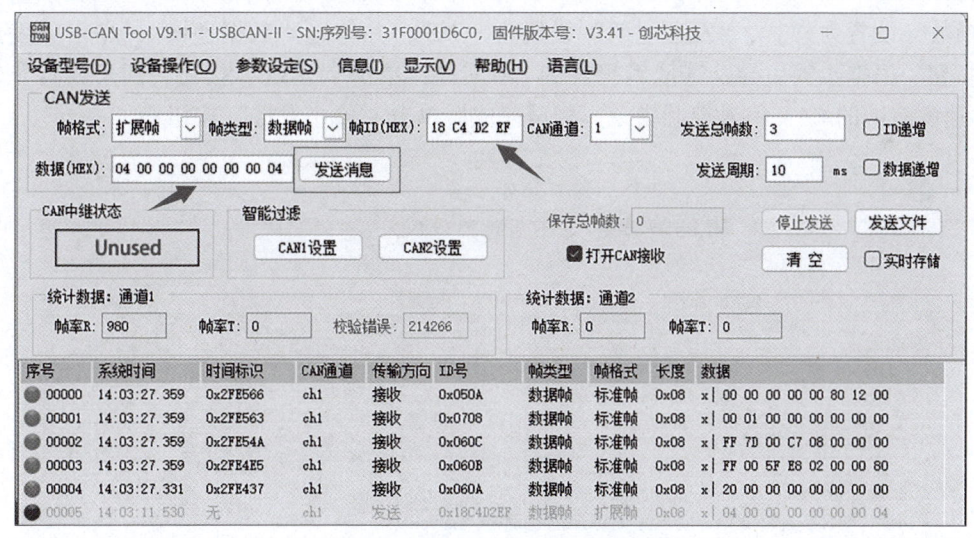

图 4-5 配置接收 CAN 总线数据

步骤三：车辆目标车速控制

根据"知识分析"所描述的车辆控制指令计算方法，计算出控制车辆以 3 m/s 速度前进所需的三帧指令，填写在如表 4-5 所示的车辆以 3 m/s 速度前进控制指令中，并观察车辆在执行这些指令时的动作表现，是否符合预期要求。

表 4-5　车辆以 3 m/s 速度前进控制指令

ID	D"0"	D"1"	D"2"	D"3"	D"4"	D"5"	D"6"	D"7"
0x18C4D2D0								
0x18C4D2D0								
0x18C4D2D0								
判断执行动作是否正常								

参考 USB-CAN Tool 软件安装目录内"ExampleForSendFile.csv"文件样例，如图 4-6 所示。将表 4-5 中的三帧控制指令编辑在新建 csv 文件中。

图 4-6　CAN 控制指令样例

打开 USB-CAN Tool 软件，并启动 CAN 分析仪，如图 4-7 所示。CAN 发送设置中"发送总帧数"设置为"3"，"发送周期"设置为"10"，并勾选"数据递增"，单击"发送文件"按钮。根据步骤引导，选取编辑好的 csv 文件，单击"发送"按钮，即可执行车辆以 3 m/s 速度前进的 CAN 信号控制指令，测试完成后单击"停止发送"按钮。

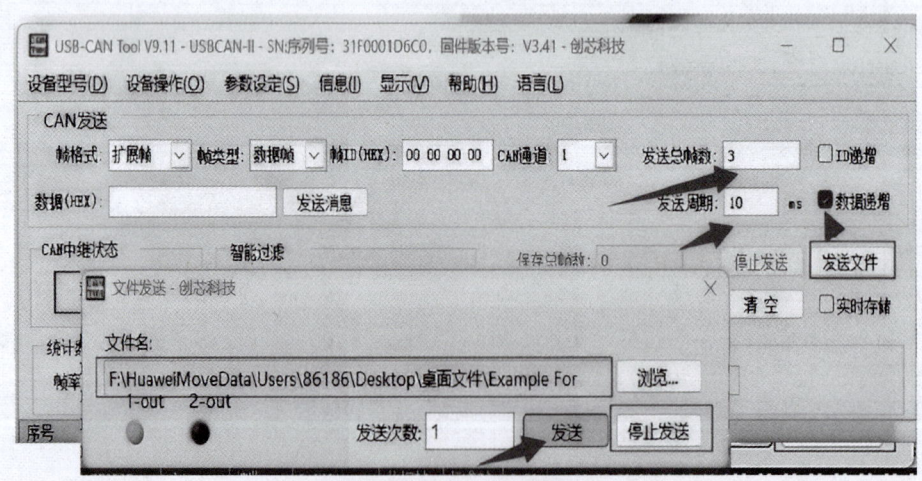

图 4-7　CAN 控制指令设置

如图 4-8 所示是配置接收 CAN 总线数据，在软件主界面中修改"帧 ID（HEX）"，设置为"18 C4 D2 EF"，"数据（HEX）"设置为控制车辆以 3 m/s 速度前进的三帧指令第一帧内容，单击"发送消息"按钮即可返回目标车速请求控制指令。

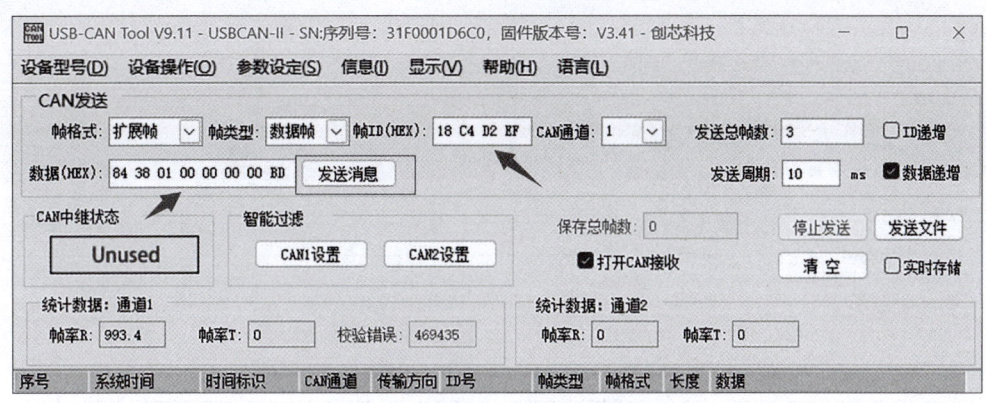

图 4-8　配置接收 CAN 总线数据

步骤四：车辆目标转向角度控制

根据"知识分析"所描述的车辆控制指令计算方法，计算出控制车辆左转向 20° 所需的三帧指令。填写在如表 4-6 所示的车辆左转向 20° 控制指令中，并观察车辆在执行这些指令时的动作表现，是否符合预期要求。

表 4-6　车辆左转向 20° 控制指令

ID	D"0"	D"1"	D"2"	D"3"	D"4"	D"5"	D"6"	D"7"
0x18C4D2D0								
0x18C4D2D0								
0x18C4D2D0								
判断执行动作是否正常								

打开 USB-CAN Tool 软件，并启动 CAN 分析仪，如图 4-9 所示。CAN 发送设置中"帧格式"设置为"扩展帧"，"帧类型"设置为"数据帧"，"帧 ID（HEX）"设置为"18 C4 D2 D0"，"CAN 通道"设置为"1"，"发送总帧数"设置为"3"，"发送周期"设置为"10"，并勾选"数据递增"，"数据（HEX）"分别设置为控制车辆左转向 20° 所需的三帧指令内容，单击"发送消息"按钮即可执行控制车辆左转向 20° 的测试操作。

如图 4-10 所示是配置接收 CAN 总线数据，在软件主界面中修改"帧 ID（HEX）"设置为"18 C4 D2 EF"，"数据（HEX）"设置为控制车辆左转向 20° 所需的三帧指令第一帧，单击"发送消息"按钮即可返回目标转向角度请求控制指令。

步骤五：车辆转向灯控制

根据"知识分析"所描述的车辆控制指令计算方法，计算出控制车辆开启右转向所需的三帧指令填写在表 4-7 中，并观察车辆在执行这些指令时的动作表现，是否符合预期要求。

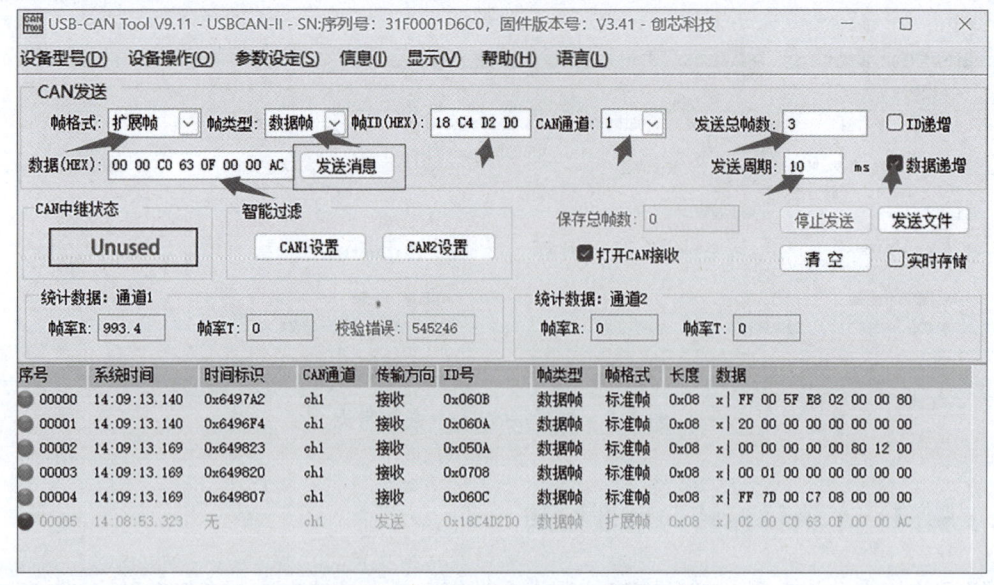

图 4-9　CAN 控制指令设置示例

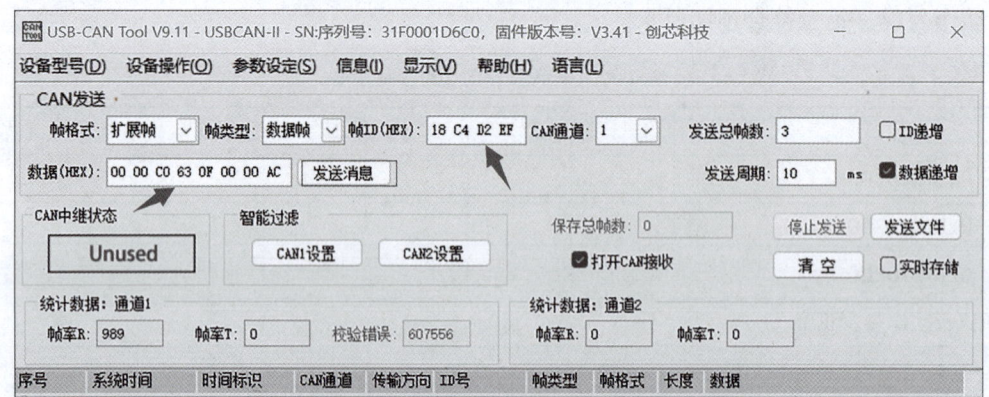

图 4-10　配置接收 CAN 总线数据

表 4-7　车辆开启右转向控制指令

ID	D"0"	D"1"	D"2"	D"3"	D"4"	D"5"	D"6"	D"7"
0x18C4D2D0								
0x18C4D2D0								
0x18C4D2D0								
判断执行动作是否正常								

　　打开 USB-CAN Tool 软件，并启动 CAN 分析仪，如图 4-11 所示。CAN 发送设置中"帧格式"设置为"扩展帧"，"帧类型"设置为"数据帧"，"帧 ID（HEX）"设置为"18 C4 D2

D0"，"CAN 通道"设置为"1"，"发送总帧数"设置为"3"，"发送周期"设置为"50"，并勾选"数据递增"，"数据（HEX）"分别设置为控制车辆开启右转向所需的三帧指令内容，单击"发送消息"按钮即可执行控制车辆右转向"开启"的测试操作。

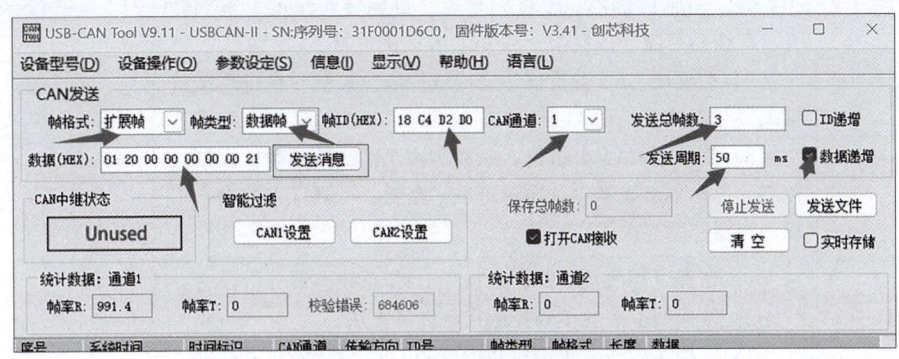

图 4-11 CAN 控制指令设置

如图 4-12 所示是配置接收 CAN 总线数据，在软件主界面中修改"帧 ID（HEX）"为"18 C4 DA EF"，"数据（HEX）"设置为车辆开启右转向控制指令第一帧，单击"发送消息"按钮即可返回请求控制指令。

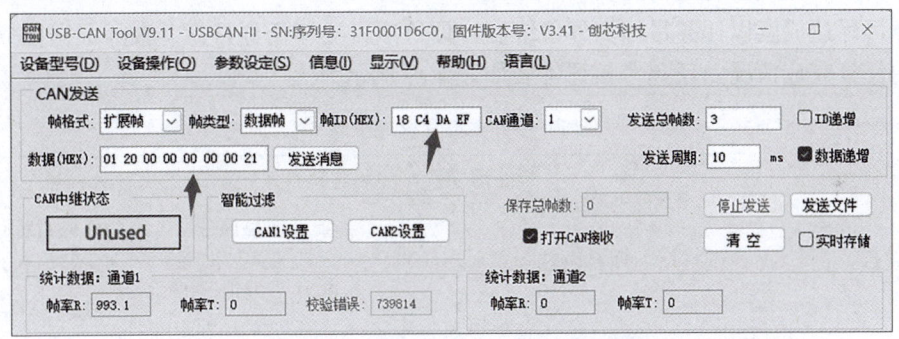

图 4-12 配置接收 CAN 总线数据

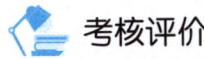 考核评价

结合素养、能力、知识目标，根据任务操作、团队协作、沟通参与的效果，使用如表 4-8所示的培养规格评价表，由教师对学生进行评分。

表 4-8 培养规格评价表

评价类别	评价内容	分值	得分
素养	（1）通过知识学习，培养学生具备严谨的工作态度、科学解决问题的方法能力； （2）通过对控制与执行系统的测试技能实训、考核评价，培养学生勇于探索和精益求精的工匠精神； （3）通过查询、检索、总结，培养学生自主学习的能力	30	

续表

评价类别	评价内容	分值	得分
能力	（1）能够使用程序员计算器、BCC 校验（异或校验）计算工具等，完成目标挡位、目标车速、目标转向角度、车辆灯光、车辆扬声器等控制指令和 BCC 校验的计算； （2）能使用 CAN 分析仪，完成线控底盘控制与执行系统数据采集与测试； （3）能使用 CAN 分析仪，完成实训车辆线控底盘目标挡位控制、目标车速控制、目标转向角度控制、车辆灯光控制、车辆扬声器控制等操作	30	
知识	（1）掌握线控底盘车辆控制指令 CAN 总线协议分析方法； （2）掌握线控底盘车辆控制指令计算方法； （3）掌握线控底盘车辆控制指令 BCC 校验计算方法	40	
总分			
评语			

考核评价根据任务要求设置评价项目，项目评分包含配分、分值、得分，教师可以根据学生的项目内容完成情况进行评分。

任务目标达成度以任务目标为评价维度，评价项目支撑任务目标。教师根据任务目标评价学生的任务完成情况。任务考核评价表如表 4-9 所示。

表 4-9　任务考核评价表

实训项目		智能网联汽车控制与执行系统测试					
评价项目	项目内容	项目评分			任务目标达成度		
		配分	分值	得分	目标 O1	目标 O2	目标 O3
CAN 总线分析仪安装	CAN-H 总线接线正确	15	5				
	CAN-L 总线接线正确		5				
	CAN 分析仪硬件连接正确		5				
车辆目标挡位控制	CAN 分析仪启动操作正确	20	1				
	CAN 设备配置索引号和通道号设置正确		1				
	CAN 设备配置波特率设置正确		1				
	CAN 设备配置工作模式设置正确		1				
	CAN 发送设置帧格式设置正确		1				
	CAN 发送设置帧类型设置正确		1				
	CAN 发送设置帧 ID（HEX）设置正确		1				
	CAN 发送设置 CAN 通道设置正确		1				
	CAN 发送设置数据（HEX）设置正确		1				

实训项目	智能网联汽车控制与执行系统测试						
评价项目	项目内容	项目评分			任务目标达成度		
		配分	分值	得分	目标O1	目标O2	目标O3
车辆目标挡位控制	CAN 发送设置中，发送周期设置正确	20	1				
	空挡数据（HEX）设置正确		3				
	驻车挡数据（HEX）设置正确		3				
	指令发送后执行动作正常		2				
	返回控制指令帧 ID（HEX）设置正确		1				
	返回控制指令数据（HEX）设置正确		1				
车辆目标车速控制	车辆以 3 m/s 速度前进控制指令正确	25	10				
	新建 csv 文件 CAN 通道设置正确		1				
	新建 csv 文件 ID 设置正确		1				
	新建 csv 文件帧格式设置正确		1				
	新建 csv 文件帧类型设置正确		1				
	新建 csv 文件数据设置正确		1				
	指令发送后执行动作正常		3				
	发送文件发送设置正确		5				
	返回控制指令帧 ID（HEX）设置正确		1				
	返回控制指令数据（HEX）设置正确		1				
车辆目标转向角度控制	车辆左转向 20° 控制指令正确	20	10				
	CAN 发送设置正确		4				
	指令发送后执行动作正常		3				
	返回控制指令设置正确		3				
车辆转向灯控制	车辆开启右转向控制指令正确	20	10				
	CAN 发送设置正确		4				
	指令发送后执行动作正常		3				
	返回控制指令设置正确		3				
综合评价							

注：

① 项目评分请按每项分值打分，填入"得分"栏。

② 任务目标达成度根据任务完成情况进行评价，对照任务目标是否达成进行勾选，达成则在对应栏中打上"√"。

③ 任务目标达成度中"NC"表示本行评价内容与对应任务目标无关。

根据任务目标达成度的评价结果，结合任务实施过程、项目评分结果，教师可以使用如表 4-10 所示的任务持续改进表进行改进。

表 4-10　任务持续改进表

评价项目	上一轮改进措施	本轮改进内容	本轮改进效果	下一轮改进措施
CAN 总线分析仪安装				
车辆目标挡位控制				
车辆目标车速控制				
车辆目标转向角度控制				
车辆转向灯控制				

知识分析

1）车辆控制指令。

（1）底盘控制指令。

FR-07 Pro 阿克曼线控底盘控制指令如表 4-11 所示。

表 4-11　FR-07 Pro 阿克曼线控底盘控制指令

报文名称				ID				周期/ms		报文长度/Byte
ctrl_cmd				0x18C4D2D0				10		8
信号描述	排列格式	起始字节	起始位	信号长度	数据类型	精度	偏移量	单位	信号值描述	
目标挡位	Intel	0	0	4	Unsigned	1	0		00：disable 01：P 挡 02：R 挡 03：N 挡 04：D 挡	
目标车体速度	Intel	0	4	16	Unsigned	0	0	m/s	0.001（m·s⁻¹）/bit	
目标车体转向角	Intel	2	20	16	signed	0.01	0	(°)	0.01(°)/bit;	
AliveRolling Counter 心跳信号（循环计数器）	Intel	6	52	4	Unsigned	1	0		每发一帧，数值加1，达到最大值后从0开始重新计数，用于检测是否丢包和掉线状况	
CheckBCC 消息异或校验	Intel	7	56	8	Unsigned	1	0		Checksum=Byte0XORByte1XORByte2XORByte3XORByte4XORByte5XORByte6	

（2）底盘 I/O 口控制指令。

FR-07 Pro 阿克曼线控底盘 I/O 口控制指令如表 4-12 所示。

表 4-12 FR-07 Pro 阿克曼线控底盘 I/O 口控制指令

报文名称			ID				周期/ms		报文长度/Byte
io_cmd			0x18C4D7D0				50		8
信号描述	排列格式	起始字节	起始位	信号长度	数据类型	精度	偏移量	单位	信号值描述
I/O 控制使能	Intel	0	0	1	Unsigned	1	0		0=关闭 1=打开
转向灯开关	Intel	1	10	2	Unsigned	1	0		0=全关 1=开启左转向灯 2=开启右转向灯
示廓灯开关	Intel	1	13	1	Unsigned	1	0		0=关闭 1=打开
扬声器开关	Intel	2	16	1	Unsigned	1	0		0=关闭 1=打开
充电强制上电标志位	Intel	5	40	1	Unsigned	1	0		充电状态下强制使能该标志位可以控制车辆 48V 高压上电，车辆恢复行驶控制，该标志位使能和充电状态下车辆不能后退
AliveRolling Counter 心跳信号（循环计数器）	Intel	6	52	4	Unsigned	1	0		每发一帧，数值加1，达到最大值后从 0 开始重新计数，用于检测是否丢包和掉线状况
CheckBCC 消息异或校验	Intel	7	56	8	Unsigned	1	0		Checksum=Byte0XORByte1XORByte2XORByte3XORByte4XORByte5XORByte6

2）车辆控制反馈指令。

（1）底盘控制反馈指令。

FR-07 Pro 阿克曼线控底盘控制反馈指令如表 4-13 所示。

表 4-13　FR-07 Pro 阿克曼线控底盘控制反馈指令

报文名称				ID			周期/ms		报文长度/Byte
ctrl_fb				0x18C4D2EF			10		8
信号描述	排列格式	起始字节	起始位	信号长度	数据类型	精度	偏移量	单位	信号值描述
目标挡位	intel	0	0	4	Unsigned	1	0		00：disable 01：P 挡 02：R 挡 03：N 挡 04：D 挡
当前车体速度反馈	Intel	0	4	16	Unsigned	0	0	m/s	$0.001(\text{m}\cdot\text{s}^{-1})$/bit
当前车体转向角反馈	Intel	2	20	16	signed	0.01	0	(°)	0.01(°)/bit；
当前车辆运行模式反馈	Intel	5	44	2	Unsigned	1	0		0x0：auto 0x1：remote 0x2：stop
AliveRolling Counter 心跳信号（循环计数器）	Intel	6	52	4	Unsigned	1	0		每发一帧，数值加 1，达到最大值后从 0 开始重新计数，用于检测是否丢包和掉线状况
CheckBCC 消息异或校验	Intel	7	56	8	Unsigned	1	0		Checksum = Byte0XORByte1 XORByte2XOR Byte3XORByte4 XORByte5XOR Byte6

（2）底盘 I/O 口状态反馈。

FR-07 Pro 阿克曼线控底盘 I/O 口反馈指令如表 4-14 所示。

表 4-14　FR-07 Pro 阿克曼线控底盘 I/O 口反馈指令

报文名称				ID			周期/ms		报文长度/Byte
io_fd				0x18C4DAEF			50		8
信号描述	排列格式	起始字节	起始位	信号长度	数据类型	精度	偏移量	单位	信号值描述
I/O 控制使能状态反馈	Intel	0	0	1	Unsigned	1	0		0=关闭 1=打开

报文名称			ID				周期/ms		报文长度/Byte
io_fd			0x18C4DAEF				50		8

信号描述	排列格式	起始字节	起始位	信号长度	数据类型	精度	偏移量	单位	信号值描述
转向灯开关状态反馈	Intel	1	10	2	Unsigned	1	0		0=全关 1=开启左转向灯 2=开启右转向灯
制动灯开关状态反馈	Intel	1	12	1	Unsigned	1	0		0=关闭 1=打开
示廓灯开关状态反馈	Intel	1	13	1	Unsigned	1	0		0=关闭 1=打开
扬声器开关状态反馈	Intel	2	16	1	Unsigned	1	0		0=关闭 1=打开
前中防撞条开关状态反馈	Intel	3	25	1	Unsigned	1	0		0=关闭 1=打开
后中防撞条开关状态反馈	Intel	3	28	1	Unsigned	1	0		0=关闭 1=打开
充电强制上电标志位	Intel	5	40	1	Unsigned	1	0		充电状态下强制使能该标志位可以控制车辆48V高压上电,车辆恢复行驶控制,该标志位使能和充电状态下车辆不能后退
AliveRollingCounter心跳信号(循环计数器)	Intel	6	52	4	Unsigned	1	0		每发一帧,数值加1,达到最大值后从0开始重新计数,用于检测是否丢包和掉线状况
CheckBCC消息异或校验	Intel	7	56	8	Unsigned	1	0		Checksum=Byte0XORByte1XORByte2XORByte3XORByte4XORByte5XORByte6

3) 车辆控制指令说明 ctrl_cmd。

车体控制指令需要同时发送对应指令、心跳信号和校验位。

(1) 目标挡位请求 ctrl_cmd_gear。

ctrl_cmd_gear 命令为目标挡位信号,物理值范围为01至04,默认挡位位置为01驻车P

挡；目标挡位给定 03 时为空挡 N；目标挡位给定 02 时为后退挡位 R；目标挡位给定 04 时为前进挡位 D，控制指令如表 4-15 所示。

表 4-15 目标档位请求为前进挡时-04 0x04

ID	D "0"	D "1"	D "2"	D "3"	D "4"	D "5"	D "6"	D "7"
0x18C4D2D0	0x04	0x00	0x00	0x00	0x00	0x00	0x10	0x14
0x18C4D2D0	0x04	0x00	0x00	0x00	0x00	0x00	0x20	0x24
0x18C4D2D0	0x04	0x00	0x00	0x00	0x00	0x00	0x30	0x34

以上三帧信号间隔 10ms 循环下发，可控制挡位切换为 D 挡，控制指令中校验和和 Alivecounter 循环变化。

（2）目标车速请求 ctrl_cmd_velocity。

ctrl_cmd_velocity 命令为驱动车辆车速的目标值，CAN 通信物理值范围为 0 至 65.535 m/s（13 速比、420 mm 车轮直径最高车速为 5 m/s），目标车速由车速精度 $[0.001(\mathrm{m\cdot s^{-1}})/\mathrm{bit}]$ 决定。驱动车辆的目标车速=0.001×总线信号。车辆前进后退配合挡位使用，控制指令如表 4-16 所示。

表 4-16 给定 5 m/s 的前进车速请求则总线信号就等于 50000x1388

ID	D "0"	D "1"	D "2"	D "3"	D "4"	D "5"	D "6"	D "7"
0x18C4D2D0	0x84	0x38	0x01	0x00	0x00	0x00	0x00	0xBD
0x18C4D2D0	0x84	0x38	0x01	0x00	0x00	0x00	0x10	0xAD
0x18C4D2D0	0x84	0x38	0x01	0x00	0x00	0x00	0x20	0x9D

以上三帧信号间隔 10 ms 循环下发，可控制车辆以 5 m/s 的车速前进，控制指令中校验和和 Alivecounter 循环变化。

（3）目标转向角 ctrl_cmd_steering。

ctrl_cmd_steering 命令用于请求目标转向角度，CAN 通信物理范围为-40.96° 至 40.95°，车辆内部软限位转角为-25° 至+25°，左转向为正，右转向为负。目标转向角度的精度由 0.01(°)/bit 决定。目标转向角度等于总线信号乘以 0.01。给定-25°目标转向角度，总线信号等于-2500，控制指令如表 4-17 所示。

表 4-17 给定-25°目标转向角度则总线信号就等于-25000XF63C

ID	D "0"	D "1"	D "2"	D "3"	D "4"	D "5"	D "6"	D "7"
0x18C4D2D0	0x00	0x00	0XCO	0x63	0xOF	0x00	0x00	0xAC
0x18C4D2D0	0x00	0x00	0XCO	0x63	0xOF	0x00	0x10	0xBC
0x18C4D2D0	0x00	0x00	0XCO	0x63	0xOF	0x00	0x20	0x8C

以上三帧信号间隔 10 ms 循环下发，可控制车辆前轮右转向 25°，控制指令中校验和和 Alivecounter 循环变化。

（4）辅件控制指令说明

以示廓灯控制为例，其他辅助部件控制同理。在进行 I/O 口控制时，需同时发送使能标志位、心跳信号和校验位。若 I/O 控制未启用，所有灯光控制将由 VCU 负责。示廓灯控制指令如表 4-18 所示。

表 4-18 io_cmd_clearance_lamp 示廓灯使能控制 0x01

ID	D "0"	D "1"	D "2"	D "3"	D "4"	D "5"	D "6"	D "7"
0x18C4D7D0	0x01	0x20	0X00	0x00	0x00	0x00	0x00	0x21
0x18C4D7D0	0x01	0x20	0X00	0x00	0x00	0x00	0x10	0x31
0x18C4D7D0	0x01	0x20	0X00	0x00	0x00	0x00	0x20	0x01

以上三帧信号间隔 50ms 循环下发，可以请求远光灯点亮。

4）车辆控制指令计算方法。

（1）控制指令计算方法。

以目标车速控制指令为例，如图 4-13 所示，首先通过查询底盘控制指令表，确认目标车体速度的起始字节、起始位和信号长度。

信号描述	排列格式	起始字节	起始位	信号长度	数据类型	精度	偏移量	单位	信号值描述
目标挡位	Intel	0	0	4	Unsigned	1	0		00: disable 01: P 挡 02: R 挡 03: N 挡 04:: D 挡
目标车体速度	Intel	0	4	16	Unsigned	0	0	m/s	$0.001 (m \cdot s^{-1})$ /bit
目标车体转向角	Intel	2	20	16	signed	0.01	0	(°)	$0.01 (°)$ / bit

图 4-13 目标车体速度起始字节、起始位和信号长度

如图 4-14 所示，通过起始字节、起始位和信号长度，确定信号的高位（S_msb）和信号的低位（S_lsb）在 CAN 信息帧结构中的位置。

字节	位								
	Bit7	Bit6	Bit5	Bit4	Bit3	Bit2	Bit1	Bit0	
Byte0	7	6	5	S_lsb	3	2	1	0	目标挡位
Byte1	15	14	13	12	11	10	9	8	目标车体速度
Byte2	23	22	21	20	S_msb	18	17	16	
Byte3	31	30	29	28	27	26	25	24	目标车体转向角
Byte4	39	38	37	36	35	34	33	32	
Byte5	47	46	45	44	43	42	41	40	
Byte6	55	54	53	52	51	50	49	48	心跳信号
Byte7	63	62	61	60	59	58	57	56	Check BCC消息异或校验

图 4-14 目标车体速度信号字节位置

如图 4-15 所示是车速请求总线信号转换，通过目标车速精度 $[0.001 (m \cdot s^{-1})/bit]$，计算出给定 5 m/s 的前进车速请求则总线信号就等于 5000，使用程序员计算器的方式，得出

给定速度的十六进制为 0x1388。

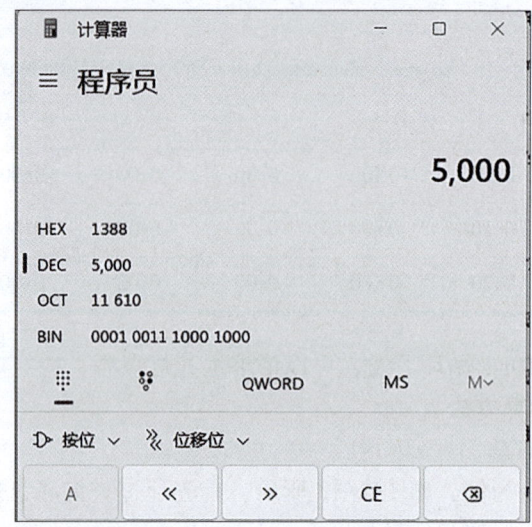

图 4-15　车速请求总线信号转换

给定 5 m/s 的前进车速请求总线信号十六进制数值 0x1388，通过 CAN 信息帧结构表中字节位置可知，该信号的高位（S_msb）在 Byte2 字节，信号的低位（S_lsb）在 Byte0 字节，由此，目标车速请求总线信号指令如表 4-19 所示。

表 4-19　目标车速请求总线信号指令

Byte0	Byte1	Byte2
0x80	0x38	0x01

（2）BCC 校验（异或校验）原理。

BCC 校验，因校验码是将所有数据异或得出，故俗称异或校验。具体算法是：将每一个字节的数据（一般是每两个 16 进制的字符）进行异或后即得到校验码。

（3）BCC 消息异或校验计算方法。

如图 4-16 所示，以目标车速请求中第二帧控制指令数据为例，先提取出需要异或校验的 16 进制数据：84380100000010。

ID	D "0"	D "1"	D "2"	D "3"	D "4"	D "5"	D "6"	D "7"
0x18C4D2D0	0x84	0x38	0x01	0x00	0x00	0x00	0x00	0xBD
0x18C4D2D0	0x84	0x38	0x01	0x00	0x00	0x00	0x10	0xAD
0x18C4D2D0	0x84	0x38	0x01	0x00	0x00	0x00	0x20	0x9D

图 4-16　提取出需要异或校验的 16 进制数据

BCC 消息异或校验计算可以通过程序员计算器方式或 BCC 校验（异或校验）计算工具方式计算。

通过程序员计算器的方式，需要打开 Windows 10 电脑中计算器程序，在计算器选项中选择"程序员"。在程序员计算器中，选择"HEX"输入选项，如图 4-17 所示。

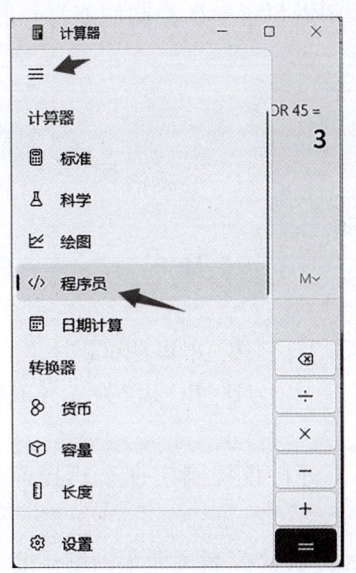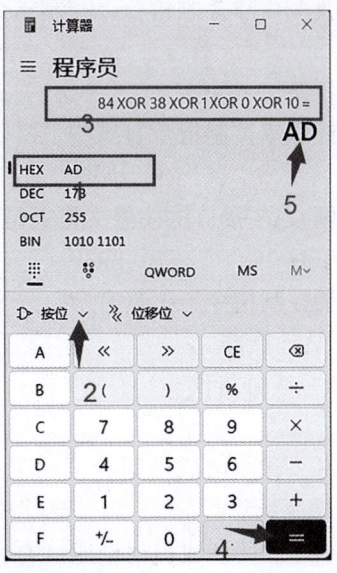

图 4-17　程序员计算器

如图 4-17 所示，输入以下公式，计算出校验码。（注：图 4-17 程序员计算器将公式中的数据"0"忽略）

Checksum = 84XOR38XOR01XOR00XOR00XOR00XOR10

公式中 XOR 的输入，在程序员计算器"按位"选项内，通过单击下拉选项点选"XOR"。

通过 BCC 校验（异或校验）计算工具的方式，如图 4-18 所示，打开 BCC 校验（异或校验）计算工具，在"需要校验的数据（Hex）"输入框中，输入提取的 16 进制数据：84 38 01 00 00 00 10，得出 16 进制校验结果。

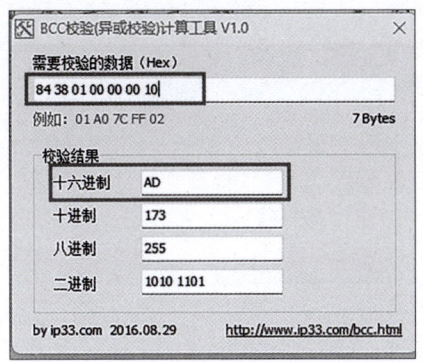

图 4-18　BCC 校验（异或校验）计算工具示例

<h2 style="text-align:center">思考与练习</h2>

1. 判断题

（1）通过 CAN 分析仪控制车辆给定速度前进时，控制指令中需包含 D 挡的控制指令。

（　　）

（2）控制车辆右目标转向角度，控制指令中需包含 D 挡的控制指令。（　　）

（3）车辆底盘 I/O 口控制指令，控制指令中需包含 I/O 控制使能打开的控制指令。

（　　）

2. 不定项选择题

（1）实训车辆底盘控制指令有哪些？（　　）

    A. ID   B. 周期   C. 心跳信号   D. 校验码

（2）实训车辆 CAN 接口协议报文格式是（　　）。

    A. Motorola   B. Intel   C. MSB   D. ISP

（3）计算车辆控制指令的工具有（　　）。

    A. 程序员计算器   B. 串口调试助手

    C. CAN 总线分析仪   D. BCC 校验（异或校验）计算工具

3. 思考题

（1）查阅资料，和团队成员讨论通过 CAN 分析仪控制实训车辆扬声器开启的方法有哪些？

（2）查阅资料，和团队成员讨论通过 CAN 分析仪控制实训车辆倒车的方法有哪些？

任务二 智能网联汽车控制与执行系统检测与维修

 任务目标

基于 OBE 教育理念，结合智能网联汽车技术专业毕业要求与任务特点，建立任务目标支撑毕业要求和培养规格的对应关系，确定任务目标如下：

1）目标 O1：掌握智能网联汽车控制与执行系统检测与维修的方法与流程；

2）目标 O2：能够结合实训车辆控制与执行系统故障现象，分析故障原因，制定故障检测维修的流程；

3）目标 O3：能够独立使用工具、设备或软件，结合系统运行条件，完成控制与执行系统检测与维修。

任务目标及毕业要求支撑对照表如表 4-20 所示。

表 4-20 任务目标及毕业要求支撑对照表

毕业要求	二级指标点	任务目标
1. 工程知识	毕业要求 1-2：能针对确定的、实用的对象进行求解	目标 O1 目标 O2 目标 O3
2. 问题分析	毕业要求 2-1：能运用适用于所属学科或专业领域的分析工具，识别与判断广义工程问题的关键环节	目标 O2 目标 O3
5. 使用现代工具	毕业要求 5-3：能够针对具体的对象，选择与使用满足特定需求的现代工具，模拟和预测专业问题，并能够分析其局限性	目标 O3

任务目标与培养规格对照表如表 4-21 所示。

表 4-21 任务目标与培养规格对照表

培养规格	规格要求	任务目标
素养	（1）通过技能实训、考核评价，培养学生质量意识、安全意识、规范操作意识； （2）通过制定故障维修流程，培养学生具有逻辑思维能力； （3）通过查询、检索、总结，培养学生自主学习的能力和创新精神	目标 O1
能力	（1）能够分析实训车辆控制与执行系统常见的故障原因； （2）能够根据实训车辆环境控制与执行系统常见的故障原因，制定故障检测维修的流程； （3）能够独立使用工具、设备或软件，结合系统运行条件，完成控制与执行系统故障的检测与维修	目标 O2 目标 O3
知识	（1）了解智能网联汽车控制与执行系统的组成； （2）掌握智能网联汽车控制与执行系统检测维修的方法与流程	目标 O1 目标 O2 目标 O3

任务描述

在未来的智能交通领域，智能网联汽车的发展已经成为不可逆转的趋势。其中，环境感知传感器的检测与维修是保证车辆安全行驶和高效运营的关键环节。这项实训内容旨在培养学生掌握智能网联汽车环境感知传感器的检测与维修技能，提高对未来交通系统的适应能力。

在实训过程中，学生将首先了解智能网联汽车环境感知传感器的组成和常见故障，并通过实际操作掌握检测与维修技巧。通过这个实训内容，学生不仅能够掌握智能网联汽车环境感知传感器的检测与维修技能，还能够培养对未来交通系统的认知和适应能力。这将为他们的职业发展打开更广阔的通道，为未来智能交通领域的发展贡献力量。

任务实施

1）任务准备。

（1）Windows 10 电脑 Intel（R）Core（TM）i5CPU 及以上，内存 8G 以上，硬盘 500G 以上（带以太网接口）；

（2）车辆自动驾驶系统应用实训平台 XHV-B0；

（3）自动驾驶教学实训平台操作手册；

（4）CAN 总线分析仪套件；

（5）USB_CAN Tool；

（6）串口调试助手；

（7）示波器；

（8）网络测试仪。

2）步骤与现象。

步骤一：执行控制系统常见故障现象

故障现象 1：整车电动助力转向系统（Electric Power Steering，EPS）无数据输出，交互无响应，EPS 掉线。

故障现象 2：EPS 工作异常，EPS 报警。

步骤二：执行控制系统常见故障原因分析

参考自动驾驶教学实训平台操作手册中电气原理图，基于故障现象分析可能的故障原因，填写在表 4-22 中。

表 4-22　可能的故障原因分析

序号	故障现象 1 可能原因	故障现象 2 可能原因
1		
2		
3		

续表

序号	故障现象 1 可能原因	故障现象 2 可能原因
4		
5		
6		
7		
8		

步骤三：执行控制系统常见故障检测方法

（1）检测 EPS 供电线路。

检查线控底盘电器盒内 EPS 保险是否损坏，若是损坏，更换保险丝，检查故障是否排除。

断开 EPS 供电线路接插件，上电状态下使用万用表检查 EPS 电源，万用表红色表笔接正极供电线束插接件插针，黑色表笔接负极供电线束插接件插针，查看是否有 12 V 电压。如果没有，说明正负极短路，进一步检查确认故障线路。

关闭电源，断开 EPS 供电线路两端接插件，使用万用表欧姆挡分别检测 EPS 供电线路正负极两端的电阻。一般情况下，线路电阻应小于 1 Ω，若是无电阻或电阻不符合标准，维修或更换线束。

（2）检查 EPS 系统信号波形。

使用示波器，通道 1 输入端口探头连接 EPS 系统 CAN-H 线，通道 2 输入端口探头连接 EPS 系统 CAN-L 线。

接通 EPS 系统电源，打开示波器，设置示波器为 NORMAL 常规触发模式。如图 4-19 所示是转向系统信号波形，查看示波器显示界面是否有 EPS 系统信号收发或者电平的跳变。将检测结果与手册正常值进行对比，排查是否是通信故障。

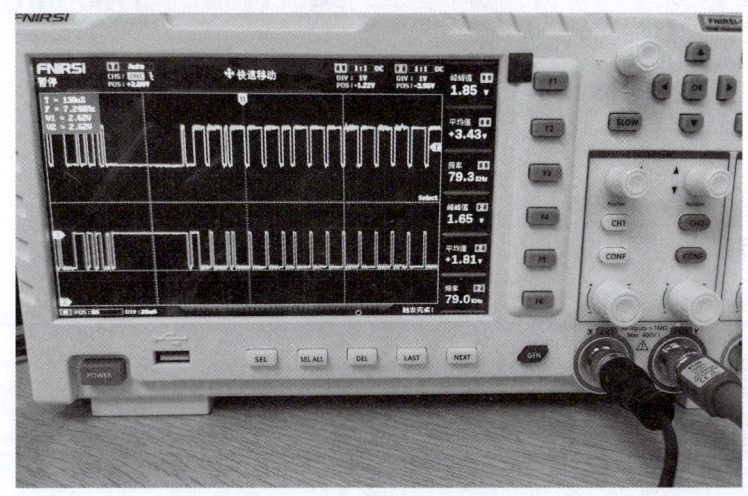

图 4-19　转向系统信号波形

检查结果在表 4-23 中填写，根据检测结果，判别故障原因，并采取相应措施进行修复或更换受损部件。

表 4-23　EPS 系统信号波形

示波器设置	通道 1	通道 2
接线		
峰值/V		
平均值/V		
频率/kHz		
存在的问题		

（3）使用 CAN 分析仪采集 EPS 系统数据。

EPS 系统硬件线路检测结束后，在供电正常的情况下，连接 CAN 总线分析仪。

如图 4-20 所示，打开 CAN 检测软件 USB-CAN Tool，对数据帧进行分析，将软件进入调试界面，查看 EPS 系统回传信息，根据回传结果，查询其技术手册，判别故障类型。

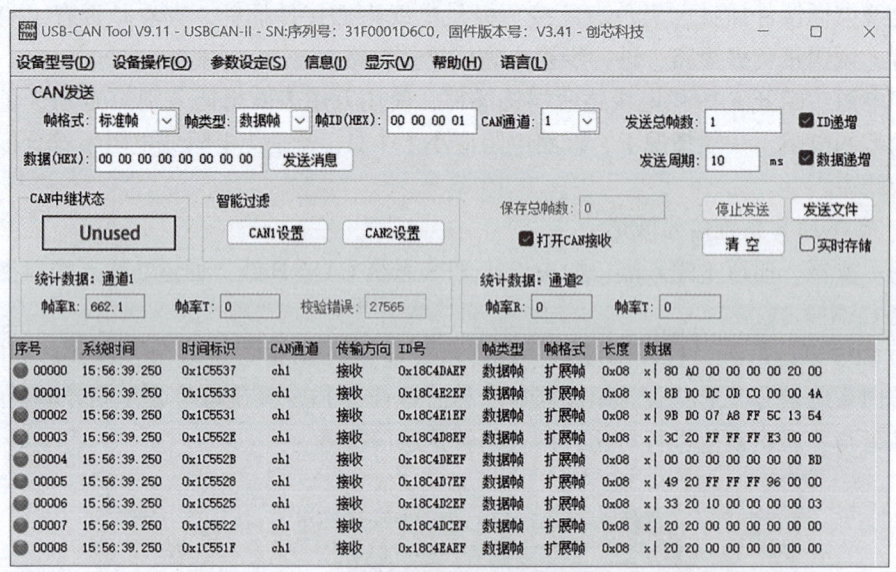

图 4-20　CAN 建立通信示意

检查结果在表 4-24 中填写，根据检测结果，判别故障原因，并采取相应措施进行修复或更换受损部件。

表 4-24　转向系统数据

采集软件设置	
采集到的帧 ID	
采集结果判断	

步骤四：执行控制系统故障维修流程制定

基于可能的故障原因分析，制定故障的诊断流程，填写在表 4-25 中。

表 4-25　故障诊断流程

步骤	判断结果"是"处理措施	判断结果"否"处理措施

考核评价

　　根据任务实施过程，结合素养态度、能力培养、知识掌握的效果，使用如表 4-26 所示的培养规格评价表，由教师对学生进行评分。

表 4-26　培养规格评价表

评价类别	评价内容	分值	得分
素养	（1）通过技能实训、考核评价，培养学生质量意识、安全意识、规范操作意识； （2）通过制定故障维修流程，培养学生具有逻辑思维能力； （3）通过查询、检索、总结，培养学生自主学习的能力和创新精神	30	
能力	（1）能够分析实训车辆控制与执行系统常见的故障原因； （2）能够根据实训车辆环境控制与执行系统常见的故障原因，制定故障检测维修的流程； （3）能够独立使用工具、设备或软件，结合系统运行条件，完成控制与执行系统故障的检测与维修	30	
知识	（1）了解智能网联汽车控制与执行系统的组成； （2）掌握智能网联汽车控制与执行系统检测与维修的方法与流程	40	
总分			
评语			

考核评价根据任务要求设置评价项目，以项目内容的完成度作为考核评分点进行评分，

项目评分包含配分、分值和得分，教师可以根据学生的项目内容完成情况进行评分。

考核评价中任务目标达成度由子目标组成，评价项目支撑任务目标。教师根据任务目标评价学生的任务完成情况。任务考核评价表如表4-27所示。

表4-27　任务考核评价表

实训项目	智能网联汽车控制与执行系统检查与维修						
评价项目	项目内容	项目评分			任务目标达成度		
		配分	分值	得分	目标O1	目标O2	目标O3
接受任务	明确工作任务，理解任务在工作中的重要程度		5				
信息收集	模拟咨询并登记好维修车辆的基本信息		5				
	检查车辆基本功能，记录故障信息		5				
	模拟按照车辆维修的基本流程完成客户的基本服务接待		5				
制订计划	按照控制执行系统及外观检查流程，制订合适的行动计划		10				
	能协同小组人员安排任务分工		5				
	能在实施前准备好所需要的工具器材		5				
计划实施	规范地进行场地布置及工具检查		5				
	识别控制执行系统总成结构部件		10				
	正确完成控制模块、接口、连接线束、部件的检查		10				
	正确找出故障		10				
质量检查	正确更换或维修故障部件		10				
评价反馈	学生任务完成，操作过程规范		5				
	学生能对自身表现情况进行客观评价		5				
	学生在任务实施过程中能发现自身问题		5				
综合评价							

注：
① 项目评分请按每项分值打分，填入"得分"栏。
② 任务目标达成度根据任务完成情况进行评价，对照任务目标是否达成进行勾选，达成则打上"√"，不达成则打上"×"。
③ 任务目标达成度中"NC"表示本行评价内容与对应任务目标无关。

根据任务目标达成度的评价结果，结合任务实施过程、项目评分结果，教师使用如表4-28所示的任务持续改进表进行改进。

表 4-28　任务持续改进表

评价项目	上一轮改进措施	本轮改进内容	本轮改进效果	下一轮改进措施
接受任务				
信息收集				
制订计划				
计划实施				
质量检查				
评价反馈				

知识分析

1）实训平台线控底盘功能。

如图 4-21 所示是实训平台线控底盘系统，该系统具备实时控制、信号反馈、状态监测、故障码输出等功能，能够对这些底盘线控制动、线控转向、线控驱动、线控挡位、灯光等进行高效管理。此外，该系统还支持遥控器远程 CAN 通信，车身协议转发，以及 USER CAN 协议的定制化输出。

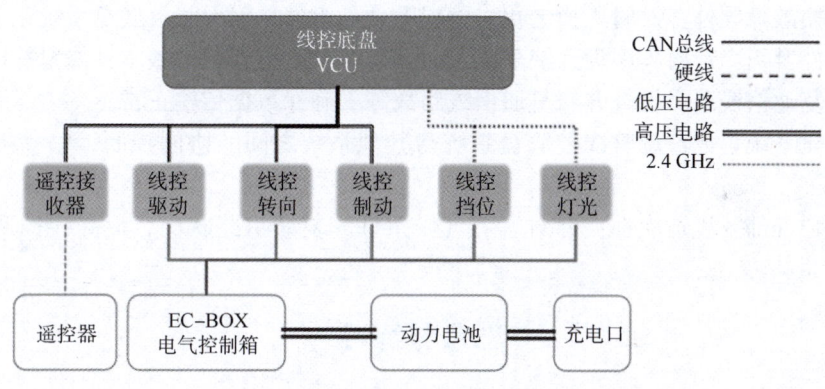

图 4-21　实训平台线控底盘系统

2）智能网联汽车线控底盘故障原因分析。

随着智能网联汽车的快速发展，线控底盘技术在汽车产业中的应用日益广泛。然而，作为一种高度集成的系统，线控底盘在实际应用过程中难免会出现故障。

（1）硬件故障。

线控底盘系统由众多传感器、执行器、控制器等硬件组成。这些硬件在长时间工作过程中，可能会出现老化、磨损、故障等问题。例如，传感器可能出现信号漂移或失真，执行器可能出现动作不到位或过力现象，控制器可能出现程序错误等。

（2）软件故障。

线控底盘系统的软件部分负责控制各个硬件组件协同工作。软件故障可能导致系统失控、功能失效等现象。软件故障的原因可能包括程序设计缺陷、更新不及时、病毒感染等。

（3）通信故障。

线控底盘系统通过通信总线实现各个模块之间的数据交换。通信故障会导致系统无法正

常工作。通信故障的原因可能包括通信线路损坏、通信协议不兼容、信号干扰等。

（4）系统集成故障。

线控底盘系统集成在汽车整体系统中，与其他系统（如动力系统、底盘系统、车身系统等）存在密切关联。系统集成故障可能导致线控底盘功能受限。例如，底盘系统与动力系统之间的协同控制异常，可能导致车辆行驶过程中出现异常现象。

（5）外部环境因素。

外部环境因素也可能导致线控底盘故障。例如，恶劣的气候条件（如雨雪、高温、低温等）可能影响传感器和执行器的正常工作；道路状况不佳可能导致底盘系统受到异常冲击，从而影响线控系统的性能。

3）智能网联汽车线控底盘故障诊断与解决方案。

针对线控底盘故障，可通过以下方法进行诊断：

（1）数据分析：收集故障发生时的数据，分析故障原因。

（2）实地检查：检查线控底盘系统的硬件、软件及通信线路等，找出故障部件。

（3）系统集成测试：测试线控底盘系统与其他系统之间的协同工作情况，分析集成问题。

（4）外部环境分析：分析故障发生时外部环境因素的影响。

针对线控底盘故障原因，可采取以下解决方案：

（1）更换故障硬件：及时更换老化、磨损的硬件组件，确保线控底盘系统正常运行。

（2）软件升级：针对程序设计缺陷或过时问题，及时更新软件版本，修复故障。

（3）修复通信线路：检查并修复通信线路故障，确保数据传输正常。

（4）优化系统集成：调整线控底盘系统与其他系统之间的协同控制策略，提高系统稳定性。

（5）加强外部环境适应性：针对恶劣气候条件和复杂道路状况，提高线控底盘系统的适应能力。

思考与练习

（1）智能网联汽车线控驱动系统的故障原因有哪些？

（2）智能网联汽车线控转向系统的故障原因有哪些？

（3）请简述智能网联汽车线控转向系统的故障检修方法。

（4）智能网联汽车线控制动系统的故障原因有哪些？

 知识拓展

比亚迪汽车发展史

比亚迪汽车（BYD Auto）是我国一家颇具影响力的汽车制造商，成立于 2003 年，隶属于比亚迪集团（BYD Company Ltd.）。这家源于电池制造业务的企业，凭借领先的电池技术，已逐渐发展成为全球新能源汽车市场的佼佼者。2023 年上半年，比亚迪新车销量达 125.56 万台，同比增长 95.78%，超越 2021 年全年销量的 2/3，稳居上半年全球新能源汽车销量榜首。

1. 创业阶段（2003—2008 年）

2003 年，比亚迪集团设立比亚迪汽车公司，标志着这家电池制造商正式进军汽车产业。2005 年，比亚迪推出首款汽车 F3，以其高性价比和节能环保特性，迅速成为市场热销车型。2008 年，比亚迪成功研发全球首款双模电动汽车 F3DM，成为世界上首个实现插电式混合动力汽车量产的企业。

2. 投资与合作（2008—2015 年）

2008 年，著名投资家沃伦·巴菲特旗下的伯克希尔·哈撒韦公司（Berkshire Hathaway）投资比亚迪，助力其在全球范围内扩大影响力。此外，比亚迪与全球多家知名企业建立战略合作，如与德国大众汽车共同设立新能源汽车公司。

3. 新能源汽车领域的领军者（2015 年至今）

随着全球环境问题加剧，新能源汽车成为产业发展趋势。比亚迪充分发挥电池技术优势，成功把握这一机遇。2015 年，比亚迪推出首款纯电动汽车 e6，刷新我国纯电动汽车续航里程纪录。此后，比亚迪陆续推出多款纯电动、插电式混合动力及燃料电池汽车，如秦、唐、宋、元等，为全球新能源汽车市场注入活力。

比亚迪还与全球多个国家和地区的公共交通系统建立合作关系，提供新能源汽车解决方案。例如，在美国、欧洲、南美等地，比亚迪为当地公共交通系统提供纯电动公共汽车和纯电动出租车。同时，比亚迪积极参与全球新能源汽车基础设施建设，如在美国设立比亚迪美洲公司，投资建设充电桩、充电站等设施。

4. 技术创新与研发（2010 年至今）

比亚迪始终将技术创新视为核心竞争力。在新能源汽车领域，比亚迪成功研发多项突破性技术，如独立自主的电驱动技术、电池管理系统、能量回收系统等。这些技术使比亚迪新能源汽车在续航里程、充电速度、安全性等方面具备竞争优势。

5. 布局未来（2021 年至今）

面对全球汽车市场向电气化、智能化、共享化发展，比亚迪积极调整战略。2021 年，比亚迪发布全新技术品牌"BYD e 平台"，并推出首款车型汉（Han）EV。该平台有助于比亚迪实现电池、电机、电控等核心技术高度集成，提升新能源汽车性能和品质。

此外，比亚迪积极布局智能驾驶领域，研发智能网联系统"DiLink"，提供智能导航、语音助手、车载娱乐等功能。在自动驾驶技术研发方面，比亚迪取得突破，有望提升汽车智能化水平。

智能网联汽车综合
测试与故障诊断

任务一　车辆自动驾驶系统应用实训平台路径规划与避障功能测试

任务目标

基于 OBE 教育理念，结合智能网联汽车技术专业毕业要求与任务特点，建立任务目标支撑毕业要求和培养规格的对应关系，确定任务目标如下：

1）目标 O1：掌握车辆自动驾驶系统应用平台路径规划与避障功能测试的方法与流程；

2）目标 O2：在车辆自动驾驶系统应用平台上，能够实现路径规划与避障功能测试所需的传感器、执行器的调用操作，以及路径规划与避障相关算法的选择和参数配置等环节；

3）目标 O3：能够基于 Autoware 在车辆自动驾驶系统应用平台上完成路径规划与避障功能测试。

任务目标及毕业要求支撑对照表如表 5-1 所示。

表 5-1　任务目标及毕业要求支撑对照表

毕业要求	二级指标点	任务目标
1. 工程知识	毕业要求 1-2：能针对确定的、实用的对象进行求解	目标 O1 目标 O2 目标 O3
2. 问题分析	毕业要求 2-1：能运用适用于所属学科或专业领域的分析工具，识别与判断广义工程问题的关键环节	目标 O2 目标 O3
5. 使用现代工具	毕业要求 5-3：能够针对具体的对象，选择与使用满足特定需求的现代工具，模拟和预测专业问题，并能够分析其局限性	目标 O2 目标 O3
8. 职业规范	毕业要求 8-3：理解工程师对公众的安全、健康和福祉，以及环境保护的社会责任，能够在工程实践中自觉履行责任	目标 O1

任务目标与培养规格对照表如表 5-2 所示。

表 5-2　任务目标与培养规格对照表

培养规格	规格要求	任务目标
素养	（1）通过知识学习，培养学生具备严谨的工作态度、爱岗敬业、勇于创新的精神； （2）通过技能实训，培养学生树立独立思考、追求卓越的意识，以及勇于探索科学解决问题的方法能力	目标 O1

续表

培养规格	规格要求	任务目标
能力	（1）在车辆自动驾驶系统应用平台上，能够实现路径规划与避障功能测试所需的传感器、执行器的调用操作，以及路径规划与避障相关算法的选择和参数配置等环节； （2）能够基于 Autoware 在车辆自动驾驶系统应用平台上完成路径规划与避障功能测试	目标 O2 目标 O3
知识	（1）掌握车辆自动驾驶系统应用平台路径规划与避障功能测试的方法与流程； （2）了解降采样、自主定位、雷达聚类目标检测算法、目标跟踪、全局路径规划与局部路径规划、候选路径等参数设置的方法	目标 O1 目标 O2 目标 O3

任务描述

基于 Autoware 的低速无人驾驶车辆实现路径规划与避障功能，具体内容包括激光雷达的启动、点云地图的加载、world 到 map 的映射以及 Base_link 到 Velodyne 的 TF 变换、降采样的设置、自主定位的加载、雷达聚类目标检测算法的配置、目标跟踪的实施、全局与局部路径规划的设定、路径起终点的设定、雷达聚类目标检测的实现、候选路径的生成以及无人驾驶小车路径跟踪的控制。在基于 Autoware 的低速无人驾驶车辆上配置路径规划功能，需执行一系列严谨的步骤。

首先，确保激光雷达正常启动，作为获取环境数据的关键传感器。

其次，加载点云地图，该地图包含环境的三维信息，有助于车辆了解周围环境。

再次，进行坐标变换，将不同坐标系对应，确保车辆定位的准确性。为了提高处理速度，需对点云数据进行降采样。同时，加载自主定位算法，以确定车辆的精确位置和姿态。配置雷达聚类目标检测算法同样重要，使车辆能实时检测周围的障碍物和目标。随后，实施目标跟踪，预测目标的运动轨迹，为路径规划提供依据。设置全局和局部路径规划策略，全局规划关注大范围路径选择，局部规划关注细节调整。根据任务需求设定路径的起点和终点。基于目标检测结果生成候选路径，并从中选择最优路径。

最后，通过控制无人驾驶小车的运动系统，使其按照规划的路径行驶并完成跟踪任务。这一系列步骤要求严谨和精确，因为任何错误都可能导致行驶过程中出现问题。

任务实施

1）任务准备。

（1）Windows 10 电脑 Intel(R) Core(TM) i5CPU 及以上，内存 8G 以上，硬盘 500G 以上（带以太网接口）；

（2）车辆自动驾驶系统应用实训平台 XHV-B0；

（3）自动驾驶教学实训平台操作手册；

（4）Ubuntu 18.04；

（5）Autoware. ai V1. 14；

（6）ROS 系统。

2）步骤与现象。

步骤一：启动 Autoware. ai

打开终端，输入如图 5-1 所示的命令，启动 Autoware. ai。

```
1  cd docker/generic
2  sudo ./run.sh -c off
3  roslaunch runtime_manager runtime_manager.launch
```

图 5-1　启动 Autoware. ai

路径规划与避障功能测试

步骤二：开启禾赛雷达

另起终端，输入如图 5-2 所示的命令，开启适配好的禾赛激光雷达。

```
1  $ docker exec -it autoware bash
2  $ cd /root/custom_ws/
3  $ ~/custom_ws# source devel/setup.bash
4  $ roslaunch hesai_lidar hesai_lidar.launch
```

图 5-2　开启适配好的禾赛激光雷达

步骤三：加载点云地图，加载 world 到 map 以及 Base_link 到 Velodyne 的 TF 变化

（1）如图 5-3 所示，在"Setup"菜单中，勾选"Localizer"模块下"Velodyne"选项。

（2）在"Baselink to Localizer"模块，正确配置 x，y，z，yaw，pitch，roll 等参数。

（3）单击"TF"按钮，获取雷达中心点与车身后轴中心点的相对位置关系（以右手坐标系为准，真车后车轴为原点）。

（4）继续单击"Vehicle Model"按钮，如果该选项为空，系统将自动加载一个默认模型。需要注意的是，在 rviz 显示时，如果存在激光雷达数据，车辆将显示为黑色。

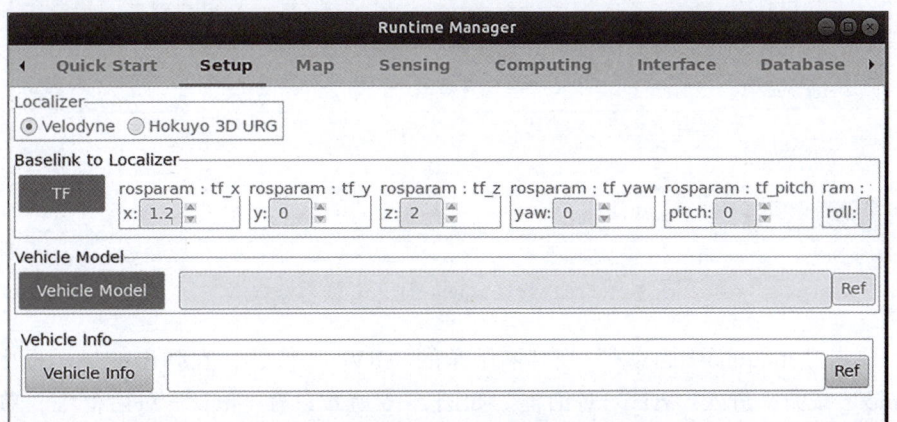

图 5-3　加载点云地图

（5）如图 5-4 所示，在"Map"菜单中，请先单击"Point Cloud"按钮右侧的"Ref"

按钮，加载 .pcd 格式的点云地图文件。随后，再次单击"Point Cloud"按钮，当进度条显示为 OK，即表示加载完成。

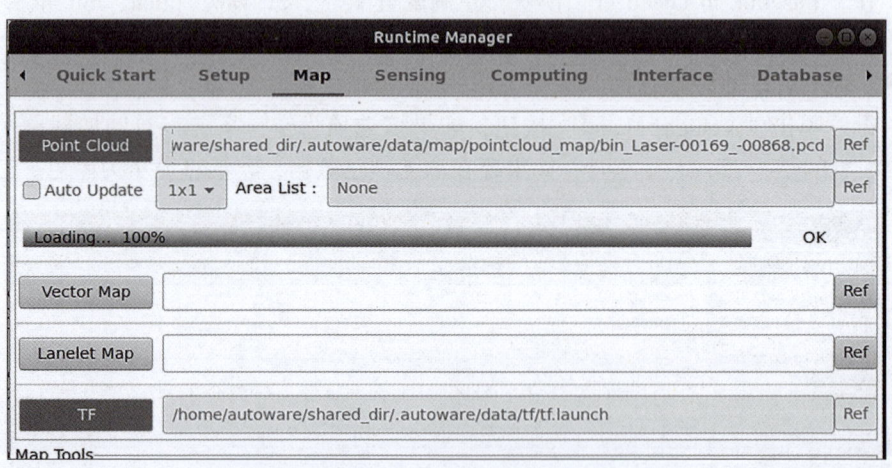

图 5-4　加载 pcd 文件

（6）如图 5-5 所示，进入"Map"菜单，单击"TF"按钮右侧的"Ref"按钮，选择/home/autoware/shared_dir/. autoware/data/tf/tf. launch 文件。加载默认的世界坐标系到地图坐标系的转换关系。随后，单击"TF"按钮即可完成设置。

图 5-5　加载默认 world 到 map 的坐标转换

（7）单击"Runtime Manager"窗口右下角的"RViz"按钮，在弹出的显示框中单击左下角"Add"按钮，进入"rviz"对话框。如图 5-6 所示，在"rviz"对话框中，单击"By topic"标签，找到话题"/vector_map"下的"MakerArray"并添加，则"rviz"中出现了矢量地图。

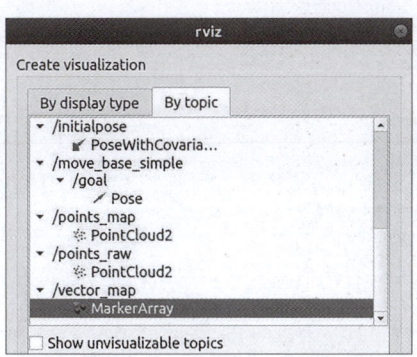

图 5-6 添加 vector_map 话题

步骤四：设置降采样方法

（1）在"Sensing"菜单中，定位到"Points Downsampler"下的"voxel_grid_filter"选项，单击右侧的"app"链接，弹出"voxel_grid_filter"对话框。

（2）如图 5-7 所示，在"voxel_grid_filter"对话框中，设置"Voxel Leaf Size"为 0.5，表示边长为 0.5 m 的立方体内的所有点近似为一个质心。设置"Measurement Range"为 200，表示点云的有效距离为 200 m。

（3）设置完毕后，单击"OK"按钮，即可关闭"voxel_grid_filter"对话框。

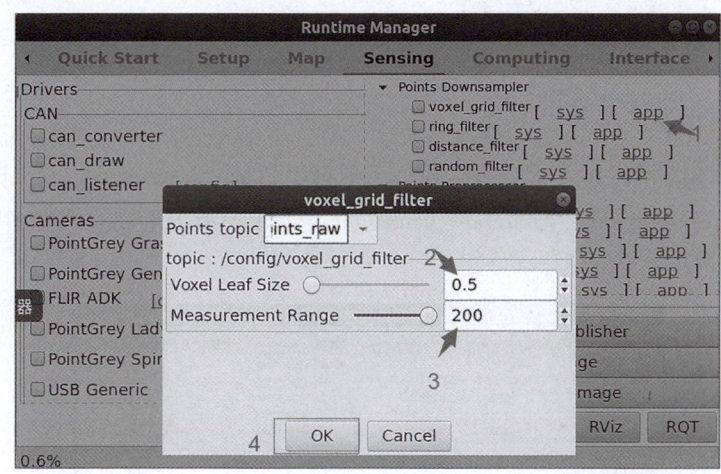

图 5-7 设置滤波器

（4）如图 5-8 所示，单击"Sensing"菜单，在"Sensing"标签页中勾选"Points Downsampler"下的"voxel_grid_filter"选项和"Points Preprocessor"下的"ray_ground_filter"选项。

（5）单击"ray_ground_filter"选项右侧的"app"链接，弹出"ray_ground_filter"对话框。

（6）如图 5-9 所示，在"ray_ground_filter"对话框中设置相应参数。设置完成后，单击"OK"按钮，退出"ray_ground_filter"对话框。

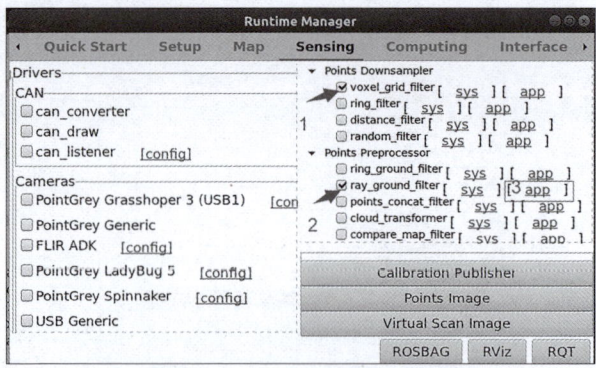

图5-8　勾选点云降采样和点云前处理方式

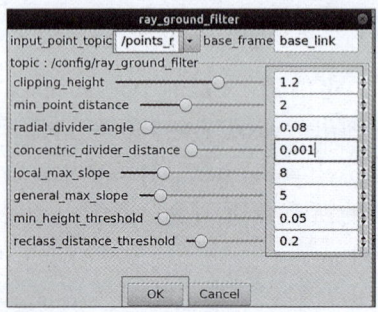

图5-9　点云前处理参数设置

步骤五：加载自主定位

（1）如图5-10所示，在"Computing"标签页中勾选"lidar_localizer"下用于对车辆进行定位的"ndt_matching"和"autoware_connector"下用于输出车辆的位姿和速度信息"vel_pose_connect"选项。

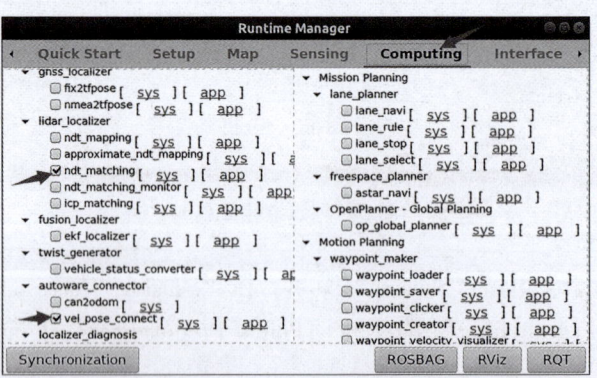

图5-10　车辆定位节点与姿态、速度输出节点

（2）单击"ndt_matching"右侧的"app"链接，弹出"ndt"对话框，对"ndt_matching"的参数进行相应设置，如图5-11所示。若未使用GPU，应选择"pcl_generic"；若已使用GPU，则应选择"pcl_anh_gpu"。

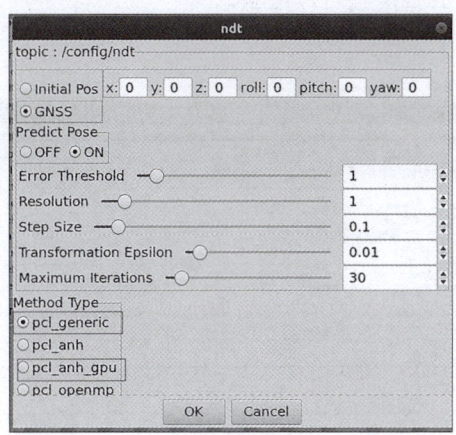

图 5-11　车辆进行定位参数设置

（3）单击"vel_pose_connect"右侧的"app"，弹出"vel_pose_connect"对话框。对"vel_pose_connect"的参数进行设置，并确保"Simulation Mode"未被勾选，如图 5-12 所示。

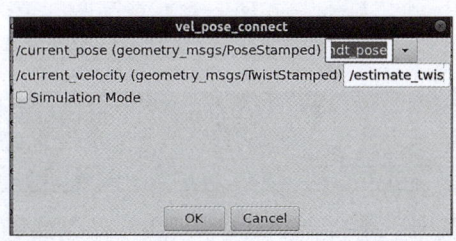

图 5-12　姿态、速度输出节点参数设置

步骤六：雷达聚类目标检测算法设置

（1）如图 5-13 所示，在"Computing"标签页中勾选"Detection"下的"lidar_euclidean_cluster_detect"，单击其右侧的"app"链接，弹出"lidar_euclidean_cluster_detect_param"对话框。该节点用来检测障碍物，此处使用的是雷达聚类算法，需要根据实际需求单击相应的节点。

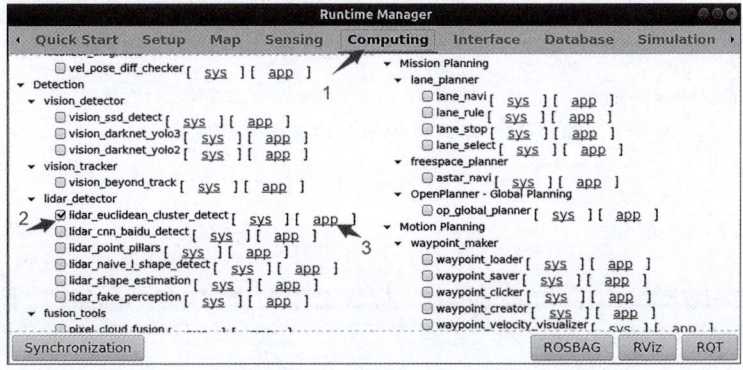

图 5-13　勾选雷达聚类算法

（2）如图 5-14 所示，在弹出的对话框中对"lidar_euclidean_cluster_detect_param"的参
数进行设置。

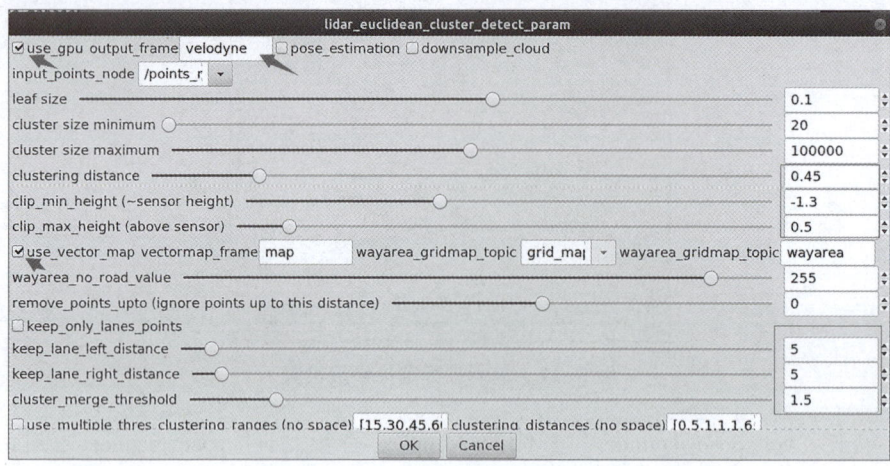

图 5-14　雷达聚类算法参数设置

（3）如图 5-15 所示，打开"RViz"界面，查看地图匹配情况。

图 5-15　查看"RViz"中地图匹配情况

步骤七：目标跟踪

（1）如图 5-16 所示，在"Computing"标签页中勾选"lidar_tracker"下用于对障碍物
进行跟踪的"lidar_kf_contour_track"选项。

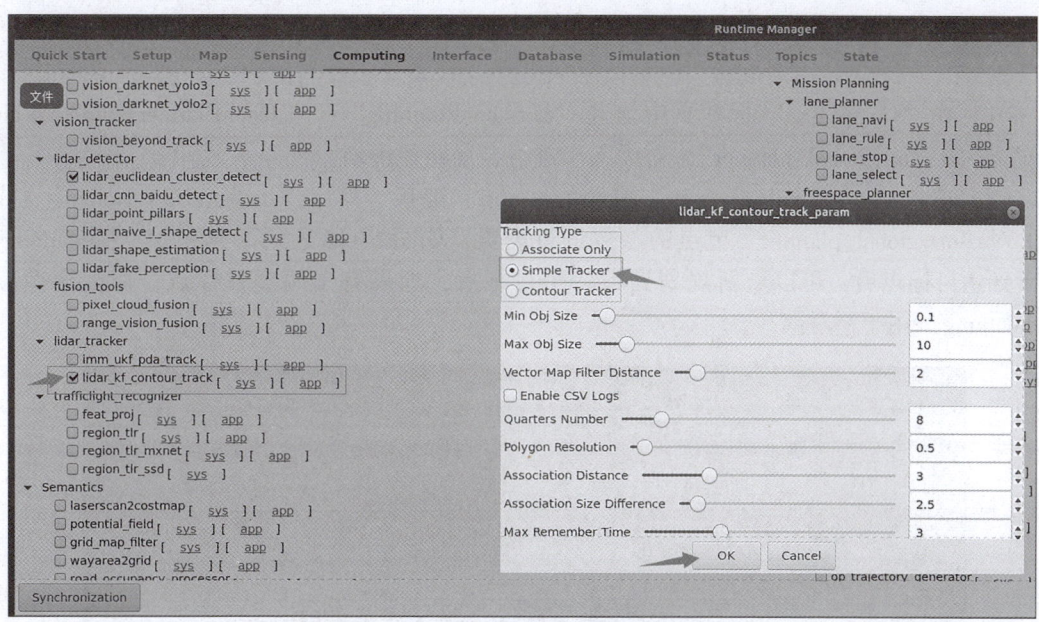

图 5-16 障碍物跟踪算法

（2）如图 5-17 所示，在"RViz"界面左下角单击"Add"按钮，弹出的显示框中单击"By display type"标签，找到"BoundingBoxArray"类型并添加，话题设置为"/op_planner_tracked_boxes"，此时"RViz"界面中出现了彩色矩形块。

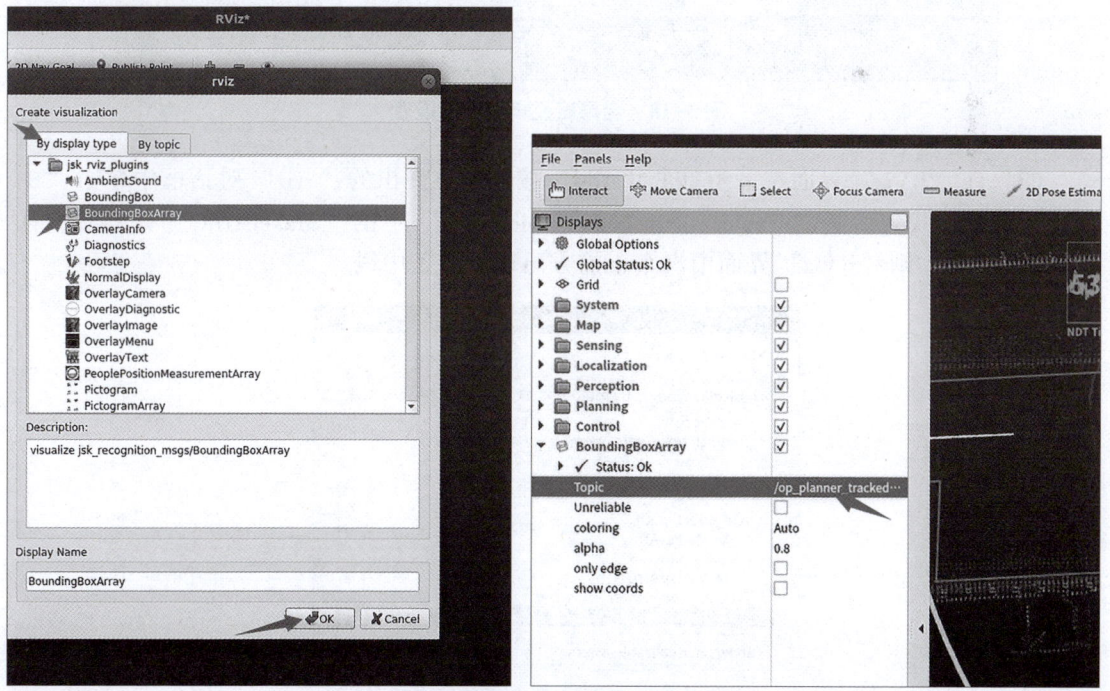

图 5-17 障碍物显示设置

步骤八：设置全局路径规划

（1）在"Computing"标签页中勾选"Mission Planning"—"OpenPlanner-Global Planning"下的"op_global_planner"，对无人车进行全局路径规划。

（2）单击"op_global_planner"右侧的"app"链接，弹出"op_global_planner"对话框。对"op_global_planner"节点的参数进行设置，如图5-18所示。其中，"Replanning"用于到达目标点后，可以重新规划到下一个目标点，如果有了两个目标点，那么会循环；"Smoothing"用于平滑路径。

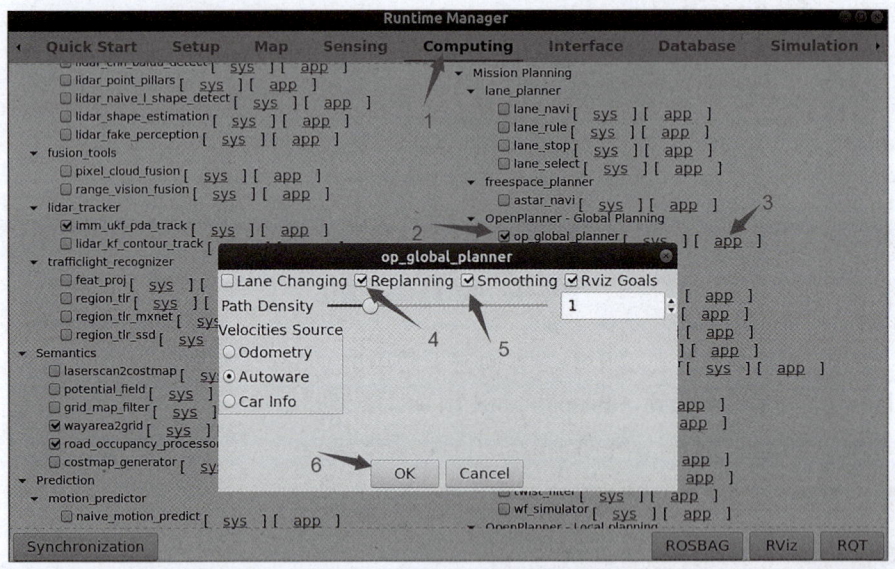

图5-18　全局路径规划参数设置

（3）在"RViz"界面左下角单击"Add"按钮，在弹出的"rviz"对话框中单击"By topic"标签，找到话题"/vector_map_center_lines_rviz"下的"MakerArray"并添加，如图5-19所示。则"RViz"界面中汽车正前方出现了一条中线。

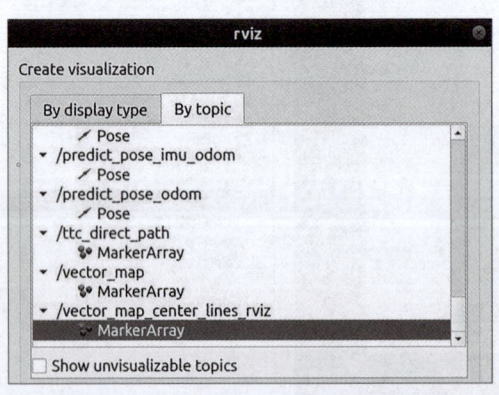

图5-19　添加全局路径规划话题

步骤九：设置局部路径规划

（1）如图 5-20 所示，在"Computing"标签页中勾选"Motion Planning"—"OpenPlanner - Local planning"下的所有节点，对无人车进行局部路径规划。

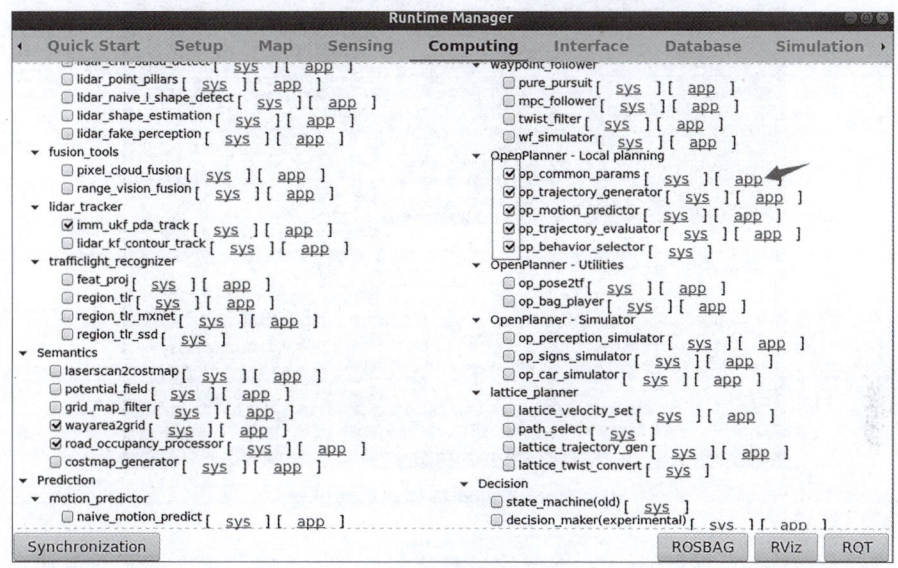

图 5-20　局部路径规划选择

（2）对"op_common_params"节点的参数进行设置，如图 5-21 所示。其中，"Plan Distance"用于设置路径两侧衍生出的局部路径的长度；"Path Density"用于设置局部路径上两个轨迹点的距离；"Horizontal Density"用于设置两个局部路径的间距；"Rollouts Number"用于设置局部路径的数量；"Max Velocity"用于设置路径上的执行速度，避障时局部路径上的速度减半，单位为 m/s；"Follow Distance"是关键参数，沿着路径设置从多远检测障碍物；"Avoiding Distance"用于感知到路径上的障碍物，判断多远开始绕行；"Avoidance Limit"用于判断距离障碍物多远时可以行驶；"Lateral Safety"与"Longitudinal Safty"设置车辆安全框的尺寸，分别代表车辆安全框的宽与长。

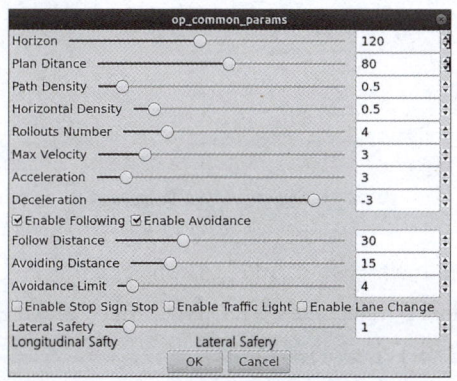

图 5-21　局部路径规划参数设置

（3）对"op_trajectory_generator"节点的参数进行设置，如图5-22所示。其中，"Tip Margin"用于设置车身到路径分叉点的距离；"Roll In Margin"用于设置局部路径弯折的距离。

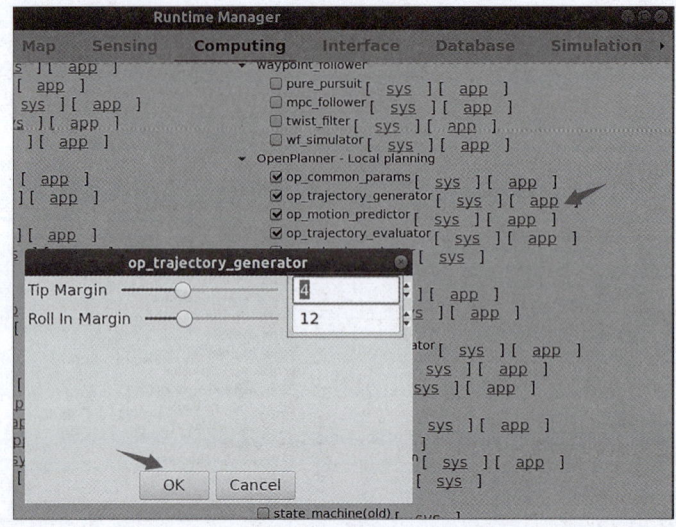

图5-22　局部路径规划参数设置

（4）对"op_motion_predictor"节点的参数进行设置，如图5-23所示。其中，"Detect curbs from map"用于将路沿判定为障碍物。

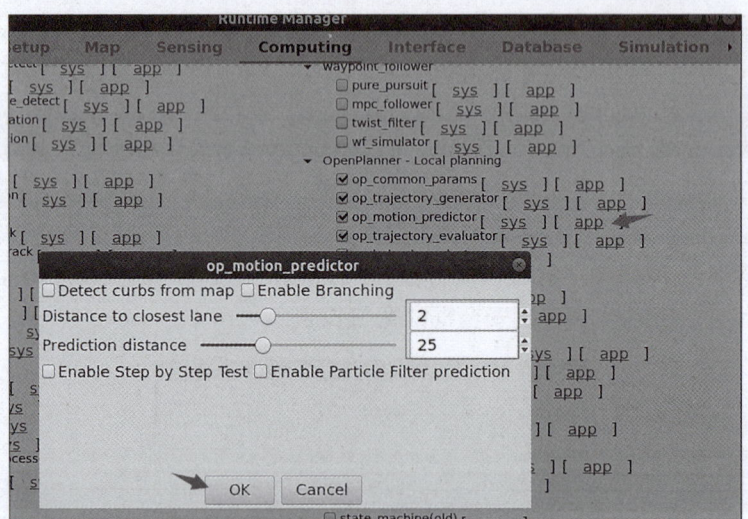

图5-23　局部路径规划参数设置

（5）在"Rviz"界面左下角单击"Add"按钮，弹出的"rviz"对话框中单击"By topic"标签，找到话题"/local_trajectories_eval_rviz"的"MakerArray"并添加，如图5-24所示，则"RViz"界面中出现了多条局部路径。

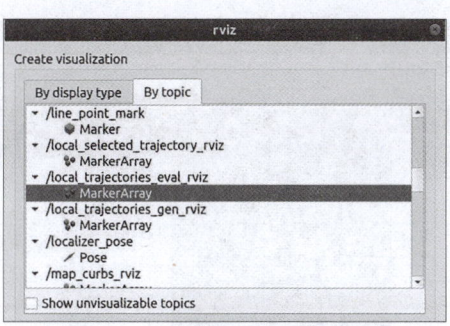

图 5-24　添加全局路径规划话题

步骤十：设置路径规划起点与终点

（1）打开"RViz"界面，将"Global Optoins"选项下的"Fixed Frame"改为"map"，重新单击下方的"Grid"和"Map"，即可加载点云地图数据。

（2）在打开的"RViz"界面中，单击上方的"2D Pose Estimate"，选定起点。

（3）单击"2D Nav Goal"按钮，设定目标终点，将自动计算并规划从起始点到目标终点的全局路径。如图 5-25 所示是设置路径规划起点与终点。

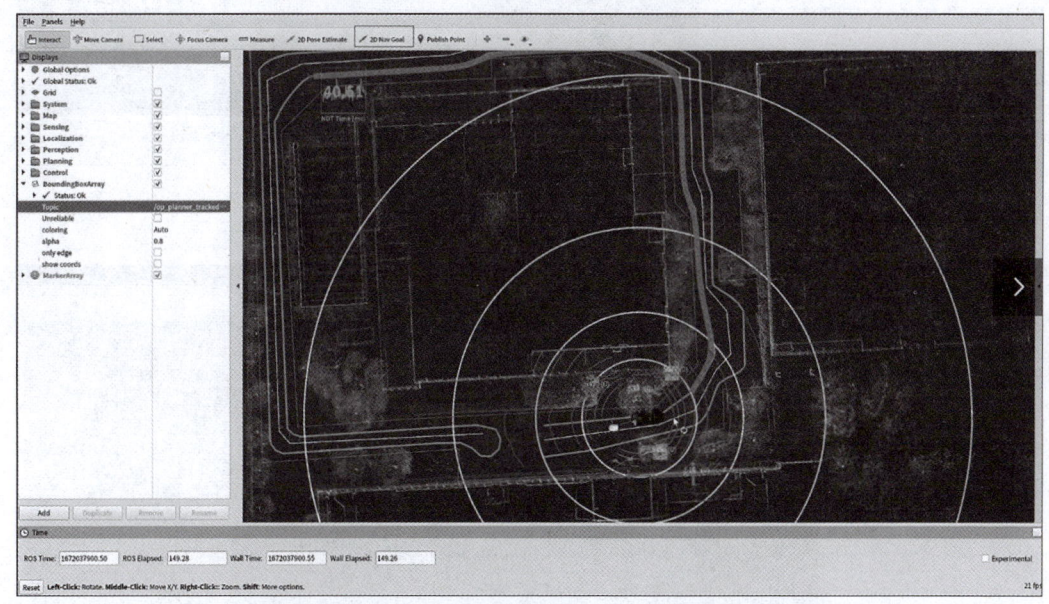

图 5-25　设置路径规划起点与终点

步骤十一：雷达聚类目标检测

（1）单击"RViz"界面中的"Add"按钮，进入"rviz"对话框。

（2）在"rviz"对话框中，单击"By topic"标签。如图 5-26 所示，在"By topic"标签页中勾选"/detection"—"/lidar_detector"—"/objects_markers"下的"MarkerArray"，订阅雷达聚类目标检测的话题，即对周围环境进行检测。雷达聚类目标检测的效果如图 5-27 所示。

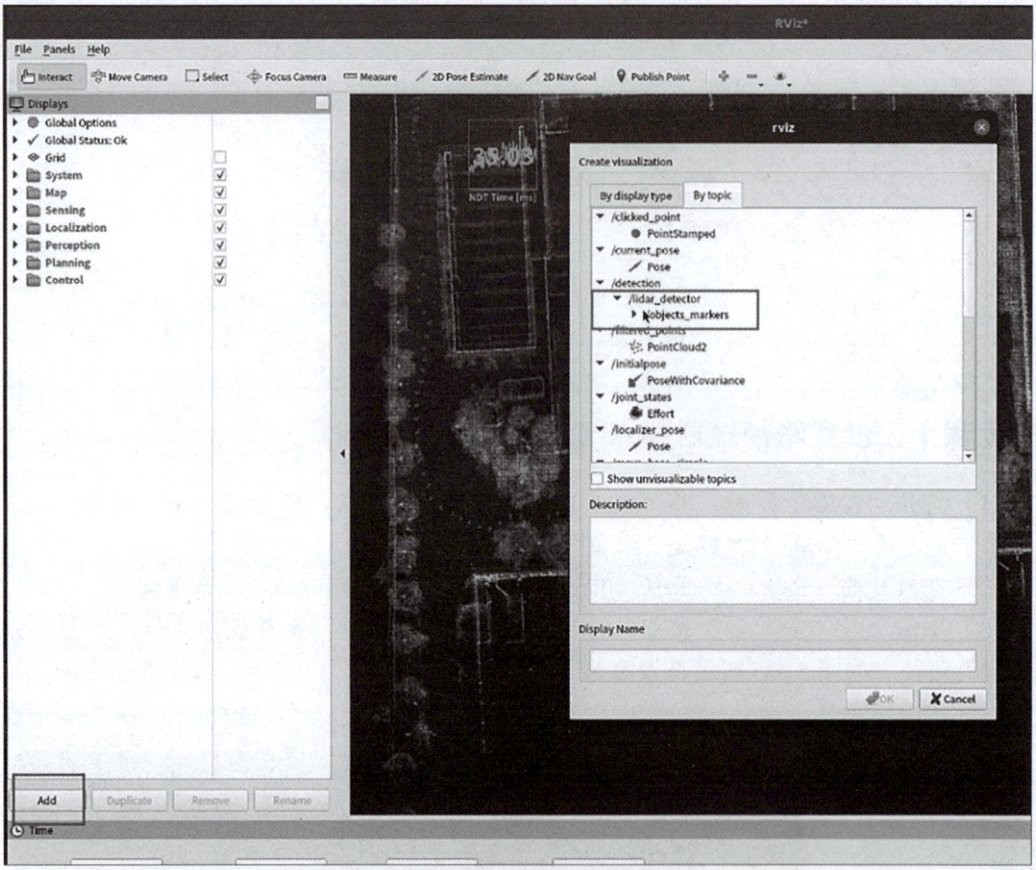

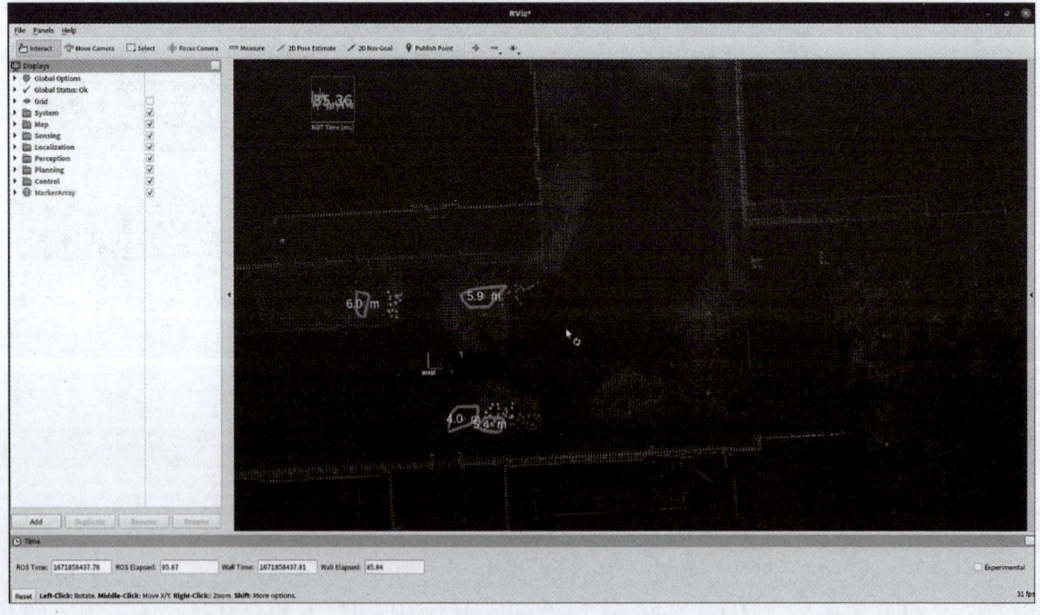

图 5-26　雷达聚类目标检测节点选择

图 5-27　雷达聚类目标检测的效果

步骤十二：生成候选路径

（1）单击"RViz"界面中的"Add"按钮，打开"rviz"对话框。

（2）在"rviz"对话框中，单击"By topic"标签。在"By topic"标签页中单击"/local_selected_trajectory_rviz"下的"MarkerArray"、"/local_selected_trajectory_rviz"下的"MarkerArray"、"/local_selected_trajectory_rviz"下的"MarkerArray"，此时即可订阅局部路径规划的消息，产生多条候选路径。

（3）对生成的路径进行评估，选择不会碰到障碍物的路线进行行驶。如图 5-28 所示是生成的候选路径。

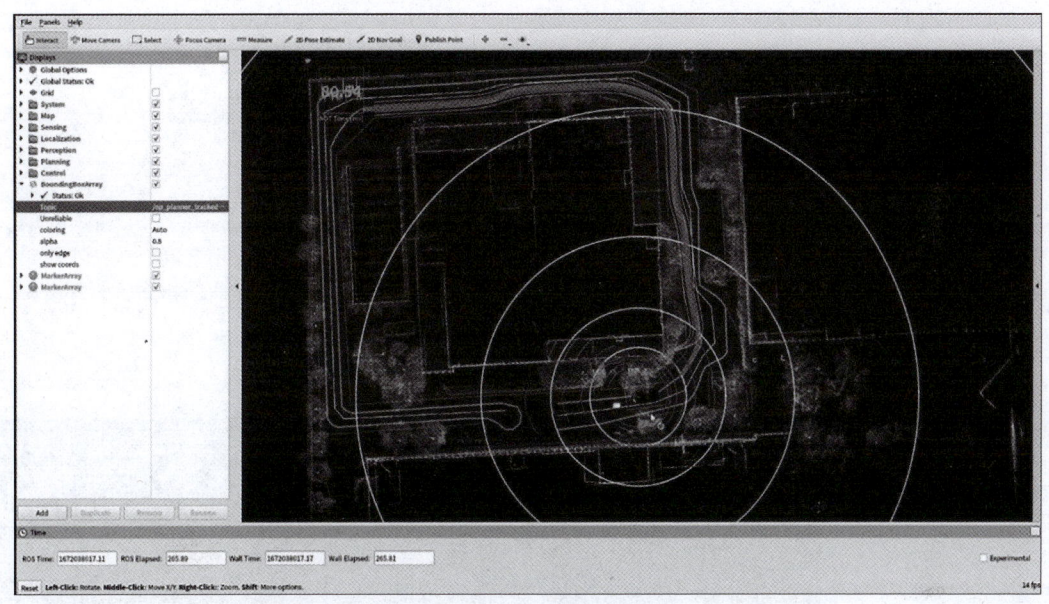

图 5-28　生成的候选路径

步骤十三：设置路径跟踪，控制小车完成路径跟踪

（1）另起终端，输入如图 5-29 所示命令，打开线控底盘通信。

（2）如图 5-30 所示，在"Computing"标签页下，勾选"Motion Planning"—"waypoint_follower"下的"pure_pursuit"和"twist_filter"。如图 5-31 所示是路径规划示例，此时将车开到黄色引导线位置即可沿着规划的路径驾驶。

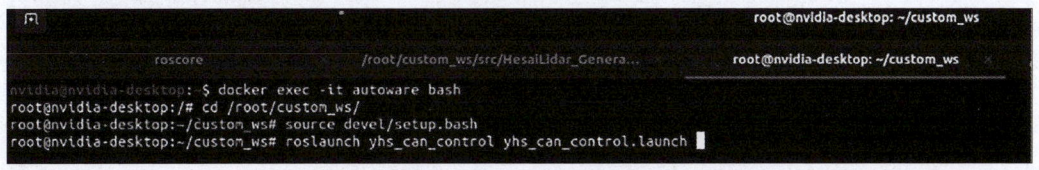

图 5-29　输入命令打开线控底盘通信

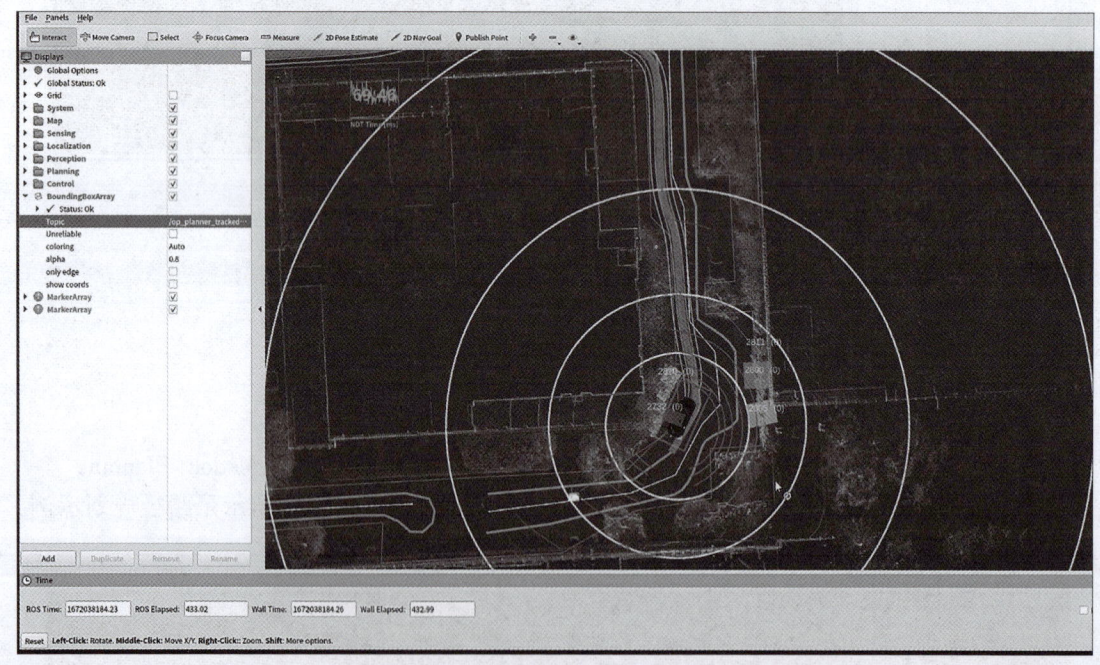

图 5-30　配置路径跟踪

图 5-31　路径规划示例

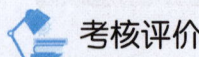 考核评价

　　根据任务实施过程，结合素养态度、能力培养、知识掌握的效果，使用如表 5-3 所示的任务实施考核评价表，由教师对任务实施情况进行打分。

表 5-3　任务实施考核评价表

评价类别	评价内容	分值	得分
素养	（1）通过知识学习，培养学生具备严谨的工作态度、爱岗敬业、勇于创新的精神； （2）通过技能实训，培养学生树立独立思考、追求卓越的意识，以及勇于探索、科学解决问题的方法能力	30	
能力	（1）在车辆自动驾驶系统应用平台上，能够实现路径规划功能测试所需的传感器、执行器的调用操作，以及路径规划相关算法的选择和参数配置等环节； （2）能够基于 Autoware 在车辆自动驾驶系统应用平台上完成路径规划功能测试	30	
知识	（1）掌握车辆自动驾驶系统应用平台路径规划功能测试的方法与流程； （2）了解降采样、自主定位、雷达聚类目标检测算法、目标跟踪、全局路径规划与局部路径规划、候选路径等参数设置的方法	40	
总分			
评语			

考核评价根据任务要求设置评价项目，以项目内容的完成度作为考核评分点进行评分，项目评分包含配分、分值和得分，教师可以根据学生的项目内容完成情况进行评分。

考核评价中任务目标达成度由子目标组成，评价项目支撑任务目标。教师根据任务目标评价学生的任务完成情况。任务考核评价表如表 5-4 所示。

表 5-4　任务考核评价表

实训项目	车辆自动驾驶系统应用实训平台路径规划与避障功能测试						
评价项目	项目内容	配分	分值	得分	目标O1	目标O2	目标O3
启动 Autoware.ai	Autoware.ai 启动命令正确	4	2				
	Autoware.ai 正确启动		2				
启动激光雷达	激光雷达启动命令正确	6	2				
	激光雷达正确启动		4				
加载点云地图，加载 world 到 map 以及 Base_link 到 Velodyne 的 TF 变化	车辆定位方式选择正确	14	2				
	点云地图加载正确		4				
	雷达坐标设置合理		4				
	世界坐标系到地图坐标系的转换设置正确		4				

续表

实训项目	车辆自动驾驶系统应用实训平台路径规划与避障功能测试						
评价项目	项目内容	项目评分			任务目标达成度		
		配分	分值	得分	目标 O1	目标 O2	目标 O3
设置降采样	降采样设置滤波器参数设置合理	8	4				
	点云前处理参数设置合理		4				
加载自主定位	自主定位节点选择正确	10	2				
	车辆进行定位参数设置合理		4				
	姿态、速度输出节点参数设置合理		4				
雷达聚类目标检测算法设置	雷达聚类目标检测算法选择正确	6	2				
	雷达聚类目标检测算法参数设置合理		4				
目标跟踪	目标跟踪算法选择正确	8	2				
	目标跟踪算法参数设置合理		4				
	rviz 中话题设置正确		2				
设置全局路径规划	全局路径规划算法选择正确	8	2				
	全局路径规划算法参数设置合理		4				
	rviz 中话题设置正确		2				
设置局部路径规划	局部路径规划算法选择正确	10	4				
	局部路径规划算法参数设置合理		4				
	rviz 中话题设置正确		2				
设置路径规划起点与终点	路径规划起点设置正确	8	4				
	路径规划终点设置正确		4				
雷达聚类目标检测算法设置	雷达聚类目标检测的话题设置正确	4	4				
生成候选路径	候选路径的话题设置正确	4	4				
设置路径跟踪，控制小车完成路径跟踪	线控底盘通信启动命令正确	10	4				
	线控底盘通信启动正确		2				
	路径跟踪选择正确		2				
	路径跟踪速度滤波算法选择正确		2				
综合评价							

注：

① 项目评分请按每项分值打分，填入"得分"栏。

② 任务目标达成度根据任务完成情况进行评价，对照任务目标是否达成进行勾选，达成则打上"√"，不达成则打上"×"。

③ 任务目标达成度中"NC"表示本行评价内容与对应任务目标无关。

根据任务目标达成度的评价结果，结合任务实施过程、项目评分结果，教师使用如表5-5所示的任务持续改进表进行改进。

表 5-5　任务持续改进表

评价项目	上一轮改进措施	本轮改进内容	本轮改进效果	下一轮改进措施
启动 Autoware. ai				
启动激光雷达				
加载点云地图，加载 world 到 map 以及 Base_link 到 Velodyne 的 TF 变化				
设置降采样				
加载自主定位				
雷达聚类目标检测算法设置				
目标跟踪				
设置全局路径规划				
设置局部路径规划				
设置路径规划起点与终点				
雷达聚类目标检测算法设置				
生成候选路径				
设置路径跟踪，控制小车完成路径跟踪				

知识分析

1）Autoware 主体框架。

Autoware 主要包括 Sensing，Computing（Perception、Decision、Planning）、Actuation 等几个部分，如图 5-32 所示。

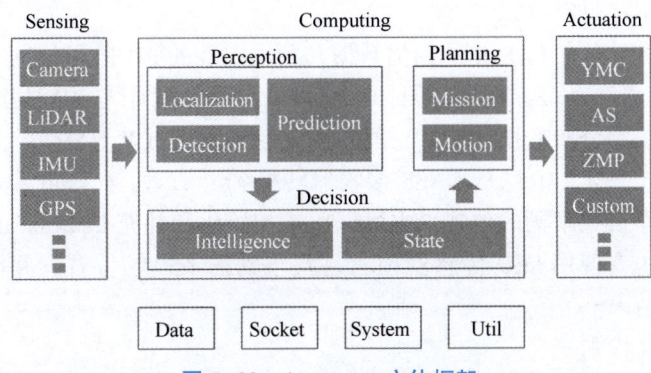

图 5-32　Autoware 主体框架

其中 Sensing 模块对应的是各类传感器对真实世界中各类数据的采样，例如 Camera 采样图像、LiDAR 采样激光点云等，采样数据属于未处理的原始数据，需要输入到 Computing 模块进行计算处理。Computing 模块主要是为了对传感器采样的原始数据进行加工处理，最后以实现安全高效的导航为目的，将规划结果输出给 Actuation 模块。其中 Computing 模块主要分为 3 个小模块。

Perception（感知模块），这部分要处理 Localization（通过车辆当前采集传感器数据和已有地图进行自身定位，若无地图需要通过 SLAM 构建地图），然后 Detection 模块负责检测周围与车辆有场景交互的非自身个体（车辆、行人等），Prediction 模块会对检测出的物体进行未来预测估计，以便提前规划防止碰撞。

Decision（决策模块），根据之前感知的结果，Autoware 决策一个由有限状态机表示的驾驶行为，以便可以选择适当的计划功能。当前的决策方法基于规则的系统。

Planning（规划模块），主要是根据决策和起始点和目标点，采用 Mission 和 Motion 模块可以计算出一条 kinodynamic 的路径。

Actuation 模块，表示驱动器模块，如 YMC 驱动器等，接收 Planning 模块出来的规划结果，经历驱动器实现驱动控制。

Autoware 各个模块对应不同的 ros 节点，如图 5-33 所示。

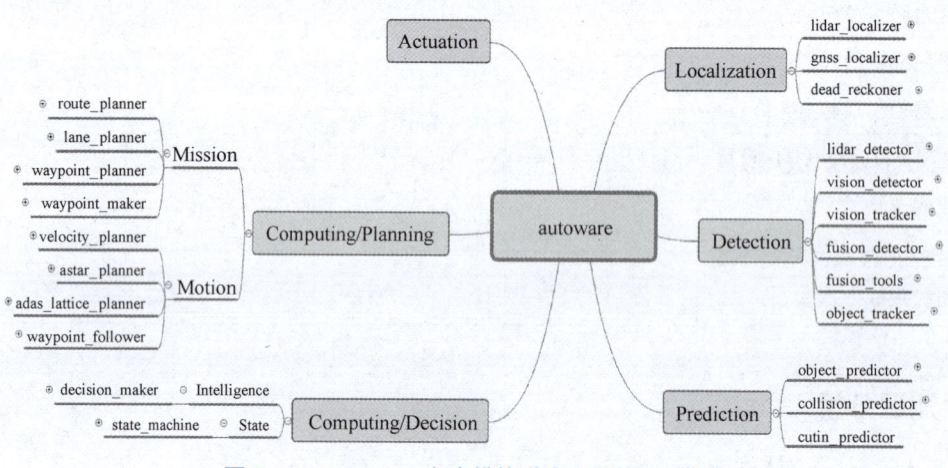

图 5-33 Autoware 各个模块对应不同的 ros 节点

2）各个模块节点的功能简介。

（1）Localization（自定位）。

lidar_localizer 使用来自 LiDAR 的扫描数据和预先安装的 3D 地图信息，计算车辆在全球坐标中的自我定位（x，y，z，侧倾，俯仰，偏航）位置。对于与 3D 地图匹配的 LiDAR 扫描，我们建议使用正态分布变换（NDT）算法，同时还支持 ICP 算法。

gnss_localizer 将 NMEA 消息从 GNSS 接收器转换到（x，y，z，roll，pitch，yaw）位置。该结果可以单独用作自我车辆的位置，也可以用于初始化和补充 lidar_localizer 的结果。

dead_reckoner 主要使用 IMU 传感器预测自我车辆的下一帧位置，并内插 lidar_localizer 和 gnss_localizer 的结果。

（2）Detection（检测）。

lidar_detector 从 3D 激光扫描仪读取点云数据，并提供基于 LiDAR 的物体检测功能。其基本性能来自欧几里得聚类算法，该算法在地面上方找到 LiDAR 扫描（点云）的聚类。为了对集群进行分类，还支持基于 DNN 的算法，例如 VoxelNet 和 LMNet。

vision_detector 从摄像头读取图像数据，并提供基于图像的对象检测功能。主要算法包括 R-CNN、SSD 和 Yolo，它们被设计为执行单个 DNN 以实现实时性能。支持多种检测类型，例如汽车和乘客。

vision_tracker 提供了对 vision_detector 结果的跟踪功能。该算法基于 Beyond Pixels。投影图像平面上的跟踪结果，并通过 fusion_tools 将其与 3D 空间中的 lidar_detector 的结果组合在一起。

fusion_detector 可以从激光扫描仪读取点云数据，也可以从摄像头读取图像数据，并在 3D 空间中实现更精确的目标检测。激光扫描仪和摄像头的位置必须事先校准。当前的实现基于 MV3D 算法，与原始算法相比，该网络具有较小的扩展性。

fusion_tools 结合了 lidar_detector 和 vision_tracker 的结果。由 vision_detector 标志的类信息将添加到由 lidar_detector 检测到的点云集群中。

object_tracker 预测由以上程序包检测和识别的对象的运动。跟踪的结果可以进一步用于物体行为的预测和物体速度的估计。跟踪算法基于卡尔曼滤波器。另一个变体也支持粒子过滤器。

（3）Prediction（预测）。

object_predictor 使用上述对象跟踪的结果来预测运动对象（例如汽车和乘客）的未来轨迹。

collision_predictor 使用 object_predictor 的结果来预测自我车辆是否与运动中的物体发生碰撞。除了对象跟踪的结果之外，还需要自我车辆的航路轨迹和速度信息作为输入数据。

cutin_predictor 使用与 collision_predictor 相同的信息来预测相邻车辆是否在自我车辆的前方切入。

（4）Decision（决策）。

Autoware 的决策模块在感知和计划模块中间。根据感知的结果，Autoware 决策一个由有限状态机表示的驾驶行为，以便可以选择适当的计划功能。当前的决策方法基于规则的系统。

Intelligence

decision_maker 订阅了大量与感知结果、地图信息和当前状态有关的 topic，以便发布下一刻的状态 topic。状态更改将激活适当的 planning 功能。

State

state_machine 在预先定义的规则范围内改变状态，编排 decision_maker。

（5）Planning（规划）。

Autoware 中的最后一个计算是规划模块。该模块的作用是根据感知和决策模块的结果制定全局任务和局部（时间）运动的规划。通常，在执行车辆启动或重新启动时确定全局任务，而根据状态变化更新局部运动。例如，如果将 Autoware 的状态设置为"停止"，则规划模块将自我车辆的速度设置为在具有安全裕度的物体前面或在停止线处变为零。另一个示例是，如果将自动软件的状态设置为"避免"，则车辆的运动轨迹将会绕过障碍物。计划模块中包含以下主要软件包。

Mission：

route_planner 搜索到目的地的全局路线。路线由路网中的一组交叉路口表示。

lane_planner 确定要使用哪些车道以及 route_planner 发布的路线。车道由一组路标表示，即多个路标（每个路标对应于一个车道）由此程序包发布。

waypoint_planner 可以替代地用于生成到目的地的一组路标。该程序包与 lane_planner 的不同之处在于，它发布的是单条路线的中间点，而不是中间点的数组。

waypoint_maker 是保存和加载手工 waypoint 的实用工具。要将航路点保存到指定的文件，您可以在激活 localization 后手动驾驶车辆，并且 Autoware 会使用速度信息记录行驶路径的 waypoint。以后可以从指定的文件中加载已记录的 waypoint，以使运动规划模块订阅它们并遵循该路径。

Motion：

velocity_planner 更新从 lane_planner，waypoints_planner 或 waypoints_maker 订阅的 waypoint 的速度计划，以加快周围车辆和道路要素（例如停车线和交通信号灯）的速度。请注意，嵌入在给定航路点中的速度信息是静态的，而此程序包会根据驾驶场景更新速度计划。

astar_planner 实现了混合状态 A 搜索算法，该算法生成从当前位置到指定位置的可行轨迹。该软件包可用于避开障碍物和在给定的 waypoint 上急转弯，以及在诸如停车场等自由空间中进行选路。

adas_lattice_planner 实现了状态格规划算法，该算法基于样条曲线，预定义的参数表和 ADAS map（也称为矢量地图）信息在当前位置之前生成多个可行轨迹。该软件包主要用于避障和变道。

waypoint_follower 实现了 Pure Pursuit 算法，该算法生成一组扭曲的速度和角速度（或正角度），以通过匀速圆周运动将车辆移动到给定航路点上的目标 waypoint。该软件包应与 velocity_planner，astar_planner 和（或）adas_lattice_planner 结合使用。所发布的速度和角速度（或角度）的扭曲集合将由车辆控制器或线控界面读取，并且最终自动控制自主车辆。

3）基于采样的局部规划与避障算法。

局部路径规划是在全局路径规划的基础上，结合避障信息重新生成局部路径的一个模块。全局路径规划确定了从 A 到 B 的路径，但实际轨迹跟踪模块（如 Pure Pursuit）所跟踪的并非直接生成的全局路径，因为系统实际运行中可能出现其他情况。轨迹跟踪模块实际跟踪的是结合障碍物信息的局部路径。

局部路径规划算法繁多，包括人工势场法、动态窗口法等。此处要介绍的是 DARPA 比赛中斯坦福大学 Stanley 自动驾驶系统所使用的局部路径规划算法，这是一种基于采样的局部路径规划算法。该算法在 Autoware 的 op_planner 模块中也有应用，主要基于 Autoware 的 op_planner 模块进行。

op_planner 的 local_planner 主要分为两部分：Rollouts Generator 和 Rollouts Evaluator。Rollouts Generator 根据全局中心路径生成一系列平滑的候选局部路径，Rollouts Evaluator 则结合障碍物信息及其他因素计算各个 Rollout 的代价，从而选出最终平滑、无障碍的局部路径。

思考与练习

1. 判断题

（1）基于采样的局部规划主要基于 Autoware 的 op_planner 模块进行。　　（　　）

（2）本路径规划功能测试实验中，使用的目标检测雷达是毫米波雷达。　　（　　）

（3）在进行路径规划实验时，需要启动线控底盘，控制车辆行驶到设置的起点位置。

（　　）

2. 不定项选择题

（1）本实验中基于雷达的目标检测使用的算法是（　　）。

    A. 卷积云网络　　　　　　　　　　　　B. 卡尔曼滤波

    C. 欧几里得聚类　　　　　　　　　　　D. 人工智能检测

（2）使用 LiDAR 的扫描数据进行车辆定位时，需要设置 x、y、z、（　　）等参数。

    A 俯仰角　　　　　　B. 偏航角　　　　　　C. 水平线　　　　　D. 侧倾角

（3）路径规划功能测试实验步骤包含（　　）。

    A. 雷达坐标转换　　　　　　　　　　　B. 设置降采样

    C. 加载自主定位　　　　　　　　　　　D. 设置目标检测算法

3. 思考题

（1）查阅资料，和团队成员讨论车辆路径规划常用的方法有哪些？

（2）查阅资料，和团队成员讨论本实验中操作步骤的关键点有哪些？

 任务二　车辆自动驾驶系统应用实训平台路径规划功能故障诊断

任务目标

基于 OBE 教育理念，结合智能网联汽车技术专业毕业要求与任务特点，建立任务目标支撑毕业要求和培养规格的对应关系，确定任务目标如下：

1）目标 O1：掌握车辆自动驾驶系统应用实训平台检测与维修的方法与流程；

2）目标 O2：能够结合实训平台故障现象，分析故障原因，制定故障检测维修的流程；

3）目标 O3：能够独立使用工具、设备或软件，结合系统运行条件，完成检测与维修。

任务目标及毕业要求支撑对照表如表 5-6 所示。

表 5-6　任务目标及毕业要求支撑对照表

毕业要求	二级指标点	任务目标
1. 工程知识	毕业要求 1-2：能针对确定的、实用的对象进行求解	目标 O1 目标 O2 目标 O3
2. 问题分析	毕业要求 2-1：能运用适用于所属学科或专业领域的分析工具，识别与判断广义工程问题的关键环节	目标 O2 目标 O3
5. 使用现代工具	毕业要求 5-3：能够针对具体的对象，选择与使用满足特定需求的现代工具，模拟和预测专业问题，并能够分析其局限性	目标 O3

任务目标与培养规格对照表如表 5-7 所示。

表 5-7　任务目标与培养规格对照表

培养规格	规格要求	任务目标
素养	（1）通过技能实训、考核评价，培养质量意识、安全意识、规范操作意识； （2）通过制定故障维修流程，培养学生具有逻辑思维能力； （3）通过查询、检索、总结，培养学生自主学习的能力和创新精神	目标 O1
能力	（1）能够分析实训平台路径规划与避障功能常见的故障原因； （2）能够根据实训平台路径规划与避障功能常见的故障原因，制定故障检测维修的流程； （3）能够独立使用工具、设备或软件，结合系统运行条件，完成实训平台路径规划与避障功能故障的检测与维修	目标 O2 目标 O3

培养规格	规格要求	任务目标
知识	（1）了解实训平台路径规划与避障功能涉及的硬件组成情况； （2）了解实训平台路径规划与避障功能涉及的算法设置方法与参数含义； （3）掌握实训平台常见故障检测维修的方法与流程	目标01 目标02 目标03

任务描述

无人驾驶送货车已逐渐成为人们生活中不可或缺的一部分，其高效、精准的特点为人类生活带来了极大便利。然而，在某一看似寻常的日子，园区无人驾驶送货车突然出现无法按照设定路径行驶的故障。经过初步调查，故障原因确定为控制系统无法接收关键传感器信号，导致车辆丧失对周围环境的感知能力，进而无法按照设定路径行驶。为确保公众安全，园区管理部门迅速采取措施，暂停车辆运行，并组织技术团队展开故障排查。经过紧张有序的检测，技术团队成功找到故障关键，及时更换损坏零部件，并调试控制系统相关设置，使车辆恢复正常运行。

无人驾驶实训平台作为一种新兴技术，在实际应用过程中，可能因各种原因导致路径规划功能故障。例如传感器故障、算法错误、执行器故障等，这些都可能影响无人驾驶车辆的路径规划效果。因此，对无人驾驶实训平台的路径规划功能进行故障诊断，找出故障原因并进行修复，是确保无人驾驶系统正常运行的关键。

任务实施

1）任务准备。

（1）Windows 10 电脑 Intel（R）Core（TM）i5CPU 及以上，内存 8G 以上，硬盘 500G 以上（带以太网接口）；

（2）车辆自动驾驶系统应用实训平台 XHV-B0；

（3）自动驾驶教学实训平台操作手册；

（4）Ubuntu 18.04；

（5）Autoware.ai；

（6）ROS 系统。

2）步骤与现象。

步骤一：故障现象

故障现象 1：无人驾驶车路径规划功能失效。

故障现象 2：无人驾驶车避障功能失效。

步骤二：故障原因分析

参考自动驾驶教学实训平台操作手册，基于故障现象分析可能的故障原因类别，记录在表 5-8 中。

表 5-8　可能的故障原因分析

序号	故障现象 1 可能原因	故障现象 2 可能原因
1		
2		
3		
4		
5		
6		
7		
8		

步骤三：检测方法

（1）检查激光雷达。

参考模块二维护与诊断智能网联汽车环境感知系统的任务一智能网联汽车环境感知系统组装，如图 5-34 所示为检查实训平台激光雷达适配与开启情况。

（2）检查车辆状态。

通过遥控器上的电压显示以及启动声音来确定车辆的状态。车辆状态描述如表 5-9 所示，遥控器车辆电压监视界面如图 5-35 所示。

表 5-9　车辆状态描述

状态	描述
电池电压	当前电池电压可通过遥控器上的车辆底盘电压显示查看，剩余容量百分比可通过如表 5-10 所示的车辆电池电压与 SOC 对照表得知
故障指示灯	根据制动灯非驻车状态和制动状态下闪烁频率确定整车故障状态，1 s 一次为一级故障报警，1 s 两次为二级故障报警，1 s 三次为三级故障报警。 故障等级划分处理方式： 一级故障：CAN 信号和指示灯报警； 二级故障：CAN 信号、指示灯报警和整车降功率； 三级故障：CAN 信号、指示灯报警和驱动器下电处理

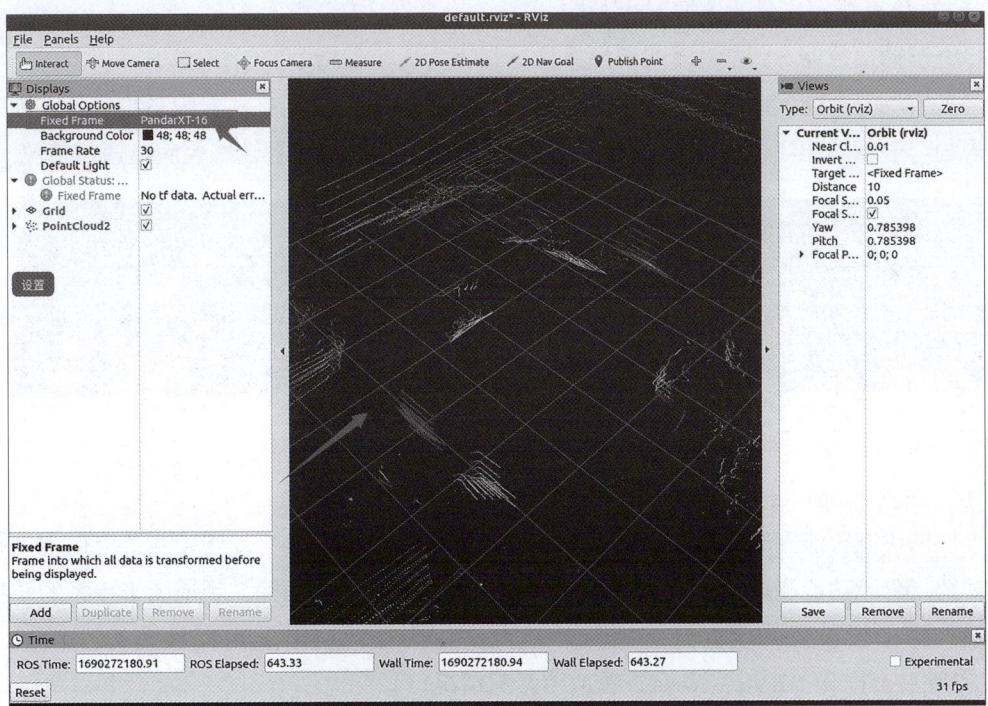

图 5-34 检查实训平台激光雷达适配与开启情况

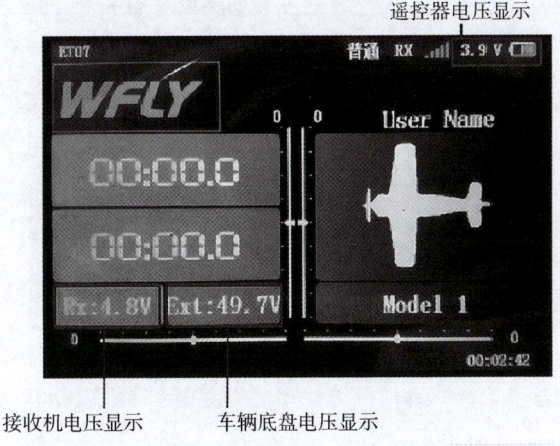

图 5-35 遥控器车辆电压监视界面

表 5-10 车辆电池电压与 SOC 对照表

车辆电池电压与剩余容量百分比对照表									
电压/V	51.03	49.8	49.75	49.74	49.68	49.63	49.52	49.29	49.17	48.97
SOC/%	100	95	90	85	80	75	70	65	60	55
电压/V	48.96	48.95	48.91	48.82	48.65	48.45	48.19	47.83	47.53	42.65
SOC/%	50	45	40	35	30	25	20	10I	10	7（停止输出）

（3）检查线控底盘通信情况。

检查车辆遥控器SA控制模式切换拨杆，是否为切换到指令控制模式。

参考模块五智能网联汽车综合测试与故障诊断的任务一车辆自动驾驶系统应用实训平台路径规划与避障功能测试，输入如图5-36所示命令，检查实训平台线控底盘通信情况。

```
nvidia@nvidia-desktop:~$ docker exec -it autoware bash
root@nvidia-desktop:/# cd /root/yhs_teleop_ws/
build/ devel/ src/
root@nvidia-desktop:/# cd /root/yhs_teleop_ws/
root@nvidia-desktop:~/yhs_teleop_ws# source devel/setup.bash
root@nvidia-desktop:~/yhs_teleop_ws# roslaunch yhs_can_control yhs_can_control.launch
```

图 5-36　检查实训平台线控底盘通信情况

（4）检查Autoware自动驾驶平台设置。

参考模块五智能网联汽车综合测试与故障诊断的任务一车辆自动驾驶系统应用实训平台路径规划与避障功能测试，检查点云地图加载设置，检查世界坐标系到地图坐标系的转换设置，检查降采样设置，检查自主定位加载设置，检查雷达聚类目标检测算法设置，如图5-37所示，打开"RViz"界面查看地图匹配情况。

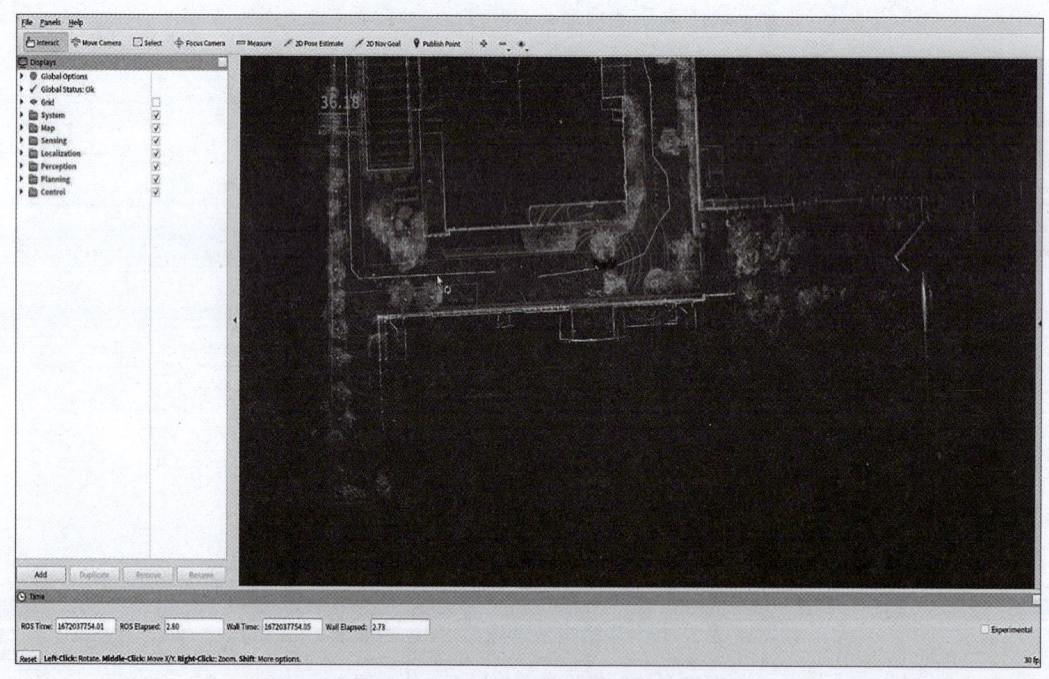

图 5-37　打开"RViz"界面查看地图匹配情况

检查目标跟踪算法参数设置，检查全局路径规划算法参数设置，检查局部路径规划算法参数设置，检查路径规划起点与终点设置，检查候选路径的话题设置，如图5-38所示，打开"RViz"界面查看路径生成情况。

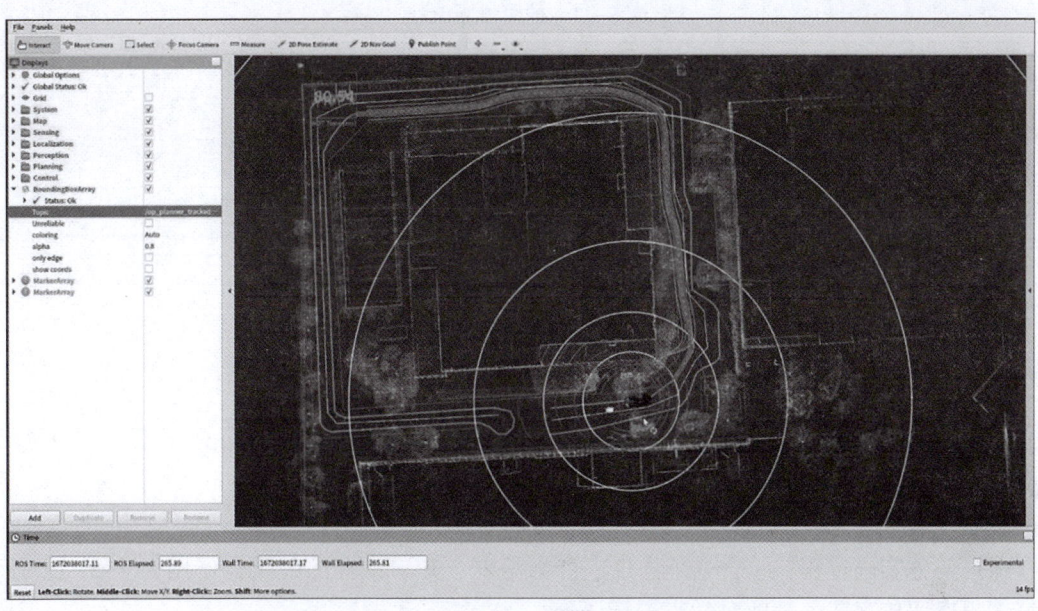

图 5-38 打开"RViz"界面查看路径生成情况

　　检查路径跟踪参数设置，如图 5-39 所示是路径规划与避障功能示例，控制车辆开到黄色引导线位置，观察车辆是否沿着规划路径行驶，在行驶路径上放置障碍物，观察避障功能是否正常。

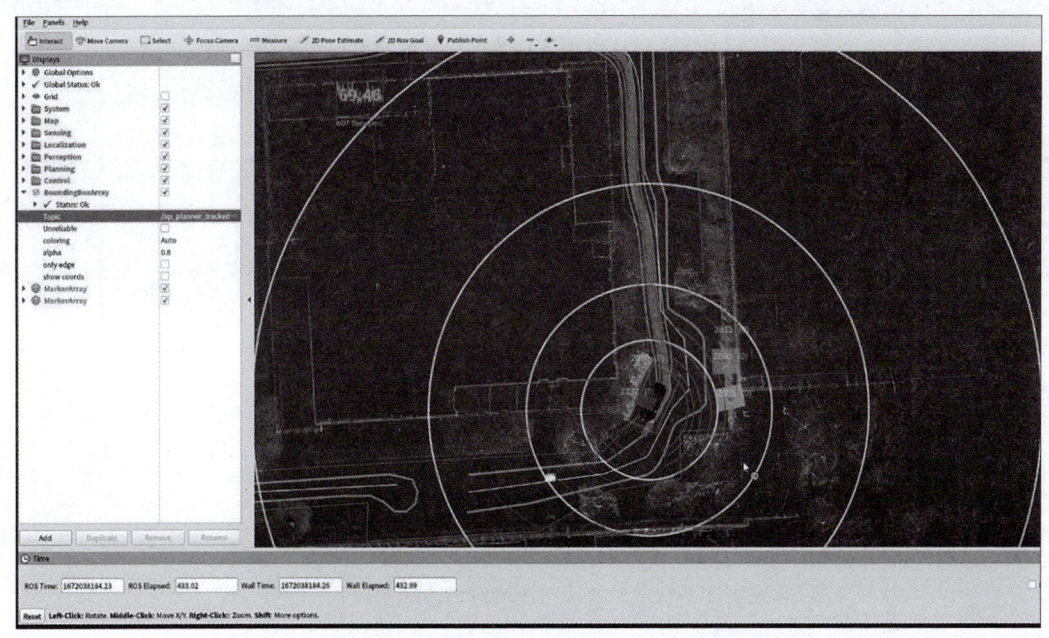

图 5-39 路径规划与避障功能示例（附彩插）

步骤四：维修流程制定

　　基于可能的故障原因分析，制定故障的诊断流程，填写在表 5-11 中。

表 5-11　故障诊断流程

步骤	判断结果"是"处理措施	判断结果"否"处理措施

 考核评价

　　根据任务实施过程，结合素养态度、能力培养、知识掌握的效果，使用如表 5-12 所示的培养规格评价表，由教师对学生进行评分。

表 5-12　培养规格评价表

评价类别	评价内容	分值	得分
素养	（1）通过技能实训、考核评价，培养质量意识、安全意识、规范操作意识； （2）通过制定故障维修流程，培养学生具有逻辑思维能力； （3）通过查询、检索、总结，培养学生自主学习的能力和创新精神	30	
能力	（1）能够分析实训平台路径规划与避障功能常见的故障原因； （2）能够根据实训平台路径规划与避障功能常见的故障原因，制定故障检测维修的流程； （3）能够独立使用工具、设备或软件，结合系统运行条件，完成实训平台路径规划与避障功能故障的检测与维修	30	
知识	（1）了解实训平台路径规划与避障功能涉及的硬件组成情况； （2）了解实训平台路径规划与避障功能涉及的算法设置方法与参数含义； （3）掌握实训平台常见故障检测维修的方法与流程	40	
总分			
评语			

　　考核评价根据任务要求设置评价项目，以项目内容的完成度作为考核评分点进行评分，项目评分包含配分、分值和得分，教师可以根据学生的项目内容完成情况进行评分。

考核评价中任务目标达成度由子目标组成，评价项目支撑任务目标。教师根据任务目标评价学生的任务完成情况。任务考核评价表如表5-13所示。

表5-13　任务考核评价表

实训项目	车辆自动驾驶系统应用实训平台路径规划功能故障诊断						
评价项目	项目内容	项目评分			任务目标达成度		
		配分	分值	得分	目标O1	目标O2	目标O3
接受任务	明确工作任务，理解任务在工作中的重要程度		5				
信息收集	模拟咨询并登记好维修车辆的基本信息		5				
	检查车辆基本功能，记录故障信息		5				
	模拟按照车辆维修的基本流程完成客户的基本服务接待		5				
制订计划	按照车辆实训平台检查流程，制订合适的行动计划		10				
	能协同小组人员安排任务分工		5				
	能在实施前准备好所需要的工具器材		5				
计划实施	规范地进行场地布置及工具检查		5				
	故障原因分析，故障类别正确		10				
	正确完成实训平台硬件检查，Autoware自动驾驶平台涉及的设置情况检查		10				
	检测维修流程合理，不漏步骤		10				
	正确找出故障原因，正确调试或维修故障		10				
质量检查	任务完成，操作过程规范		5				
评价反馈	学生能对自身表现情况进行客观评价		5				
	学生在任务实施过程中能发现自身问题		5				
综合评价							

注：
① 项目评分请按每项分值打分，填入"得分"栏。
② 任务目标达成度根据任务完成情况进行评价，对照任务目标是否达成进行勾选，达成则打上"√"，不达成则打上"×"。
③ 任务目标达成度中"NC"表示本行评价内容与对应任务目标无关。

根据任务目标达成度的评价结果，结合任务实施过程、项目评分结果，教师使用如表5-14所示的任务持续改进表进行改进。

表 5-14　任务持续改进表

评价项目	上一轮改进措施	本轮改进内容	本轮改进效果	下一轮改进措施
接受任务				
信息收集				
制订计划				
计划实施				
质量检查				
评价反馈				

知识分析

1）点云降采样 voxel_grid_filter。

voxel_grid_filter，即体素滤波，通过点云库（Point Cloud Library，PCL）实现的体素滤波 VoxelGrid 类，依据输入的点云数据构建三维体素栅格（可将体素栅格理解为微小的空间三维立方体的集合）。接着，在每个体素内，以体素中所有点的重心近似代表体素中的其他点，从而使该体素内的所有点仅用一个重心点进行最终表示。最后，将所有体素处理后，得到过滤后的点云。虽然此方法相较于使用体素中心逼近的方法速度慢，但其在表示采样点对应曲面时具有更高的准确性。

在 Autoware 的 Sensing 页面下，单击 Points Downsampler 下的 voxel_grid_filter 右侧的"app"按钮，打开"voxel_grid_filter"对话框设置滤液器，如图 5-40 所示，将点云话题名 Points topic 设定为/points_raw，Voxel Leaf Size 设置为 0.1 m，表示滤波时创建的体素大小为 0.1 m 的立方体。需要注意的是，虽然较大的 Leaf Size 能提高处理速度，但聚类结果可能会受到影响，特别是对于反射较弱的物体，例如远处行人。Measurement Range 滤波范围的参数值为 200，意味着点云的有效距离为 200 m。调整完参数后单击"OK"按钮，最后勾选 voxel_grid_filter。

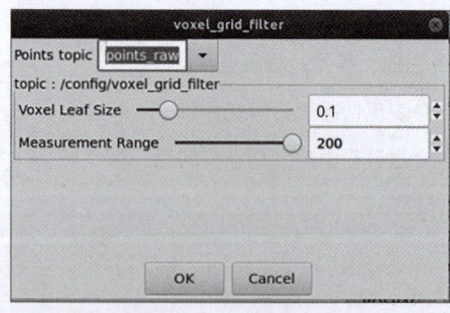

图 5-40　设置滤波器

2）点云预处理 ring_ground_filter。

在 Sensing 页面中，Points Preprocessor 下第一个是 ring_ground_filter，其作用是对激光雷达数据进行滤波，能够区分地面与非地面雷达数据，单击 ring_ground_filter 右侧的"app"按钮，在弹出的"ring_ground_filter"对话框中进行点云预处理设置，如图 5-41 所示，设置点云话题名 input_point_topic 为/points_raw。其他参数含义如下：

（1）Sensor Model 是激光雷达扫描线数；

（2）Sensor Height 参数是激光雷达距地面高度；

（3）Max Slope 参数是最大坡度，大于此值将被识别为非地面数据；

（4）Vertical Thres 表示障碍物和地面的差异度，如果大于此值则被认为是障碍物。

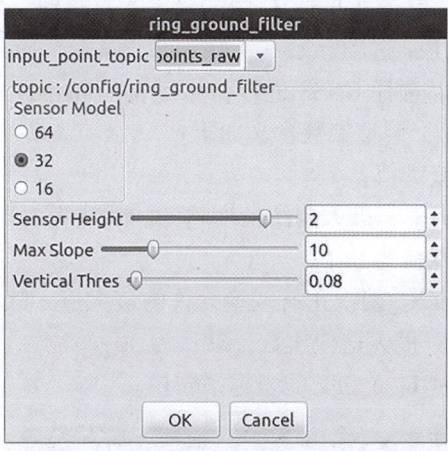

图 5-41　点云预处理设置

3）ray_ground_filter。

ray_ground_filter 的作用是对降采样后的点云进行点云地面过滤，将地面点和非地面点进行分离。ray_ground_filter 参数设置如图 5-42 所示，调整参数含义如下：

（1）clipping_height：去除高于底盘 1.2 m 的点，原算法是去除高于雷达 0.2 m 的点，但是 Autoware 利用 TF 将点云转换到 base_link 坐标系（为了省去代码中的雷达高度参数），因此这里是 1.2 m（加上雷达高度 1 m）；

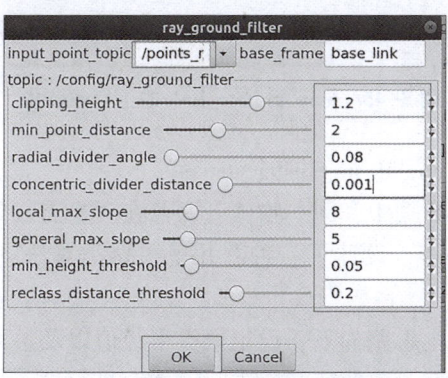

图 5-42　ray_ground_filter 参数设置

（2）min_point_distance：去除雷达 2 m 范围内的点云；

（3）radial_divider_angle：将雷达点云坐标转换到柱坐标，并对 360°进行微分，每一份的角度为 0.08°；

（4）concentric_divider_distance：上面的角度微分近似的可以看作一条射线，在射线上根据水平距离再进行微分；

（5）general_max_slope，local_max_slope：全局和局部的最大坡度（角度）；

（6）min_height_threshold：一条射线上两个相邻点的最小高度差；

（7）reclass_distance_threshold：重新分类时两个点的最小距离阈值。

4）节点 ndt_matching。

用于完成 map 到 base_link 的坐标系转换。

单击 lidar_localizer 下 ndt_matching 右侧的"app"按钮，在弹出"ndt"对话框中，topic：/config/ndt 选择 Initial Pos 选项，x，y，z，roll，pitch，yaw 的值表示激光数据的初始位姿，如果有 GNSS 设备可以选择 GNSS 进行初始定位。Method Type 选择 pcl_anh_gpu，即使用 GPU 进行点云匹配计算，调整参数含义如下：

（1）Error Threshold 误差阈值；

（2）Resolution：ndt 分辨率，最大建图精度越低，默认为 1 即可；

（3）Step Size：步长，默认为 0.1；

（4）Transformation Epsilon：两次正态变换允许的最大值，默认为 0.01；

（5）Maximum Iterations：最大迭代次数，默认为 30；

如图 5-43 所示是 map 到 base_link 的坐标系转换。

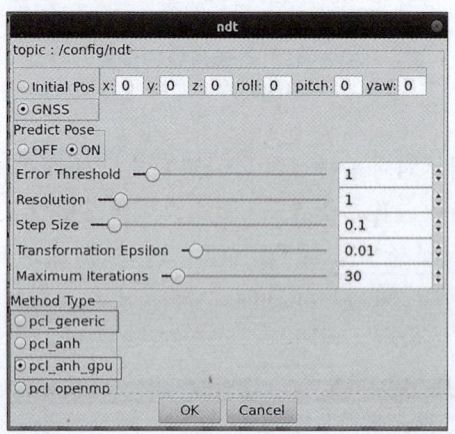

图 5-43　map 到 base_link 的坐标系转换

5）欧几里得聚类 lidar_euclidean_cluster_detect。

在激光雷达获得的点云数据中，同一物体表面存在大量点云分布，且各点之间的欧几里得距离相对较小。基于此特点，设计了一种欧几里得聚类算法进行点云聚类并实现障碍物检测。

欧几里得聚类算法的基本思路如下：设定聚类半径值以及最大和最小聚类点数值，仅当聚类后的点云簇的点数在两个设定数值范围内时，才会进行进一步处理。根据点云至激光雷达的距离，设置不同的聚类半径阈值。随后，对分割后的点云进行随机选择聚类中心，计算其与邻近点的欧几里得距离。根据计算结果，调整聚类中心，重复进行聚类，直至聚类中心不再发生变化。

在 Autoware 自动驾驶平台中通过欧几里得聚类算法对障碍物进行检测，主要通过两个步骤实现，分别是点云预处理和点云聚类。如图 5-44 所示是欧几里得聚类目标检测参数，各参数含义如下：

（1）use_gpu：是否使用 GPU；

（2）output_frame：输出坐标系；

（3）pose_estimation：使用最小面积边界矩形估计簇的姿态；

（4）downsample_cloud：通过 Voxel Grid 滤波器进行点云向下采样；

（5）input_points_node：输入点云 topic，选择/points_no_ground；

（6）leaf size：下采样体素网格大小；

（7）cluster size minimum：聚类的最少点数；

（8）cluster size maximum：聚类的最多点数；

（9）clustering distance：聚类公差（单位 m）；

（10）clip_min_height：裁剪的最小高度；

（11）clip_max_height：裁剪的最大高度；

（12）use_vector_map：是否使用矢量地图；

（13）vectormap_frame：矢量地图坐标系；

（14）remove_points_upto：此雷达距离更近的点将被移除；

（15）keep_only_lanes_points：侧滤波；

（16）keep_lane_left_distance：移除距离超过此距离的左边的点（单位 m）；

（17）keep_lane_right_distance：移除距离超过此距离的右边的点（单位 m）；

（18）cluster_merge_threshold：聚类簇间的距离（单位 m）；

（19）use_multiple_thres：基于距离的聚类；

（20）clustering_ranges：与雷达的距离（单位 m）；

（21）clustering_distances：聚类公差（单位 m）；

（22）remove ground：接地平面滤波（移除属于地面的点）；

（23）use_diffnormals：差分法线滤波，即基于 DoN（Difference of Normal，DoN）算法的滤波。

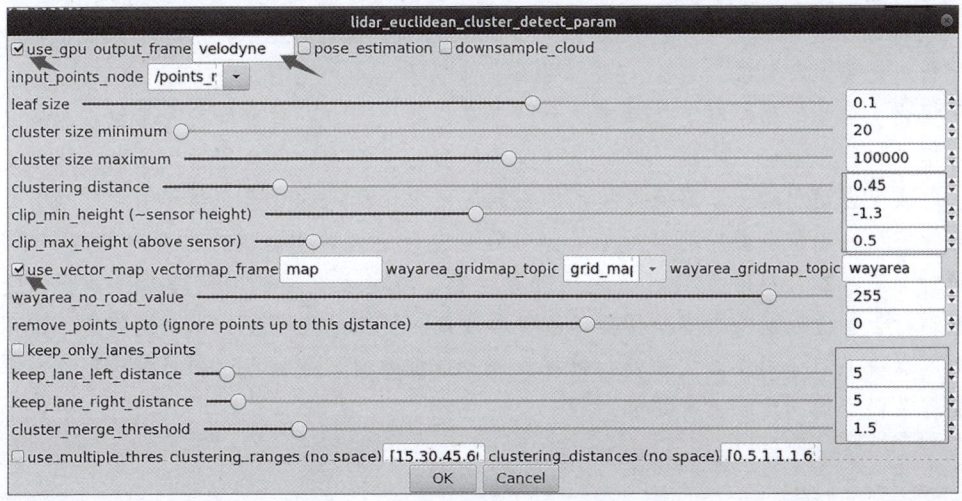

图 5-44　欧几里得聚类目标检测参数

思考与练习

（1）查阅资料，和团队成员讨论如何使用车辆自动驾驶系统应用实训平台实现自主导航功能？

（2）查阅资料，和团队成员讨论如何使用车辆自动驾驶系统应用实训平台实现虚拟车道线功能？

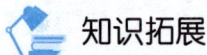 **知识拓展**

"北斗+大数据" 赋能智慧交通

北斗卫星导航系统是我国科技自主创新的重大成果，被誉为国家的名片，充分展现了我国在速度、精度、力量和创造力方面的优势。伴随着互联网、大数据、云计算、物联网等技术的快速发展，我国卫星导航服务产业呈现出强劲的增长态势。

自党的十八大以来，北斗系统迈入快速发展的新阶段。2020 年 7 月 31 日，习近平总书记宣布北斗三号全球卫星导航系统正式开通，标志着北斗系统全球化发展迈出了新步伐。从改革开放新时期到新时代的中国，从北斗一号到北斗三号，从双星定位到全球组网，从覆盖亚太到服务全球，北斗系统与国家发展同步，与民族复兴共进。

新时代的中国北斗，不仅造福本国人民，也为全球人民带来福祉。北斗系统秉持"中国的北斗、世界的北斗、一流的北斗"的发展理念，在全球范围内广泛应用，赋能各行各业，融入基础设施，进入大众应用领域，深刻改变了人们的生产生活方式，成为经济社会发展的时空基石，为卫星导航系统更好地服务全球、造福人类贡献了中国智慧和力量。

在交通运输领域，北斗系统在重点运输过程监控、公路基础设施安全监控、港口高精度实时定位调度监控等领域得到广泛应用，大大推动了城市轨道交通、公交系统和高速公路智能化管理的智慧交通的实现。2020 年，超过 700 万辆道路营运车辆已安装并使用北斗系统，3.63 万辆邮政快递车辆安装北斗终端，约 1 600 艘公务船舶安装并使用北斗系统，约 350 架通用飞行器使用北斗系统，占比 12%，并首次应用于运输航空器。

利用北斗卫星的高精准定位功能及大数据高速处理能力，可准确判断车辆在收费公路上的出入车道和行驶轨迹，实现公路按里程收费的目标，使人民群众出行更便利、路网运行更高效，为未来自动驾驶、车路协同技术的发展应用提供优越的智慧交通环境。交通大数据的使用可挖掘和利用信息数据的深层价值，对数据进行分析后能对现存的实时数据充分利用，例如统计客流数据、及时检测出交通异常事件等，有利于交通部门实现智能调度、交通规划、交通行为管理以及交通安全预防等监管和决策，提高响应速度。结合国家北斗应用推广大战略，加快上市公司在数据采集、数据处理、数据通信、数据存储、数据应用、数据资产化等全链条能力的构建和业务拓展。

附件 配套资源

智能网联汽车技术专业教学标准（高等职业教育专科)

参 考 文 献

［1］洪永楠. 汽车故障诊断技术［M］. 北京：清华大学出版社，2018.

［2］杨仕清. 智能网联汽车使用与维修［M］. 北京：人民交通出版社，2022.

［3］杨宗平. 智能网联汽车传感器技术［M］. 北京：人民交通出版社，2022.

［4］田大新. Autoware 与自动驾驶技术［M］. 北京：科学出版社，2023.

［5］冯亚朋. 智能网联汽车装调与测试［M］. 北京：机械工业出版社，2023.

［6］段卫洁. 智能网联汽车线控技术［M］. 北京：人民交通出版社，2022.